金石文獻叢刊

清儀閣金石題識

東洲草堂金石跋

【清】張廷濟 撰
【清】何紹基 撰

上海古籍出版社

圖書在版編目（CIP）數據

清儀閣金石題識 /（清）張廷濟撰 . 東洲草堂金石跋 /（清）何紹基撰 . — 上海：上海古籍出版社，2020.5
（金石文獻叢刊）
ISBN 978-7-5325-9536-5

Ⅰ . ①清… ②東… Ⅱ . ①張… ②何… Ⅲ . ①金石學—中國—清代 Ⅳ . ① K877.24

中國版本圖書館 CIP 數據核字（2020）第 057042 號

金石文獻叢刊

清儀閣金石題識　東洲草堂金石跋

［清］張廷濟　何紹基　撰

上海古籍出版社出版發行

（上海瑞金二路 272 號　郵政編碼 200020）

（1）網址：www.guji.com.cn

（2）E-mail：guji1@guji.com.cn

（3）易文網網址：www.ewen.co

浙江新華數碼印務有限公司印刷

開本 890×1240　1/32　印張 24.625　插頁 5

2020 年 5 月第 1 版　2020 年 5 月第 1 次印刷

ISBN 978-7-5325-9536-5

K・2808　定價：128.00 元

出版説明

金文石刻作爲一種特殊的文獻形式，負載着中國古代文明的大量信息，是珍貴的文化遺産，其相關研究具有重要文化價值與傳承意義。金石專門研究興起於宋，而在清代達到鼎盛，名家迭出，先後撰寫了一批高水平的研究專著，其成果對於今天我們的歷史學、文學、文字學、考古學、古文獻學、古器物鑒定學、書法篆刻學等研究具有重要的參考價值。有鑒於此，本社特推出《金石文獻叢刊》，彙聚兩宋以降金石學重要著作，以期助益於相關研究。

本書爲《金石文獻叢刊》之一，收録文獻兩種，分别爲：清張廷濟撰《清儀閣金石題識》四卷，以爲光緒二十年徐氏觀自得齋刻本底本影印；清何紹基撰《東洲草堂金石跋》五卷，以民國十四年《湖南叢書》本爲底本影印。

上海古籍出版社　二〇二〇年四月

石刻文獻歷代研究述要（代序）

陳尚君

「人生忽如寄，壽無金石固。」古人感到生命短暫，常將重要的事件、著作和死者的生平銘諸金石，形成豐富的金石文獻。一般來説，金銀器上的銘文均較簡短，銅器銘文盛於商周時期，漢以後可資研究的僅有銅鏡銘文等。石刻文獻則興於漢，盛於唐，歷宋、元、明、清而不衰，存世文獻爲數極巨，爲研究古代歷史文化提供了大量記載，也爲研究古典文學者所寶重。

一、古代石刻的分類

古代石刻品類衆多，舉其大端，可分以下幾類：

一、墓志銘。多爲正方形石刻，置於死者墓穴中，記載死者生平事蹟。始於漢，盛於北朝和隋唐時期，宋以後仍相沿成習。南朝禁止埋銘，故甚罕見。近代以來，出土尤多。因深埋地下，所存文字多清晰而完整。

二、墓碑。也稱神道碑，是置於墓道前記載死者生平事蹟的長方形巨大石碑。舊時王公大臣方得立碑記德，故所載多爲歷史上有影響的人物。因其突立於地表，歷經日曬雨淋，人爲破壞，石刻多斷裂殘壞，磨蝕漫漶，不易卒讀。

三、刻經。可分儒、釋兩大類。儒家經典的刊刻多由官方主持，爲士人提供準確可信的經典文本。歷史上有七次大規模的刻經，即東漢熹平間、曹魏正始間、唐開成間、後蜀廣政間、北宋嘉祐間、南宋紹興間、清乾隆間。今僅開成、乾隆石經保存完整，其餘僅存殘石。佛教刻經又可分爲兩類：一類是僧人恐遭逢法難，經籍失傳，因而刻石收存，以備不虞。最著名的是房山石經，始於隋，歷唐、遼、金、元而不衰，現存有一萬五千多石。二是刻經以求福祐，如唐代經幢刻《尊勝陀羅尼經》，爲一時風氣。

四、造像記。佛教最多，道教稍少。受佛教净土宗佛陀信仰的影響，信佛的士庶僧人多喜造佛像以積功德，大者連山開龕，小者可握於掌間。造像記記載造像緣由，一般均較簡短，僅記時間、像主姓名及所求之福祐庇蔭，文辭多較程式，可藉以瞭解風俗世情，有文學價值的很少。

五、題名。即是古人「到此一游」的記録。多存於山川名勝，多出於名臣、文士之手，雖較簡短，於考事究文，彌足珍貴。如長安慈恩寺題名：「韓愈退之、李翺翔之、孟郊東野、柳宗元子厚、石洪濬川同。」鍾山題名：「乾道乙酉七月四日，笠澤陸務觀，冒大雨，獨游定林。」均至簡，前者可考知韓、柳交游之始，知李翺另一表字，後者可見詩人陸游之風神。

六、詩詞。唐以前僅一二見，以雲峰山鄭道昭詩刻最著名。唐代始盛，宋以後尤多。詩詞刻石以摩崖和詩碑兩種形式爲多見。許多重要作家都有石刻詩詞留存。

七、雜刻。指上述六類以外的各種石刻。凡建橋立廟、興學建祠、勸善頌德、序事記游等，皆可立石以記，所涉範圍至廣。

此外，還有石刻叢帖，爲彙聚名家法書上石，供人觀賞臨習，其文獻價值與上述各種石刻有所不同，兹不贅述。

二、從石刻到拓本、帖本

石刻爲古人當時所刻，所記爲當時事，史料價值很高；所録文章亦得存原貌，不似刊本之迭經傳刻，多魚魯亥豕之誤，故前代學者考史論文，尤重石刻。然而石刻或依山摩崖，遠處荒山僻野，或形制巨大，散在各地，即便最優秀的金石學家，也不可能全部親見原石。學者援據，主要是石刻拓本。

拓本是由拓工將宣紙受濕後，蒙於碑刻之上，加以捶椎，使宣紙呈凹凸狀，再蘸墨拓成。同一石刻之拓本，因傳拓時間之早晚及拓技之精粗，常有很大不同。一般來説，早期拓本因石刻保存完好，文字存留較多，晚近所拓，則因石刻剥蝕，存字較少。如昭陵諸碑，今存碑石存字已無多，遠不及《金石萃編》之録文，而羅振玉《昭陵碑録》據早期精拓録文，録文得增多於《金石萃編》。即使同一時期所拓，也常因拓工之拓技與態度而有所不同。如永州浯溪所存唐李諒《湘中紀行》詩，王昶據書賈售拓録入《金石萃編》，有十餘處缺文訛誤；稍後瞿中溶親至浯溪，督工精拓，乃精好無損（詳《古泉山館金石文編》卷三）。至於帖賈爲牟利而或草率摩拓，或僅拓一部分，甚或竄改文字，以唐宋冒魏晋，則更等而下之了。

拓本均存碑石原狀，大者可長丈餘，寬數尺，鋪展盈屋，不便研習。舊時藏家爲便臨習，將拓本逐行剪開，重加裱帖，裝成册頁，成爲帖本。帖本經剪接重拼，便於閲讀臨摹，已不存原碑形貌。在拼帖時，遇原拓空缺或殘損處，常剪去不取，以致帖本文字常不可卒讀。原石、原拓失傳，僅靠拓本保存至今的石刻文獻，不是太多，較著名的有唐代崔鉉撰文而由柳公權書寫的《神策軍碑》。唐初著名的《信行禪師碑》，因剪棄較多，通篇難以卒讀。

現存最早的石刻拓本，大約是見於敦煌遺書中的唐太宗《温泉銘》和歐陽詢《化度寺碑》。宋以後各種善拓、精拓本，因流布不廣，傳本又少，藏家視同拱璧，書賈索價高昂。近現代影印技術普及，使碑帖得以大批刊布，許多稀見的拓本，得以大批縮印彙編出版，給學者極大方便。影響較大者有《漢魏南北朝墓志集釋》（趙萬里編，科學出版社一九五三年版）、《千唐志齋藏志》（張鈁藏，文物出版社一九八五年版）、《曲石精廬藏唐墓志》（李希泌藏，齊魯書社一九八七年版）、《北京圖書館藏歷代石刻拓本彙編》（中州古籍出版社一九八八年版）、《隋唐五代墓志彙編》（天津古籍書店一九九一年版）。重要的石刻拓本，在上述諸書中均能找到。

三、宋代的石刻研究及重要著作

南北朝至唐代，已有學者注意記載碑刻，據以訂史證文，但有系統地加以搜集研究，使之成爲專學，則始於宋代。首倡者爲北宋文學宗匠歐陽修。

歐陽修自宋仁宗慶曆五年（一〇四五）開始裒聚金石拓本，歷十八年，「集録三代以來遺文一千卷」（《六一居士傳》），編爲《集古録》，其中秦漢至唐五代的石刻約占全書的十之九五。參政之暇，歐陽修爲其中三百八十多篇碑銘寫了跋尾，對石刻文獻的史料價值作了全面的闡釋。其大端爲：一、可見政事之修廢；二、可訂史書之闕失；三、可觀書體之妍醜；四、可見文風之轉變；五、可訂詩文傳本之訛誤；六、可據以輯録遺文。這些見解，可説爲後代金石學的研究奠定了基礎。録一則如下：

右《德州長壽寺舍利碑》，不著書撰人名氏。碑，武德中建，而所述乃隋事也。其事蹟文辭皆無取，獨録其書爾。余屢歎文章至陳、隋不勝其弊，而怪唐家能臻致治之盛，而不能遽革文弊，以謂積習成俗，難於驟變。及讀斯碑有云：「浮雲共嶺松張蓋，明月與巖桂分叢。」乃知王勃云：「落霞與孤鶩齊飛，秋水共長天一色。」當時士無賢愚，以爲警絶，豈非其餘習乎！

《集古録》原書已不傳。歐陽修的題跋編爲《集古録跋尾》十卷，收入其文集，單行本或題《六一題跋》。其子歐陽棐有《集古録目》，爲逐卷撰寫提要，原書久佚，今存清人黄本驥和繆荃蓀的兩種輯本。

北宋末趙明誠輯《金石録》三十卷，沿歐陽修之舊規而有出藍之色。明誠出身顯宦，又得賢妻之助，窮二十年之力，所得達二千卷之富，倍於歐陽修所藏。其書前十卷爲目録，逐篇著録二千卷金石拓本之篇題、撰書者姓名及年月，其中唐以前五百餘品，其餘均爲唐代石刻。後二十卷爲明誠所撰題跋，凡五百零二篇。趙跋不同於歐陽修之好發議論，更注重於考訂史實，糾正前賢和典籍中的誤説，録存重要史料，考訂也更爲細密周詳。

南宋治石刻學者甚衆，如《京兆金石録》《復齋碑録》《天下碑録》《諸道石刻録》

等，頗具規模，惜均不存。存世者以下列諸書最爲重要。

洪适《隸釋》二十七卷、《隸續》二十一卷，前者録漢魏碑碣一百八十九種，後者已殘，尚存録一百二十餘品。二書均全録碑碣文字，加以考釋，保存了大量漢代文獻，許多碑文僅賴此二書以存。

陳思《寶刻叢編》二十卷，傳本缺三卷。此書彙録兩宋十餘家石刻專書，分地域著録石刻，附存題跋，保存史料十分豐富。

佚名《寶刻類編》八卷，清人輯自《永樂大典》。此書以時代爲序，以書篆者立目，記録石刻篇名、作者、年代及所在地，間存他書不見之石刻。

另鄭樵《通志》中有《金石略》一卷，王象之《輿地紀勝》於每一州府下均有《碑記》一門，也有大量珍貴的記録。後者明人曾輯出單行，題作《輿地碑記目》。

宋人去唐未遠，搜羅又勤，所得漢唐石刻見於上述各書記載的約有四五千品。歐、趙諸人已有聚之難而散之易之感歎，趙明誠當南奔之際仍盡攜而行，但除漢碑文字因洪适輯録而得保存較多外，唐人石刻存留到後世的僅約十之二三，十之七八已失傳。幸賴上述諸書的記載，使今人能略知其一二，其中有裨文學研究的記載至爲豐富。如唐末詞人温庭筠的卒年，史書不載。《寶刻類編》載有：「《唐國子助教温庭筠墓》，弟庭皓撰，咸通七年。」因可據以論定。再如盛唐文學家李邕，當時極負文名，《全唐文》録其文僅五十餘篇。據上述宋人記載，可考知其所撰文三十餘篇之篇名及梗概，對研究其一生的文學活動十分重要。

四、清代的石刻研究及重要著作

元、明兩代是石刻研究的中衰時期，可稱者僅有三五種：陶宗儀輯《古刻叢鈔》僅録所見，篇幅不大；都穆《金薤琳琅》，録存漢唐石刻五十多種；趙崡《石墨鐫華》存二百五十多種石刻題跋，「多歐、趙所未收者」（《四庫提要》）。

清代經史之學發達，石刻研究也盛極一時。清初重要的著作有顧炎武《金石文字記》、葉奕苞《金石録補》、朱彝尊《金石文字跋尾》。三書雖仍沿歐、趙舊規，但所録多前人未經見者，考訂亦時有創獲。至乾隆間，因樸學之興，學者日益重視石刻文獻，史學大家如錢大昕、阮元、畢沅等均有石刻研究專著。全録石刻文字的專著也日見刊布，自乾隆後期至嘉慶初的十多年間，即有翁方綱《兩漢金石記》《粤東金石略》、吴玉搢《金石存》、趙紹祖《金石文鈔》《續鈔》等十餘種專著行世。在這種風氣下，王昶於嘉慶十年（一八〇五）編成堪稱清代金石學集大成的著作《金石萃編》一百六十卷。

王昶自稱有感於洪适、都穆、吴玉搢三書存文太少，「愛博者頗以爲憾」，自弱冠之年起，「前後垂五十年」，始得成編。其書兼載金、石，但録自器銘者僅當全書百之二三，其餘均爲石刻。所録始於周宣王時的《石鼓文》，迄於金代，凡一千五百多種。其中漢代十八卷，魏晋南北朝十五卷，隋代三卷，唐五代八十二卷，宋代三十卷，遼金七卷。各種石刻無論完殘，均照録原文，務求忠實準確。遇有篆、隸字體，或照録原字形。原石殘缺之處，或以方框標識，或備記所缺字數，遇殘字也予保存。又備載「碑制之長短寬博」和「行字之數」，「使讀者一展卷而宛見古物焉」（引文均見《金石萃編序》）。同時，王昶又廣搜宋代以來學者的著録題跋，附載於各石刻録文之次，其本人也逐篇撰寫考按，附於篇末。《金石萃編》搜羅廣博，録文忠實，附存文獻豐富，代表了乾嘉時期石刻研究的最高水平。

王昶以個人力量廣搜石刻，難免有所遺漏，其録文多據得見之拓本，未必盡善。其書刊布後，大受學界歡迎，爲其續補訂正之著，也陸續行世，較重要的有陸耀遹《金石續編》二十一卷、王言《金石萃編補遺》二卷等。至光緒初年，陸增祥撰成《八瓊室金石補正》一百三十卷，規模與學術質量均堪與王書齊駕。陸書體例多沿王書，凡王書已録之石刻，不復重録。王書録文不全或有誤者，陸氏援據善拓，加以補訂，一般僅録補文。這部分份量較大，因陸氏多見善拓，録文精審，對王書的糾訂多可信從。此外，陸書補録王書未收的石刻也多達二千餘通。

清代學者肆力於地方石刻的搜録整理，也有可觀的成績。録一省石刻而爲世所稱者，有阮元《山左金石志》二十四卷（山東）、《兩浙金石志》十八卷（浙江）、謝啓崑《粤西金石略》十五卷（廣西）、胡聘之《山右石刻叢編》四十卷（山西）、劉喜海《金石苑》六卷（四川）等。録一州一縣石刻而重要者有武億《安陽縣金石録》十二卷、沈濤《常山貞石志》二十四卷、陸心源《吴興金石記》十六卷等。

五、近現代的石刻文獻要籍

近代以來，因學術風氣的轉變，漢唐石刻研究不及清代之盛。由於各地大規模的基建工程和現代科學田野考古的實施，地下出土石刻的總數已大大超越清代以前八百年間發現的石刻數量。大批石刻得以彙集出版，給學者以方便。

端方《匋齋藏石記》四十四卷，是清季最有份量的專著。端方其人雖多有争議，但該書收羅宏富，題跋又多出李詳、繆荃蓀等名家之手，頗多精見。另一位大節可議的學者羅振玉，於古代文獻的搜集刊布尤多建樹。其石刻方面的專著多達二十餘種，《昭陵碑録》和《冢墓遺文》（包括《芒洛》《廣陵》《東都》《山左》《襄陽》等十多種）以録文精確、收羅宏富而爲世所稱。

二十世紀三十年代，由於隴海路的施工，洛陽北邙一帶出土魏、唐墓志尤衆。其大宗石刻分别爲于右任鴛鴦七志齋、張鈁千唐志齋和李根源曲石精廬收存。于氏所收以北魏志石爲主，今存西安碑林，張、李以唐代爲主。其中張氏所得達一千二百多方，原石存其故里河南新安鐵門鎮，民國間曾以拓本售於各高校及研究機構，近年已影印行世。其中對唐代文學研究有關係者頗衆。曲石所得僅九十多方，但多精品，王之涣墓志最爲著名，今存南京博物院。

民國間由於各省組織學者編纂省志，也連帶完成了一批石刻專著。其中曾單獨刊行而流通較廣者，有《江蘇金石志》二十四卷、《陝西金石志》三十二卷、《安徽通志金石古物考稿》十六卷，頗多可觀。

二十世紀五十年代，趙萬里輯《漢魏南北朝墓志集釋》，收漢至隋代墓志六百五十九方，均據善拓影印，又附歷代學者對這些墓志的考釋文字，編纂方法上較前人所著有很大進步，是研究唐前歷史、文學的重要參考書。

二十世紀最後二十年間，學術研究空前繁榮，前述自宋以降的許多著作都曾影印或整理出版。今人纂輯的著作，以下列幾種最爲重要。

《北京圖書館藏歷代石刻拓本彙編》，收録了北圖五十年代以前入藏的所有石刻拓本，全部影印，甚便讀者。不足處是一些大碑拓本縮印後，文字多不易辨識。

陳垣《道家金石略》，收録漢至元代與道教有關的石刻文字，於宋元道教研究尤爲有用。

周紹良主編《唐代墓志彙編》及《續集》，收録一九九九年以前出土或發表的唐代墓志逾五千方，其中四分之三爲《全唐文》等書所失收，可視作唐文的補編。

趙超編《漢魏南北朝墓志彙編》，據前述趙萬里書録文，但不收隋志，補收了一九八六年以前的大量新出石刻。

《隋唐五代墓志彙編》，據出土地區影印墓志拓本約五千方，以洛陽爲最多，約占全書之半，陝西、河南、山西、北京等地次之。其中包括了大批近四十年間新出土的墓志，不見於上述各書者逾一千五百方。

進入新世紀，石刻文獻研究成爲中古文史研究之顯學，更多學者關注石刻之當時書寫與私人書寫之特殊價值，成爲敦煌文獻研究以後有一學術熱點。同時，新見文獻尤以墓志爲大宗，每年的刊布數也以幾百至上千方的數量增長。其中最重要的，一是《新中國出土墓志》，已出版十多輯，爲會聚各地文物部門所藏者爲主；二是《大唐西市博物館藏唐墓志》，所收皆館藏，整理則延請史學界學者；三是《长安高陽原新出土隋唐墓志》，將考古報告與新見墓志結合，最見嚴謹。其他搜輯石刻或拓本的尚有十多家，所得豐富則可提到趙君平的《秦晉豫新發現墓志搜逸》三編，毛陽光的《洛陽新見流散墓志彙編》，以及齊運通洛陽九朝石刻博物館編的幾種專書。還應説到的是，日本學者氣賀澤保規編《唐代墓志所在總合目録》，不到二十年已經出版四版，爲唐代墓志利用提供極大的方便。陝西社科院古籍所編《全唐文補遺》十册，所據主要是石刻，校點尚屬認真。

上海古籍出版社編刊《金石文獻叢刊》，主要收録宋、清兩代有關金石學的基本著作，本文前所介紹諸書，大多得以收録。如王昶《金石萃編》，將清後期的幾種補訂專書彙集在一起，陸增祥《八瓊石金石補正》之正續編合爲一帙，也便於讀者全面瞭解這位傑出金石學家的整體成就。書將付刊，胡文波君囑序於我，是不能辭。然時疫方熾，出行不便，未能通讀全編，率爾操觚，總難塞責。乃思此編爲彙聚宋、清兩代金石學之菁華，爲滿足當代以中古文史學者爲主之石刻文獻研究之急需，或可將二十四年前爲當時還是江蘇古籍出版社的《古典文學知識》所撰小文《石刻文獻述要》稍作潤飾增補，用爲代序，敬請方家諒宥。

目録

東洲草堂金石跋

東洲草堂金石跋卷五

清儀閣金石題識

清儀閣金石題識

藐叟楊峴署

藐

光緒甲午仲春

觀兒自得齋校刻

金石之學有二一曰攷訂曰品騭吾鄉叔未張先生之說
金石也以品騭為主攷訂亦間及焉出其精鑒廣為搜
儲聲價播海內而清儀閣之名遂與阮氏積古齋吳氏
筠清館相頡頏矣顧自庚申兵燹以來不特閣毀而彝
器碑版蕩焉無存即先生手訂遺箸若金石奇緣金石
文跋尾諸稾亦不知尚在人間否也纔覩李金瀾明經金
石學錄曾采清儀閣集古款識攷迄亦未見其書蓋名
流箸述艱於流傳如此亂定後遠近好古之士網羅散
佚偶獲先生遺墨往往誇示於人於是邑中鮑氏有金
石屑稾本四會嚴氏有張解元所藏金石文字脫稾本

安石碎金時露寶氣然祇帷葢縢囊所遺儕諸斷爛朝報已耳近錢唐丁修甫孝廉得其外舅魏稼孫鹺尹所輯清儀閣題跋排比梓行未必即先生手訂之舊而薈萃成編亦頗匪易吾友陳君桂廎留意鄉邦文獻垂三十年見而睠之猶慮其未葡也復爲之旁甄博采凡遇朋好中有先生書蹟涉金石者半簡必錄葢承魏輯之緜蕝而增幾培之惟去其論雜器及論書畫諸跋以歸畫一會石棣徐君子静喜刊羣籍迺委之校付手民前年夏曾以繕正之前二卷郵眎余受而讀之竊意先生題記金石之文庶幾什得六七哉覈其體例雖與阮吳

二公之書少殊而於寶物之遷流墨拓之先後剖析尤
詳要可玆垂不朽也獨惜鉛槧未畢陳君遽歸道山今
徐君書來則已踵成其志屬綴數言以識崖略用是既
爲先生幸復不禁重爲吾友慨已光緒二十年歲在甲
午莫春之月邑後學吳受福跋

坿嘉興吳璲僊虞文受福書

清儀閣題識得閣下極意搜羅厥功甚鉅委塡篆文格小眼昏殊未匀佴恐不堪逕付鍥氏卷二各紙無從著筆未能應命今一并寄繳希詧之寫樣本弟亦坿校數處標於眉端未審當否其中恐尚有譌誤似當子細參詳也將來刻成能餉我一分爲所感盼

清儀閣金石題識　一　徐氏校刊

清儀閣金石題識目錄

卷一

商瑚字句兵

周虢叔大棽鐘

周叔氏寶棽鐘 舊釋叔丁徐籀莊藏本

又 黄椒升藏本

周曶鼎銘 吴侃叔攷釋本

周遂啟諆鼎

周無専鼎

周三家彝 爲方蓮卿司馬題

周曾伯霥簠蓋

周齊侯罍 釋文

漢元康鐎斗

漢元延銗

漢洗

漢慮俿銅尺　嘉慶壬戌四月十九日杭州江秬香同年鳳彝所贈時同客京師

又　錢籜石宗伯舊藏本

漢銅弩機

張師信鉤

漢帳構銅

漢興錢　小篆文漢興二字上下列

壯布七百

差布五百
序布四百
幼布三百
幺布二百
小布一百
新莽錯刀絜刀
漢三壽是寶
五銖泉笵
又
貨泉笵背二鹿形

又背無文

又背文金錫

又背文吉利吏寿

又背文毋

又背文予取工主云云

又背文冝泉吉利

又背文五月八日六百九十等字

又背文大吉

漢黃山第三鐙

又

晉孫登公和鐵琴

晉銅虎符

相原府銅虎符

開元十六年造像

優曇銅鉢小楷心經　唐大中五年九月

顏魯公名印

蜀槧韓文範　文四行十六字　易奇而法詩正而葩春秋謹嚴左氏浮誇

吳越銀龍簡

吳越金塗鐵塔

南漢光孝寺二鐵塔記　溫拓舊本

又吳太沖藏本

又

又石門蔡鹿賓藏本

漢司隸校尉魯峻碑王氏話雨樓藏本

漢武梁祠畫像贊

漢西嶽華山廟碑原刻殘拓又全額六字

漢衛尉卿衡方碑

漢郭有道碑額雙鉤本

漢尹氏石闕二

魏黃初殘碑

隋常醜奴墓誌

隋美人董氏墓誌

隋元太僕墓誌

隋元太僕夫人姬氏墓誌

皇甫明公碑 海鹽朱朵山殿撰藏本

化度寺碑重刻本

褚書伊闕佛龕碑

唐慈恩寺聖教序記 盛澤王任堂藏本

隋清娛墓志銘

又 魏水村舊藏宋拓本

又唐修子產廟碑殘拓面陰及先雩第一紙

又硯冊形如𨫼圭

唐栁栁州龍城石刻

唐顏魯公書元靜先生碑宋拓足本

又舊拓本二十年前句容裴氏售來值銀十餅

小字麻姑壇記吳侃叔舊藏南城眞本

又停雲館原刻舊拓本

又

又

卷三

又寶晉齋刻本

東方朔像贊戲魚堂刻本

又宋拓本

曹娥碑查查浦舊藏宋拓本

又吳門汪氏藏石

神龍本蘭亭敘畢琴川藏本

又蔡硯香藏本

張金界奴本蘭亭敘

慈谿姜氏兩面蘭亭

蘭亭讌集序戲鴻堂刻本

黄庭經七字成文本

黄庭經陶跋本

黄庭經停雲館原刻本

黄庭經秀餐軒本

玉版十三行讓木姪藏本

又魏水村舊藏本

又玉刻眞本揚州馬氏小玲瓏山館舊物山西安邑故友宋芝山葆湻所貽

玉版十三行眞刻整本

又覆刻本

梛跋十三行惲仲升查查浦舊藏宋拓本

卷四

賈秋壑摹淳化閣帖闕盛澤王任堂藏

覆刻淳化閣帖

又

大觀帖

大觀帖原刻殘帙

淳熙祕閣續帖

又三四卷宋拓本高江邨藏本有跋

汝帖四本盛澤王旭樓藏

絳帖不全本

廬江陳氏甲秀堂帖周秦篆譜

半園米帖

聽雨樓法帖

宋拓汝南公主墓誌 明李竹嬾舊藏本

又 明彭孔嘉舊藏本

虞祕監破邪論序 不全本

歐陽率更小字千文 衡陽常氏重摹唐本

歐陽小字心經殘本十四行 海鹽朱春如藏

歐陽率更書九歌拓本 有覃溪先生跋

宋拓陰符經 二種

唐李少温聽松二篆字

劉帖

梁帖

湖海雙清

慧髮藏種菜詩石刻

金甘叔作霖書槀石刻

清儀閣金石題識卷一

嘉興陳其榮桂廎編輯
石埭徐士愷子靜校刊

商父母丁尊

商尊青綠在骨色澤黝潤葢經宋時磨蠟者文在底之側曰父母丁舊爲曹友恬叔所藏嘉慶丁丑十一月朔日余先觀於平湖錢子嘉齋中十二月廿日徐友蓉塘攜過竹田以番銀廿六餅易之曾秊壬戌於京都琉璃廠見重屋父丁尊其文亦在底之側余倩拓數本後爲初頤園大中丞以二十金購去葢尊之文或在腹底或

在底之側觶文或在腹或在底觚文則都在底之側余所見大氐肰也壬午二月廿一日記

附識

母猶當也當主也言此器主祭父丁也徐同柏

商重屋父丁尊

重屋父丁尊文在器底之側嘉慶辛酉之冬余客京師從琉璃廠肆中偕至虎坊橋趙寓邸濡脫數本後歸初頤園大中丞肆中人云乾隆年間以百金購辱謂可利市三倍已未以後値不過十之二三今京城内外又値水災此中聲希味澹叟無人過而問矣壬戌二月二十一日

其榮案李氏遇孫金石學錄云未翁藏有商
尊一文曰冊斑作父乙寶尊彝未見題識

商立戈人癸尊

右商尊一王琴泉三兄得於吳門故家蓋即宣和博古
圖所載立戈人癸尊也以建初尺度之尺寸亦相符朱
碧古潤係經宋磨蠟後而又歷數收藏家悉甄拂拭故
先皺淩亂乃爾洵可寶也余夙耆金石古品足跡所至
先後得三代兩漢古器十餘種秦漢瓦甎錢印數十種
將合吾鄉沈竹窩葛杖陂葛見巖王子愚家蓬園諸藏
者爲里仁鄉金石文字今琴泉得此吉金中又增一珍
品矣

博古圖以是尊爲成湯孝享之器似可未安琴泉云是尊舊爲陸白齋先生所過眼鑒定者先生鑑賞精審今琴泉將持墨本以正知先生必有確論抑余所友趙謙士翁宜泉宋芝山何夢華趙晉齋吳芸甫朱椒堂家文魚皆通材達識鄦簡辨論疑義可析它日當并寄琴泉彙爲是尊一考耳　嘉慶癸亥正月望日

商倂父甲爵

倂舉也舉爵以祭也倂倂同文知左是人不當釋子字者吾家有倂父癸爵文作倂倂上亦有日字文作○丨日旁先氣與此正同也讀商周古文廣見而取證庶

少誤耳蓮卿大兄世好購於秀水文氏後山齋亲爲識之道光十七年丁酉冬日

商子父己爵

商爵純緑無華色黝潤好事家所謂黑桼古者文在鋬內字畫刻露外奄內閟象子形脅脊指趾皆具尤子孫象形文中所罕見者徐籀莊云是燕字葢古燕飲之器嘉慶甲子三月十八日購於湖州潮音橋嚴合章家其直番銀八餅壬午二月廿一日

附識

燕字象籥口布翍枝尾形本燕飤字讀若燕飲之燕

𤔲安也樂也銘之爵者爵飲器也徐同柏

商守冊父己爵　高今工部營造尺五寸八分深二寸六分口徑長五寸闊二寸三分重一十九兩兩柱三足有流有鋬鋬有銘曰守冊父己凡四言

王旭樓少府原跋云鯤案阮氏積古齋鐘鼎彝器款識載是爵云據陳仲魚摹本編入葢未寀其爲先君語雨樓藏器耳阮氏云冊者君所錫命世世守之不一不忘也鯤案說文守从宀从寸寸灋度也此銘守从又說文又手也葢寓持守之意是爵四周刻雲雷文

商冊丁酉爵　高五寸八分深二寸九分口徑長四寸三分闊二寸二分重一十六兩兩柱三足有流有鋬鋬內有銘曰冊●凡三言純綠

無文

爵文或在柱或在鋬內有甲乙字者昔人俱定爲商器余壽後曾見七爵一曰贈儀徵阮師一曰與季勤弟一與讓木從子今淸儀閣中尙存其四惟周爵字有數行而形方且高大踰於常者則僅見其一商爵多而周爵少是不可解也右二爵旭樓先生世傳之器器文俱精眞堪藏弆郵筒題識德必有鄰矣道光三年四月五日書於郡中試寓

其從案王旭樓少府居吳江之盛澤其尊人爲匀山上舍名楠收藏金石書畫墨刻甚富著有金石辨證話雨樓碑帖目錄

又癸先生所云七爵自藏有商爽父己爵弟季勤上舍藏有商曰父癸爵喆嗣稚春解元藏有商卣父辛爵此載諸舊府志者㢠㬥其三以外無可攷見矣

商父戊觶

商觶高建初尺七寸有奇朱碧斑連光采奪目外雷回文極淺細文在腹曰子作父戊彝又龍形山形手執刀形葢器極小而文極精他未有過於是者五月廿四日

附識

從海昌許嗜音購得其值錢十八千壬午七月十一日

龍寵也山宣也手執刀者禮王制云賜鈇鉞然後殺
葢卽寵宣之意徐同柏

商瑚字句兵

嘉慶庚辰二月廿四日自常熟同舟訪舊友陸直之繩
於蘆墟東沽陸朗夫大中丞之丙舍直之出此見貽余
報以銀四餅

程易疇通藝錄治氏攷句兵戟屬司馬達夫所貽器積
古齋據以箸錄爲周象形句兵者與此文同而器異葢
程所圖是有內者此則無內有銎以受柲與程所圖馬
形立戈又兒癸子執旂止形弛弓形之二句兵制同文

字奇古當叓在二句兵前卽不屬之有夏要是商初之器程云此周字與瑚通秦書八體中之大篆亾新六書中之奇字也

匽所摹是一面而文少大此則兩面同文而不相穿透蓋當時鑄此款不止一器也此種文字絕無僅有當爲金款中太古之品 壬午二月廿五日

周虢叔大林鐘

周虢叔鐘鉦閒文四行四十字鼓左文六行五十字陽湖孫淵如觀察不知得於何時何地嘉慶丁丑秋海鹽質夫從子鼎其甥沈龍門過谷城山館手自拓歸貽余

一本未幾孫歸吳山尊鼒吳掌教揚州梅華書院常賺設院中斌笠耕觀察頁思得之不果後歸兩淮鹺使阿克登布得白金一千二百兩阿既受替復送歸吳誌別吳歿後償歸張廣德銀號值如歸阿之數張又歸潤州某以上轉徙之迹杭州故友趙晉齋言之最詳道光辛卯春初蘇州鄭竹坡以銀二百餅從某買得是鐘二月九日偕陳葦汀徐蓉村來售於余值銀二百七十餅別酬徐十四餅是時每餅易大錢九百三十文

是鐘朱碧入骨極絢爛而極潤澤當由鑒藏家摩挲積久所致三月廿二日鄭以其架至高七尺廣三尺餘方

三寸餘紫檀木淡黝如桼是一二百年前物則鐘之出土旣久可知而前人卻未有箸錄者

號叔鐘傳世凡三今使相儀徵師所藏載入積古齋款識者文最完善剝蝕僅三四字汀州伊墨卿秉綬所藏者鉦閒四行蝕損過半字亦少弱此鐘蝕八九字阮師藏者最大重六十六斤此重六十一斤伊藏者更小

咎歲丙子九月安邑老友宋芝山來余齋云儀徵之號叔鐘舊時曾見於天津衞後歸杭州某姓其人遠出閩中匱乏覓售於潘某潘語芝老爲何某攜入節署售銀

二百兩何潘各得四十兩伊所藏者海昌故友陳受笙均在馬秋藥履泰陝西學使幕所以銀八兩買於西安肆中伊官揚州太守時得之貽以百金是鐘之質之文遜於阮而勝於伊其價值亦恰相當

古金有文字者鐘最難得余日驗鼎彝之屬數百於鐘僅見積古齋三器蘇米齋一器余藏古器亦將及百向惟一水字小鐘辛卯十二月十七日以五十金購吳門汪心農所藏之孔璋鐘有四十三字者至是獲此大鑄可謂厚幸

積古齋說是鐘極確鑿徐姍籀莊近又考釋數千言殆

無臏義余故不贅釋文字但詳其流傳之端緒云癸巳十二
月四
日

其縈家徐籀莊明經同柏爲叔未先生之甥能識古
文奇字居同里閈先生每舉款識之難辨者屬其細
意融會卽豁然通解箸有從古堂鐘鼎
款識學稾本四冊惜無人爲之棸行者
又案是器於咸豐癸丑春爲海昌蔣生沐廣文光煦
從張氏購去繼歸秀水金蘭生明府鴻保自經亂後
聞爲歸安沈仲復
中丞秉成購得之

周叔氏寶替鐘　舊釋叔丁徐籀莊藏本

周叔丁寶替鐘畢秋帆督部藏器既箸錄後翁宜泉比
部以六千錢得於官貨局中撥剔累日字畫盡露置酒
邀余暨宋芝山陳仲魚陳雲伯陳㵾水其賞之各得墨

本一葢辛酉冬杪事己巳春余再至京詣蘇米齋索觀令工拓數本此贈壽臧徐甥其一也今安泉化去諸古物聞悉歸葉東卿撝致大不易矣是鐘文義與古與阮儀徵師所藏虢叔鐘同爲眞正古文按阮虢叔鐘與陳受笙得於關中今歸伊墨卿太守者文字相同此與素方伯藏鐘司馬達甫藏鐘亦皆同文古人一文不僅一器此其證也余收集鐘鼎彝器文不下四百種而鐘文合新舊本止十數紙知古器中鐘最難得吾甥能識古文奇字此得實諸古籀書窠可謂得一知己 甲戌三月三日

又 黃椒升藏本

叔下一字已損證以素方伯訥藏鐘當是氏字積古齋釋作丁字葢宓泉初購是器亦題作叔丁耳丙子閏六月廿九日

周留鼎銘吳侃叔攷釋本

是眞古文尚書是眞孔安國傳墨緣鴻寶希有奇珍雖易以義之眞蹟亦當視爲俗書道光辛巳七月廿一日

留鼎爲天下吉金中弟一重器弇山尚書身後籍產時留未入於籍錄好事者懸金搜訪究無蹤迹流傳數墨本大都當時幕中客孫洪諸君子所爲有日減無日增宓齋家奉爲至寶

周遂啟諆鼎

漢陽葉東卿臺郎志詵所得送置金山甘泉羅茗香士琳以三分周術又證以漢三統術推得焦山無専鼎九月既望甲戌爲周宣王十六秊九月之十七日此鼎成於十有三秊正月則又在前三秊也

周無専鼎

焦山古鼎得　國初諸老題記爲三百秊吉金中弟一有名之器乾隆丙午冬竹林里沈紀鴻娣壻歸自京都過江登海雲堂拓囘二本分一以餉余齋中始有此一片姬周文字今所致商周秦漢之文不下千種然每讀是鼎銘輒神移不忍釋手年少宿耆經目最久卅餘年

舊友非新相知者所能移其眷戀也椒生此本益嘉慶改元之初文魚徵君馮門下士涉江所搨余從子讓木甥徐壽臧所藏皆是時物耳

周三家彝為方蓮卿司馬題

文曰昜丙曰趩𪘲休
小臣貝三朋臣三家對乃
休用作父丁尊彝

周三家彝昝讀其文未見其器枯坐竹田正在寂寂適郡中蓮卿大兄遣使見眎色質俱佳文字尤精妙無比眞鑒槁稽古物精靈若相感召追思四十年前禾郡中

收貯子姪古金有文字者指僅一二屆今覆古朋輩相率購賞而彝齋主人又昇如此寶器獲驪龍頷下珠鄙人當避三舍已

是彝載相國阮師積古齋鐘鼎彝器款識蓮卿世講購得之索余書其齋

周曾伯霥簠蓋

曾伯霥簠蓋甬東周小匡茂才世緒藏物海鹽質民從子手拓見貽質民云小匡之尊人遊秦中所得丁丑十二月十五日

小匡字壽蓀工塡詞其題質夫國山搠碑圖詞得北宋

人法戊寅八月余偕質夫訪之武林試寓見其貌甚英爽不數月竟物故己卯冬日質夫攜是器過清儀閣旋爲作緣歸長白斌笠耕觀察是器余先摩挲竟日今春二月過常熟糧儲署爲觀察跋識拓本復審視於詩金庵其文字小蝕上龍文垂首向下是盉而非器無疑末審與積古齋所録之本積古齋據趙晉齋所藏拓本摹入果卽一器底蓋否也叚卽叚通叚叚下趙本余清儀閣亦有藏本泐一字積古齋誤摹作𤔲遂有樂借爲樂之釋說頗核而其實非也此叚不文甚明晰當卽假丕二字𤕌字趙本不全皇下文上此較趙本少一且字庚辰四月十一日

周齊侯罍釋文

齊侯罍爲器樂器其孜从考陳氏修備韶樂齊侯爲之考成齊侯命扶从夫手

杕从大木扶往从罟圀杕大夫名往之變賚从邑假作賚往請賚于天子虘其事也宗伯聽

命于天子曰䜴謀則反也文爾䜴余不其事無作文古文毋毋無通受

言爾爲陳氏謀則爾謀之是矣然余不事其事爾亦無有所受故命爾也爾遄速也弁[illegible]御爾

其躋受奉以上天子命辭齊侯拜嘉命于天子用璧二玉佩作備

二于大舞紹作紹韶本字誓于大司作𤔲與紹字相涉命用璧兩壺

八鼎于南宮疋讀若囟疏之疏用璧二佩玉二韶亦作紹鼓鐘躋

以上齊侯受天子命有事于司命南宮也桓子陳桓子洹桓假借字孟姜器其孜省作丂

見都邑天子之邑上文云往賚也蓳陳子疆名桓子之子蓳古文堇夏舞大舞用旅爾

清儀閣金石題識卷一　徐氏校刊

大樂韶樂用鑄爾養羞讀爲養鉼用御天子之吏謂齊侯對上文天子言
桓子孟姜器其致見都邑堇夏彝用旅爾大樂用鑄爾
養鉼用御天子之吏以上陳子彊告桓子廟重桓□□疊其文如樂之有成也
子孟二姜用乞嘉命用祈眉壽萬年無疆用御爾事以上
字陳子餗
陳子彊自
鑄之辭
道光二十二年癸卯夏承儀徵相國阮夫子命謹釋是
文

周頌壺

古尊彝之屬器蓋皆有文者字體有異而語句則無異
所以志器蓋之相符不至離異牽合此見古人用心之
密從無一器著兩段語句相同之文而蓋上反無文也

曝書亭集載王太僕益朋家所藏頌壺項腹皆有銘云
云今朱檢討之遺拓二篇及手跋眞墨具在吾家當是
一爲器文一爲蓋文竹翁竝未目驗不過據墨拓箸錄
之耳是壺久無蹤迹莫君遠湖遊山陰得之項口周遭
僅存數寸而百五十文字完具據文在項外當是蓋之
四周必高數寸器之文仍不外露也莫君足迹甚廣是
壺之蓋安知不尙在人閒珀芥磁針行有遇合則竹老
項腹有銘一語之疏亦從可訂正云

周散氏槃 徐籀莊藏本

周散氏槃銘分三節凡三百五十七字康熙時廣陵徐

約齋以萬金購於歙州程氏徐繼歸洪氏嘉慶十四年
鹺使某貢入
天府墨本在人間者日少而覆鑄髣鐫不止一本此是
原器精拓可珍也考釋是槃者舊有黃松石方南塘吳
山夫樊明徵孔葓谷俞楚江汪稚川江秋史王蘭泉孫
淵如吳西林諸家今兩粵制軍儀徵阮師說載在積古
齋鐘鼎彝器款識尤為精當籀臧徐甥能識古文奇字
於此器亦有攷證其速輯成書以為耆古者助可耳癸未
十二月十八日

周史頌盤

司能任嘉興縣志卷三十四史頌盤銘史頌作般其萬年子子孫孫永寶用篆文十四字今藏新行里王氏李金瀾廣文遇孫金石學錄卷四王幾藏有周史頌盤幾卽子愚上舍也朱椒堂漕帥爲子愚之子蝦齋上舍錫壽作寶盤齋扁并跋王心畊上舍福田有寶盤齋蘇詩刻石子愚蝦齋相繼物故盤爲余所獲頌字盤字爲青綠所淤受之姪辛濆以醯洗刷多偏文盡顯徐籀莊明經楙同柏釋曰頌作龔叔龔姬敦是方爲史時頌德蘇蘇賓龍作敦是既爲史時頌作盤在爲史後甚碻案先生於丁酉十二月有跋云周史頌盤海鹽汪氏售歸吾里王氏當積古齋收輯款識之時此器祕不肯出故未入錄

又戊戌三月一日題何夙明藏本云此與頌爲龔叔龔
姒所作之敦頌得蘇蘇賓龍而作之敦同爲一人之器
去冬歸余余名軒曰三頌
茲因是跋稍詳存此一則

周史頌敦

嘉慶癸酉四月廿七日文魚徵君來信竝史頌敦文二
紙此文係郭璟燕拓本與積古齋文同器異來書作師酉敦誤
右史頌敦十五行百五十字山西安邑老友宋芝山學
正葆淳贈本芝之山云此敦余得之揚州惜失其蓋古人
爵尊鼎罍莫不有蓋全者鮮矣後歸曲阜顏運生今在
孫淵如處七月二日嘉慶丙子

周乎仲敦

嘉慶壬申十月購於嘉興何曉山家何係仲謀明府之
弟同其兄宦於秦中所得者失其蓋其值番銀六枚癸酉八月四日

𠂇仲敦蓋

文云𠂇仲作寶敦其萬年子二孫二永寶用

𠂇通侯通猗錢氏坫釋作平

𠂇仲敦蓋何仲謀振權官秦中時其弟曉山帶回者嘉
慶壬申九月余以番銀六餅易得錢獻之於秦中得𠂇
仲敦其蓋作孫孫永寶用積古齋摹其文以蓋銘爲譌
余疑或子夯青緣所掩摹者未審得此足以正矣癸酉九月

觀自得齋

廿三日

追敦銘

追敦銘五十九字積古齋據陳秋堂豫鍾本采錄不詳其爲器爲蓋也癸巳季冬十三日余買得追敦之蓋係長洲曹秋舫吉金圖中物文字精深雄湛視此遠勝道光二十七年丁未六月廿八日

吴彝 阮錄標作吴彝

上海趙謙士太常秉沖所藏不知何器之蓋形方兩旁直而下奄如磬折外皆作雲雷回文觚棱四出與吾家諸女方爵等色淡黃閒有青綠繡鏥入骨文在內一百

有二鋝歲辛酉壬戌余館其虎坊橋邸寓摹拓數本次
年癸亥初夏儀徵阮芸臺師索余所拓錄入積古齋鐘
鼎彝器款識□誤鈛二點□下脫一字□誤作□
此字阮摹不誤□誤作□遂誤釋作㮚□誤作□
鈛左中一小橫□誤作□□誤作□□是世
字从丗猶舀鼎□秭□秭□秭今誤作止遂誤釋作之
也太常云鋝以白金十兩買得近聞在諸城劉吉甫處
道光十年庚寅七月四日

周劍搨本

北平孫少宰所藏周劍竹垞稼堂諸老宋釋未碻吳兔

牀山人與吳侃叔明經釋作吳季子之子逞永用劍寔爲突過前人明經名東發瀓浦鐵匠村人

秦度

史記秦始皇本紀二十六季一灋度衡石丈尺此即度也全文四十字載顏氏家訓歐陽集古錄董廣川書跋

道光二十年庚子七月廿三日

漢元康鐎斗

鐎斗海鹽家文魚徵士燕昌物金石契圖其形并釋曰元康元年考工二賢友繕作府嗇夫建護萬年股長當時主令長平右丞義省重一斤十四兩攷漢宣帝晉惠

帝皆以元康紀號此當是漢制翁氏兩漢金石記云服
是縣字漢書地理志曰左馮翊萬年縣高帝置百官表
曰縣令長皆秦官掌治其縣萬戶以上爲令減萬戶爲
長皆有丞尉又云嗇夫職聽訟收賦稅此建當時平義
皆人名上一八云繕作者工之職下四人揔言省者官
所司也

積古齋止據金石契摹本編入丞上脫右字蓋是器眞
本近已不可得矣金石契初刻摹文脫右字釋文有右
字第二刻則幷釋文亦脫右字阮刻款識時張未刻弟
二本也 道光七年丁亥十一月十七日

文曰漢元延元年長安共廚銅三斗銷第廿枚出新鄭縣郭店西周世宗慶陵黃思堂丈宰是邑時以二千錢購得之載大興翁學士兩漢金石記學士近爲文從山書三斗銷齋扁儀徵阮氏積古齋鐘鼎彝器款識卷九載此銷是時尚未歸後山也

漢元延銷

其榮案是器乾隆丁酉新鄭知縣黃本誠得諸新鄭土中攜歸其家有篆文二十五字曰長安共廚銅三斗銷廿枚第廿重十五斤八兩元延元年十月造載司能任嘉興縣志卷三十四

漢洗

漢洗秀水文後山上舍藏器洗款云鄧中孺五斤五兩

紫嘉慶丙子五月廿六日寄此本來信云形類樂仲文近銅蓋指其所藏元延三斗銅也樂仲洗見藏從子讓木處文後山云篆下紫字定必記號如梁山銅之扶字也

漢慮俿銅尺嘉慶壬戌四月十九日杭州江秬香同年鳳彝所贈時同客京師

此曲阜孔氏所藏漢尺眞本與安邑宋丈帥初所贈詒曲阜親拓之眞本細細對勘不爽豪髮此外又有翁公四邊空白紙之本亦眞

清儀集古款識所褒之本翁覃溪學士云係孔氏摹本李生一徵所贈鐵綱珊瑚冊中之本余細勘之亦是摹本嘉慶癸酉四月廿八日

又錢籜石宗伯舊藏本

曲阜孔氏所藏建初銅尺眞原刻寬紙拓本秀水錢坤一宗伯舊物余甥徐壽臧明經同柏原名大椿從其孫順父善揚易得以見貽者此本摹本甚多孔氏亦有復刻本此從眞漢刻拓出可寶也道光丁亥十一月五日

又嘉慶壬戌十一月廿五日春嶼帶來漢尺拓本係山左孔氏拓贈籜石宗伯者紅簽上字原黏紙端麂山屬勿棄去仍其舊也廿六日志

又青浦王蘭泉司寇摹本嘉慶癸酉九月莊葭渡秀才所拓

漢銅弩機

得漢銅弩機文曰河内工官弟六十一丙郭牙臂懸刀兩鍵竝同鑿款米粒大敧斜中有古趣

徐籀莊曰逸雅載弩機有郭有牙有臂有懸刀無曰鍵者毋鼻據傳注補其名目

其榮案叔未先生又藏有建安弩機文凡分書二行十八字曰建安廿二年四月廿三日所吏千五百帥稽福載司能任嘉興縣志卷三十四

張師信鉤

漢銅帶鉤文曰六年五月丙午亾張師信印中鏤雲文

大興翁氏兩漢金石記云漢自武帝始有年號此器但

云六年故知是西漢器也考惠帝六年壬子呂后六年己未文帝六年丁卯此三年之五月皆無丙午此器當屬何時則弗能深攷矣此本宋丈芝山手拓翁氏所載亦宋所貽今此器不知何屬故搨本亦罕覯阮師積古齋鐘鼎彝器款識亦未箸錄嘉慶癸酉四月廿九日

嘉慶丙子九月四日安邑老友宋芝山學正葆淳來清儀閣云張師信印帶鉤爲張瘦銅舍人塡借去以贈畢秋帆制軍時未多拓深可惋惜芝山平生獲古物甚多隨得隨去且未勒爲成書今其篋中墨本盡歸余齋故余每叩其語輒跡紙尾千百年後同心人讀之當亦歎

古緣會合信有數存焉耳

漢帳構銅

廣六尺長一丈澤滦高八尺五寸銅平帳構邊長構翁氏兩漢金石記云海鹽沈匏尊所見拓本摹以見贈其字極細而精勁澹古在厲樊榭所詠魏景初帳構銅字之上當是漢代之物無疑漢器無年月者甚多不必異也廷濟案此器今不知藏於何所其搨本亦罕積古齋亦未箸錄嘉慶癸酉四月廿九日記於竹田深處

漢興錢小篆文漢興二字上下列

武林吳亦庵於故家得古泉布一篋至精者漢興其一

也洪遵泉志顧烜錢譜云今世猶有小錢重一銖半徑五分文曰漢興小篆案班馬二史皆云莢錢不載泉文顧烜之說蓋失之矣金光襲與董逌皆因之李孝美以爲楷書文曰漢興莢錢自科斗之法熄而篆隸行至東漢末始變爲楷何其說之妄耶云云廷濟案此漢興字原是篆法古器文往往有此李謂爲楷固非然洪亦實未見眞泉故以顧說爲失而泉志刊本其文列孔之左右是皆以意僞造而不意數百季後眞蹟復見於世也成書之不可虛假如此

壯布七百

壯布七百亦吳所獲者案新莽十布自洪志以來古泉
家皆不見眞本僅據班志篆寫某布二字大興翁宜泉
殫心考索得見九布刊一本戳遍郵徵訪癸亥正月書
來云尙未見壯布葢吳得於辛酉之秋翁尙未見墨本
也海鹽文魚孝廉欲刊十布入金石契亦俟吳得後始
獲全蹟葢是布之難得如此余生鄱陽後數百年而轉
得見前人所未見是亦重可幸已道光四年甲申二月廿一日

莽布厭勝品

右莽布厭勝品貨布字上作七星布下作獸形貨下文
不可辨一面男女人二手奉者玉圭珊瑚之形男下作

鳥形女下作靈芝之形此漢吉金中畫象也布不知藏誰氏其墨本梅會里故友李作舟聘所貽道光四年甲申二月廿三日

又

右布文作五男二女新莽時之厭勝品也乾隆六十年乙卯余觀於文魚哲兄石鼓亭子古潤可愛後歸儀徵阮師積古齋甲申二月廿二日

漢厭勝泉

右漢厭勝泉左曰宜子右曰宜官上中二字曰玉泉左右字曰辟兵鎏金小有裂文上海趙潤甫孝廉秉湆得於京師大興翁宜泉秋部樹培從其易得嘉慶八年癸

亥二月廿二日趙翁同日貽書言此翁并拓寄此文案漢吉語泉墨本余藏冊中得二品曰長毋相忘曰日人千金曰𥮜邑堂當曰去炎除凶俱兩面有文面各四字俱回環讀此外絕不易得見甲申二月廿二日

山右洪洞劉青園師洛藏有漢厭勝泉文曰夕天毋極宜子孫兩面文各四字上下左右讀質視此較小輪上橫一小魚魚上有鈕輪下垂四道長三文許十四年己巳余觀拓於孫文靖公百一山房亦佳品也同日又記

又 背文常樂未央面文君宜子孫並小篆

右泉仁和馬霙林與大泉五十範背有富八大篆字又奉山宮行鐙又新莽與武亭侯虎符又隨相原府虎符同得于秦中嘉慶廿一年丙子八月四日安邑老友宋芝山葆淳自杭州將之山東迂道過新篁里出此言贈余報以白金錢三品案古金之重重以文字若器重大而文字鮮少者把翫殊不便利此徑寸片銅而得漢文字八且書蹟之精更勝於宜官宜子辟兵玉泉長毋相忘日入千金辟兵莫當去央除冈諸泉是可寶已

新莽十布

大布黃千

黃即橫字橫即衡字黃千猶言直千也洪志以前舊譜皆譌始訂正於張端木錢錄瞿中溶續泉志說尤精核此布流傳尚多余藏有五寫法小异然皆眞品壬午七月廿一日

漢書食貨志大布次布弟布壯布中布差布厚布幼布么布小布小布長寸五分重十五銖文曰小布一百自小布以上各相長一分相重一銖文各爲其布名直各加一百至大布長二寸四分重一兩而直千錢矣是爲布貨十品洪志十布皆以意寫作某布二篆字而此作

大黃布刀葢其誤自張台李孝美始近時始爲訂正毋謂今人不逮古人也

次布九百

嘉慶丙辰余從嘉善曹友安之購古泉布一匣莽布有五此其一也次布言次于大布瞿友木夫云周禮廛人絘布陸氏釋文云絘本又作次莽好依古或因古有是名而造此歟丅ㅠ〣〤爲六七八九瞿謂爲積算之體卽今俗所行號碼始見於司馬温公潛虛云

弟布八百

昔歲丙辰得於嘉善曹氏次第字古人卽用兄弟之弟

此作寊正文也有从艸作𦶉者亦是眞品

壯布七百

錢唐吳友繹庵所藏昔文魚孝廉重刻金石契爲欲模
入十布遲數十年自吳得後鉤摹始全
癸亥二月翁宜泉來書云尙未見壯布故其所印本缺
止缺此品蓋繹庵得於辛酉翁未即見墨本也

中布六百

金硯耕中翰舊藏余昔年拓得者自小布至次布泉志
盡譌知淇氏未見眞本翁閣學兩漢金石記載中布六
字作亣所據當亦是僞鑄蓋乾隆丙午閣學作記時尙

未得見眞中布後其子宜泉作木戳印文徵訪則十八正作丁矣

差布五百

同里故友葛枝陂茂才雄圖舊藏其子向之茂才時徵守之五字作㐅中多一盤其體原於石鼓文翁字翁氏金石記所摹正同他有作㐅字者亦眞品蓋莽鑄泉布字體率有小异也道光丁亥冬日向之以古泉盡歸於余此其一佳品也

序布四百

錢唐老友何夢華元錫所貽拓本序厚形近漢書食貨

志作厚布當是傳寫之誤三字積橫畫爲之余家藏有
漢惠帝黃山弟三鐙又新莽鏡銘云王氏昭竟三夷服
皆與此同

幼布三百

此亦葛友杖陂舊藏丁亥冬日向之歸余與差布俱光
潤可愛估値每銀十餅

幺布二百

嘉慶初元得於嘉善曹氏趙司農謙士先生昔語余云
少時舟過濟甯曾以大錢二百買一幺布後以贈廣東
潘毅堂中翰有爲

小布一百

此亦得於嘉善曹氏昔年癸亥姜友怡亭貽余墨本云是省中友人物文與此同質少泐

山右友人劉青園師洛藏有儿朩一百昔年己巳余在京師曾手拓于孫文靖邸第百一山房劉又藏有嵪詁新宋騷虞嵋錢云俱得於甘肅蓋從來古泉家未嘗箸錄者　甲申二月廿四日

新莽錯刀絜刀

錯刀一刀二字陰識以黃金錯之平五千三字陽識平卽直也漢書食貨志徑作直五千似班氏改之於義雖

無所戻然竟非本事契刀五百字並陽識契刀二字橫
列與錯刀位置不同契食貨志作契按說文契刻也从
木从韧契大約也从大从韧二字不同義錢獻之則駕
辨之甚晰此錯刀嘉慶壬戌紹興蕭友楚翹所贈契刀
則癸亥歲得之杭州童友佛庵皆精美無比其合裝款
一行己巳歲大興翁友宜泉在余京寓中題署者壬午七月
十五日

漢三壽是寶

當是三壽是寶寶字刀布之屬變文甚多大卒類是漢
洗紀年紀地造作之下字亦多變文余亦定爲寶字金

石契說殊未碻嘉慶丙子冬日

其榮按是器搨本爲同里鮑少筠䌚尹昌熙所藏少筠性耆古金石文字收藏甚精曾有摹刻金石屑四冊各系跋語

五銖泉笵

長三寸八分闊二寸四分泉文面漫相間各四洪氏泉志張台曰肉好有郭者名梁錢與此正合古化泉之器名之曰笵始見於竹垞朱太史文集迄今蒐羅日出所見器以數十計墨本倍之而有背文如大吉宜泉吉利者較少余所藏器背有文字如日萬泉富八大萬日利十六鳥形皆致佳品而五銖笵具面背文

兩版者尤箸錄家所絕無右范王旭樓先生世傳之物雖背無文字肰宷是漢京遺制非近今鄉壁虛造并鐫金數字以惑盲鼓者比是可寶已道光三年癸未二月

附張石匏開福跋

邗上江鄭堂獲貨泉范背有篆文母字嘉定錢氏定其名曰泉母較之竹垞翁范字更礄此五銖泉母面漫各四藏勺山先生話兩樓先徵士曾橅入金石契攷五銖錢始於漢武帝班史謂元狩五年罷半兩行五銖錢是也大興翁氏兩漢金石記載五銖范凡三一周簹谷所藏一宋芝之山持來一郎芝之山所借搨本

獨此未經寓目豈搨少流傳耶道光壬午冬日旭樓丈手搨此本屬開福題識計與余家結再世墨緣矣

又

右笵文皆反寫泉舊志所謂傳形五銖也唯是泉形凹則土合之泉形轉凸而冶鑄之泉其文轉凹洪遵泉志載有凹文五銖引唐書食貨志曰隋行五銖白泉而又引舊譜曰用蠟和鑄故錢色白廷濟案五銖泉自漢至隋鑄時最久流傳亦至多凹文者從未一見恐洪志白泉亦尚是傳託此凹文之笵思之未得其解翁氏兩漢金石記載此謂宋芝山所僧拓本余此本亦宋所貽者

道光四年甲申二月廿日

八泉分作兩行顛倒互向若翁氏所記則以兩岐枝爲下出

貨泉范背二鹿形

貨泉范大興故友翁宜泉樹培物嘉慶八年癸亥二月余時客杭州翁郵書云得五銖大布黃千貨泉三范而貨泉范背似作顛倒二鹿側又似三字不可辨云云案泉范背有畫象余唯見此及金總憲家所歸來之有鳥形者他未之見道光四年甲申二月十八日

半兩八泉圜范

此與刻九泉兩半之圜笵竝載入翁氏兩漢金石記五卷內。然古泉笵一笵而具泉面背文者，一笵已足，蓋合土爲型，兩型互合，便可鎔鑄。若純是泉面、純是泉背，則非兩笵不可。然笵之純是泉面、泉背者絶少，笵而圜者更少。此二本審其紙墨，是一時所拓，當是一人所藏，何以得藏。絶難得之笵，卻有兩品，而兩者同䫋一面，且兩笵俱無凹凸星塊以爲鬭筍之地。漢時器刻泉文者甚多，此或實非笵乎？余前後得是笵文兩副，俱有海鹽文魚兄名印。文魚亦藏有搨蹟，而金石契何不入録？憯未向文魚一叩之。道光四年甲申二月十六日此二圜笵外又有長圜笵墨本一紙列泉七純是半兩泉文余因悟鑄半兩泉時止行純面純背初鑄五銖時尙然後乃日就巧便每笵泉文始有面背竝列故五銖笵泉文已有半面半背而新莽泉布絕無純面純背此三笵俱缺其半者蓋彼笵列泉既無文字又無輪郭後人愈易銷毀耳昨疑或係他器而非泉笵者過也廿一日又記

栔刀笵

栔刀笵龔伯孫兒古雲均藏嘉慶己巳十四年初夏余客京師拓於其邸第百一山房古雲篤交遊重然諾兼

工篆刻鑒藏金石之品亦甚美富

翁宜泉秋部曾貽余絜刀笵拓本一紙云吳江金瑤岡所藏若鎔刀之笵金石契云閬曲阜顏運生明府崇槼有一品形似壷盧亦未寓目云

新莽貨泉笵 背文十六

新莽貨泉笵嘉慶甲戌三月廿一日余客郡城從陳友海雲購得值番銀六餅陳石門人杭州董友懷素字泰曾之弟子人極儒雅寫山水亦鮮俗韻惜年未四十而殁是笵背有十六二篆字閱原器尚可辨若墨本則甚隱矣壬午三月二日

古時鑄泉之法先琢成土型次鎔作銅模即今時流傳之范然
後湅土實塡銅模中印取泉文牝牡之形如是者二對
合之便可治鑄如銅模泉文具列面背者顚倒互合止
須一模故今時所見面背具列之笵只一片已全若泉
文純面純背則模必兩片方可對土印合惟余所得五
銖泉笵一純面一純背兩片皆存可稱全璧至如墨本
中半兩泉笵長圜者一列泉七圜者二一列泉八一列
泉九皆止有字一面葢遺失其無字一面也余因悟鑄
半兩泉時其笵止用純面純背初鑄五銖時尙然繼乃
日就巧便每笵面背竝列故五銖笵已有半面半背而

新莽各笵絕無純面純背此可歷驗而得而吾家所藏五銖泉笵定出漢初而非東漢至隋歷朝五銖之笵益可知矣甲申二月廿一日

又背文大吉

貨泉笵背有大吉字文極瘦極隱幾不可見去歲八月客省中友人王檄叔歸余值銀六餅丙戌十月九日

又背文母

貨泉笵背有母字字蹟極古此當是眞漢刻金石契云吳門江鄭堂藩所藏此拓本有王蘭泉宗伯二印四八刅朱字亦其手書當曾入蒲褐山房而流轉他屬耳

新莽大泉五十笵　背文曰萬泉

嘉慶癸亥四月十六日余客郡城居停於葛兒春嶼奚橋草堂文兒後山邀同唐北枝明府作梅戴松門上舍光曾錢几山茂才善揚般雲樓上舍樹柏泉春嶼集飲詒燕堂觀小李將軍驪山圖唐六如竹鸞圖余出眎五銖泉笵面背俱全者明府曰余昔於泰中以五百錢買得大泉五十笵明日可共賞也十七日偕春嶼松門几山過唐氏園觀趙文敏烏絲格小楷書汲黯傳經紙本有文待詔補書十二行又跋又笪江上跋曾藏項墨林卞令之諸家者又朱絲格小楷書天冠山詩紙本有王

覺斯跋又大楷書止齋記紙本又墨蘭卷紙本有元人十餘家題記曾藏粱眞定家者旋出是笵松門以畫香光丁南羽書畫兩扇面易得之還至奚橋草堂春嶼爲作合歸於余其值番銀十餅新室大泉笵尚多流傳而有背文者絕少此日萬泉三字瘦勁可愛與五銖笵竝刻入家文魚金石契中今唐戴人琴俱亾長物掃地殆盡於此見物之遇合有緣顯晦亦有時也壬午三月二日

又 郎前器

笵重今等十兩泉背面各三肉好周正大泉字皆作方折張台所載大泉五十有泉字諸畫竝方者此也背有

日萬泉三字篆法遒勁余所見笵背文宜泉吉利富人

大萬日利大吉皆語取吉祥得此又增鍾官一佳品矣

又 背文富人大萬

新莽大泉五十笵背有富人大萬四篆字武林馬愛林

得於關中錢獻之坫刻入十六長樂堂古器款識家文

魚燕昌刻入金石契盞泉笵中烜赫有名者嘉慶丙子

閏六月廿日宋芝山葆湻以此泉奉山宮鐙自杭州寄

致共值二十二銀餅古泉笵自竹垞太史箸錄後沇靈

隱晦之品盡入鑒藏余所集墨拓本不下四五十種然

有背文者甚少若文字精勁至此則又有背文中之鳳

烏景星癸大萬錢釋作六萬非壬午三月二日

又背鳥形

右大泉五十范金檜門總憲藏物其後人某家於常州者歸秀水殷雲樓廣文樹柏嘉慶廿三年戊寅四月殷歸於余值番銀十餅背大興翁宜泉秋部得貨泉范背有鹿形札來誇示以爲難得此背作鳥形極翔舞之致在漢畫象中亦至精惜不得起故人其話也壬午三月一日重錄

舊跋

又

嘉善閔笏山會禮以大錢二百得於河南禹州癸未初

冬歸於余值銀四餅笏山云偶郊行乞火農家以此盛
火石應客因得之丙戌十一月九日
又背無文
大泉五十范一背無文朱碧入骨癸未初冬從嘉善閔
笏山買得值銀六餅笏山云用大錢五百得於河南禹
州丙戌十一月九日
又背文金錫
此背文上似金字下不可識積古齋鐘鼎彝器款識摹
作[illegible]云鍚字反寫鑾之省其但謂爲銅器銘者蓋據趙
謙士太常摹本未見真拓故也癸未十二月十七日

此笵海甯周松靄所藏翁氏兩漢金石記云金錫二字反寫横列錫作𢀖古文也説甚確當十甲申二月九日大泉五十笵中列四泉者最多竹垞先生所見特其一耳周進士得此指爲衎齋舊物蓋傅會以取重也按金石契録朱跋於是笵之後而以底有篆□金字何以跋語不及爲疑卽此可知非一器矣

又背文吉利史方

背文吉利史十万是漢刻八分書中之至精者積古齋鐘鼎彝器款識云史作器者氏或官名十万亦吉祥語案方是人名又積古齋據上海趙太常摹本不知此是

泉笵故通謂爲漢銅器銘癸未十二月十七日
大興翁氏兩漢金石記卷五載是笵云史芳疑是鑄笵
人名今細驗墨本翁說爲是甲申二月十九日

又背文母

嘉慶癸亥十一月十日大興友人翁宜泉樹培來書云
所說金石契泉笵事弟從前有辨甚長已蒙芑堂將板
改正乃建武五銖笵也至磨款另是司馬達甫之大泉
五十笵背有僞款弟磨去非建武字也然今溪悔之已
無及矣造孽柰何泉笵名始竹垞跋培曾見江鄭堂貲
泉笵背有母字培藏大泉笵背亦有母字而倪氏又名

泉鎔曾持此語細稟家君仍以從範之名爲是蓋確證
語可據也案覃溪先生引范金以徵泉範已編書於余
家藏五銖泉範冊內而錢竹汀少詹跋江鄭堂所藏新
莽泉母謂其形橢圓中容貨泉八枚背之右隅有文曰
母蓋當時呼錢模爲母秀水朱氏所見大泉五十之母
强名之曰範由未得見此異聞云云據此範背亦有母
字足爲少詹說增一左證然泉範之稱自小長蘆至今
沿襲已久字義與確即泉模向稱泉母自可存此異名
況背文非一少詹偶據母字一種謂當時呼錢模爲母
究亦懸斷未可遂議秀水稱範之失也甲申二月十八日

又 背文予取工主云云

予取工主所利主事文八言二取主利事皆協音此杭州王五檢叔藏範隸書至精器亦厚重嘉慶八年癸亥閏二月余客杭手拓之嗣爲海昌馬芝亭購去芝亭善飛白書藏古亦富癸未

又 背文宜泉吉利

右範粵東潘毅堂中翰有爲所藏背有文曰宜泉吉利大興翁宜泉秋部所據此以自號者潘爲翁覃溪閣學門下士是範載兩漢金石記卷五內此外余所藏璽本尚有一貨泉範背文四上二宜泉下二不可辨亦係

鑄識蓋漢器多以吉祥致語也道光四年甲申二月十九日

又背文五月八日六百九十等字

右范嘉慶廿三年戊寅八月仁和老友趙晉齋魏所貽拓本背文五月八日六百九十字可辨大子不可解餘蹟不可辨同日

又背文大吉

右范載大興翁氏兩漢金石記嘉定錢氏十六長樂堂古器款識海鹽張氏金石契張云向藏余家同日

漢黃山第三鐙

漢鐙嘉慶甲子三月三日從海鹽家文魚徵君購得值

洋銀八餅鑿款在下般之上面曰黃山第三漢書地理志右扶風槐里縣有黃山宮孝惠二年起三輔黃圖卷三黃山宮在興平縣三十里武帝微行西至黃山宮此鐙爲離宮所設黃字从炗从臼四字積畫爲之西京妙蹟古趣天成家藏漢器無更出其前者己巳之春翁覃溪閣學題余集古款識冊云叔未此冊余獨鑒賞此黃山鐙是以尊用爲題作詩系於冊後蓋亦如歐陽子之得林華宮行鐙銘也壬午二月廿八日

又

黃山宮漢惠作俞太學肇修曾於興平得黃山五鐵程

敦秦漢瓦圖記余戊辰詠是鐙有云幾照挾書經火後孝惠始除挾書律偶隨片瓦出人間翁覃溪學士亟賞之丁丑十月廿一日

漢館陶公主家鐙

漢鐙嘉慶庚辰二月十三日得於蘇州鑿款在側曰□□□□約四五字寸八分高三寸六分重一斤八兩館陶家館陶長公主嫖孝文女竇后所生后遺詔盡以東宮金錢財物賜長公主嫖此西漢初器也文中青綠塡積脩末洗剔冢字末筆甚長壬午二月

漢奉山宮行鐙

漢鐙鑿款在側嘉慶丙子閏六月廿日安邑老友宋芝山託吳近龍表兄帶致此鐙武林馬君愛林得自關中當是西漢時物而奉山宮不見於三輔黄圖長安志等書蓋離宮别館往籍失載者多矣造九十十者九十器之第十器也壬午二月廿九日

漢竟寧元年鴈足鐙

竟寧元年鴈足鐙乾隆初年藏揚州馬半槎家樊榭山房續集詩起句云蒲阪首山青透迤蓋誤認省爲首遂用首山故實重三斤是三非三翁覃溪先生贈余黄山鐙歌有云何與孝王鑄山事境山宫記好時邊此鐙補

歐兼正薛張子拓茲銅元延鴈足之鐙字亦好每有趁
昭陽胡鑴吾嘗取證樊榭謨首山槐里迤捘迺此銘方
是鐫文三述庵憶語蒲褐禪自注昔於王述庵蒲褐山
房考所藏建昭鴈足鐙款因辨厲徵君釋三字之誤云
云蓋與此鐙相印證也
此竟寧鐙拓本流傳甚少翁氏兩漢金石記云丁酉秋
黃小松篋中得見半槎所藏是鐙款文拓本蝕漫已甚
然就其可辨者弟一行末一字實是省字弟二行弟一
字則蝕去其半樊榭乃以此字誤連前行末一字讀爲
首山二字遂以蒲阪首山爲故實而作詩蓋因薛尚功

鐘鼎款識載有首山宮鐙其文蒲反首山宮銅鴈足八寸云云而誤也案翁記不能盡錄此拓是海昌沈匏尊所藏沈歸其親李作舟李歸於余釋文二紙一有翁先生親筆二行其即黃藏本或別是一本翁見於丁酉秋後而題者皆不可知然此拓亦良足珍已道光七年丁亥十一月十六日

漢宜子孫鐙

漢鐙嘉慶廿年乙亥二月廿八日得於海鹽陳氏肆中直番銀五餅有牟秦以下器陽識則鑄陰款則鑿商周金款攢蠟之瀘贏劉已失其傳矣宜子孫字漢器習見

此子字下半左向曼旋孫字左旁增二小直體勢益覺縝密可見漢京結字之妙道光七年丁亥十一月十六日

漢鏡銘

文曰上大山見神鮮參駕非龍飲醴泉食玉央英游天下遨四海徘徊神山采芝草壽如金石為國保

[illegible]

鮮讀爲僊非蜚省文醴讀爲醴央英省文山儒泉韻英清韻此銘多古訓是漢鏡之至精者得月五兒老大人所藏道光庚子冬日屬釋并識

漢篆銅印

延季益壽與天毋極銅印龜鈕海鹽家文魚孝廉舊藏

曾質錢廿四千於其同里黃椒升錫蕃黃簪古印式以此爲秦漢印之冠後文魚讀回歸大中丞阮師積古齋

嘉慶二十年乙亥四月十四日

漢劉熊銅印 劉熊印信四字天祿鈕失子印

隸釋載酸棗令劉熊碑全文歐趙目錄皆列近唯歙巴慰祖藏有宋本今不易見其碑而易藏其印余之幸何如也隸釋載劉君字孟下闕據水經字孟陽 嘉慶辛未冬日

帝子俞鄉壽寸銅不隨靈沒土華中勝他王建題詩句空讀殘碑識蔡邕

劉熊字孟陽光武元孫俞鄉侯之季子碑在酸棗縣今衛

輝縣　津縣　（殘）洪氏隸釋載全文歐趙目錄皆載之唐王建題此云蒼苔滿字土霾龜風雨消磨絕妙辭不向圖經中舊見無人知是蔡邕碑碑久毀惟歙巴儁堂慰祖江都汪容夫中尚有殘拓此銅毋印辟邪鈕秀水文後山鼎售來道光十四年甲午六月十一日

漢陳祭尊印　壇鈕

困學紀聞載濟水李氏云古印有文曰祭尊非姓名乃古之鄉官也古印有南孟祭尊上官祭尊宜士祭尊始樂單祭尊千歲單祭尊長生安樂單祭尊萬歲單祭尊此陳是地非姓漢書淮陽國陳縣後漢書陳國陳縣葢

是陳地之祭尊也當譜列官印道光十九年己亥七月十三日山陰胡稼亭至自秦中售歸於余

漢祭正印 二字

說苑鄉官又有祭正亦猶祭酒也此印鼻鈕海昌蘇華農昔售歸於余

魏景初帳構銅

厲太鴻鶚詩有序云帳構銅狀圜如筩徑一寸長四寸許中空而底方旁出岐枝有孔上有字云景初元年五月十日中尚方造長一丈廣六尺澤涤平坐帳上廣構銅重二斤十兩云云案景初魏明帝卽位之十一年構

與鉤鑴竝通然究未審當時若何施用之法此文應刻
在方底字蹟勁逸可法厲詩八分應認仲將筆謂韋誕
書丁敬身敬詩筆蹤疑擅邯鄲勢謂邯鄲淳書大興翁
學士云同無所據然此俱屬詩人敷染之句原無用指
實也此器爲揚州䣝商方西疇所藏程魚門晉芳詩序
𡬶記昔對西疇自注云西疇方丈余近姻也辛巳春曾
過其家索觀此物今閱十七年矣云云程詩在厲後去
今無幾芸臺師積古齋輯錄時僅據海鹽文魚徵君金
石契摹本則其器又不知若何矣此本係金石契底本
文魚所云得於王勺山栯耆海上乘槎客山中學圃人

則文魚所得舊印每遇精本輒用此云道光丁亥十一月廿六日
帳構銅昔年仁和故友趙晉齋魏自揚州來貽余之本
文云長□□澤涞高八尺五寸銅平帳廣構八分書無
年月案翁氏兩漢金石記載有一構文云廣六尺長一
丈澤涞高八尺五寸銅平帳構還長構系海昌沈匏尊
所摹之本翁閣學定爲漢器云在景初構字之上然漢
與魏書蹟究無甚軒輊也廿七日

晉孫登公和鐵琴

池上篆文天籟孫登又公和方印池下篆文明項元汴
珍藏又墨林連珠印子京父印方印子京得此琴即以

天籟名閣閣火力攫出得不壞　國朝孫坰庵得項氏所有蕤賓鐵琴并米元章寶晉齋硯雍正十一年癸丑歙姚際恆有記後嵇圃相國任河督時鐵冶亭制府得以贈之

晉銅虎符

謝石雲有符脊文晉與丞邑男爲銅虎符第一半文面文丞邑男左一陷銀爲之石雲攷云晉地理志丞爲東海郡十二屬之一又職官志小國不滿五千戶始封王之支子及始封公侯之支子皆爲男案續考古圖有濟陰太守右一符顧氏印藪吳氏印統載上郡第二南海第

一符蘇米齋有五原太守左一騶男右五符錢獻之藏
南郡左二新莽武亭符虎符與字上類不箸朝代此有
晉字叟可證叟難得皆究未能審東西晉也

相原府銅虎符

此隋末唐初右禦衛所領相原府兵之符也仁和馬君
愛林得於秦中安邑宋芝山老友作緣購得其值番銀
八餅唐兵志左右衛皆領六十府諸衛領五十至四十
地理志有府五百則宜皆有虎符故應較郡國太守之
符爲特小矣壬午七月

杭州馬君自關中攜歸銅虎符嘉慶丙子九月張未

未解元得以見示符面相原府三字背右禦衛相原四正書十六字脊右禦衛銅虎符四篆半文七案隋十二衛皆置將軍以領外府軍士其左右禦則加置於煬帝隋唐之際府隸於衛凡發府兵皆有符契州刺史與府之折衝勘契乃發唐興因之武德五年左右禦衛改爲左右領軍衛此右禦衛知爲隋物矣又隋制諸王皆假金獸符諸公侯皆假銅獸符均自弟一至弟五止又唐符寶郎大事出符則藏其左而頒其右以合中外之契則此卽所頒之右契耳澉浦畢梧

識

華州華陰郡有府二十相原第十五見唐書地理志

梧又識

開元十六年造像

嘉慶元年丙辰十月既望吳江陸直之繩同錢唐何夢華元錫來訪信宿清儀閣出視此銅佛座此本是吾弟季勤沅所拓者案文開元十六年正月十三日尉敬口爲口造彌陁一區山左金石志卷第三載此摹作鄭引惠爲已造志語又作鄭宏惠阮師修此志陸與其役而互異何耶座邇涂金今年二月廿四日余過蘆墟東沽訪直之於朗夫大中丞墓廬詢之知早已贈人矣十二庚辰

月朔

日

十三日志作十二日弟三行弟一字不可識志摹作巳

字亦不類志又載開元十八年九月銅佛座亦古愚繩

得於濟甯者古愚晚得風末㽦歲辛巳卒於東沽長物

散廢無遺可慨也

倭曇銅鉢小楷心經　唐大中五年九月

此刻與小字麻姑壇記無異眞唐蹟之致佳者閩刻於

磬中更不解奏刀精巧何以迺爾也匀山太翁與汪翁

學山爲文字至契書後自得眞賞錢竹汀少詹謂汪從

天台國清寺易得想得諸傳聞耳此器後歸畢秋帆制

軍令墨本亦絕不可得道光甲申八月七日

附錄王勻山上舍原跋

佛家優曇鉢今僧俗呼之曰磬叩以節經懺起止者此大中銅磬周刻小楷心經及陀羅尼經筆法極類歐褚吾郡蔣谿薄氏購藏焉桐鄉汪氏學山家難作後搆繡佛樓韜晦以謝客二君皆余友因爲介紹以良田二十畝相易益以隨刻絲金剛經一卷書法絕似華陽眞逸圓湛遒勁姿態可愛纖手之良雖唐人雙鉤法無能過此眞銘心絕品也思欲雙鉤惜搨拙中止僅搨此以歸今夏偶檢故簏恍見故人忽忽卅

餘年矣命工裝池成冊藏於話雨樓乾隆辛巳中秋

三月

顏魯公名印

顏魯公名印錢籜石宗伯藏本其孫順甫善揚出贈此外一紙本後識二十八世孫禮部行人司行人肇維敬藏云云其本近歸余姊子徐籠莊大椿此外嘉定錢同人侗又贈余公名印印本亦朱文方印與此微異嘉慶廿年乙亥四月十四日

鼙鼓漁陽動地鳴官家纔此識公名握拳透爪餘生氣不是丹心鑄不成

魯公銅名印不一此其後人所藏想非後世追造道光十四
年甲午六
月十一日

蜀槧韓文笵文四行十六字易奇而法詩正而葩春秋謹嚴左氏浮誇

此器本禾中故家所藏朱碧繡錯鮑丈以文宋丈芝山翁友海琛俱定爲書笵宋丈今春過余齋手是匣云蜀槧韓文笵咎朱竹垞太史審跋莽泉笵捘羅日出所見不下數十品壬戌之春余於趙謙士司農處見關中人所寄到之衞瓦笵又於宋丈處見漢鏡笵茲得是品其珍重固當在泉鏡瓦三笵之上嘉慶辛未得此癸酉九月廿四日

易詩故不當後春秋左氏也此與今異眞舊本韓文矣
墨板始於唐末板本文選益州始有歐陽子書少時所
得於州南李氏之韓集後云集本出於蜀文字刻畫頗
精於今世俗本則此爲孟蜀敕刊韓集劉銅爲式可知
也世人寶宋槧印本好事家購蜀石經數紙便珍爲鴻
寶此器之重何如也鮑丈以文於壬申初夏泊舟煙雨
樓畔索觀是笵云所見古籍唯宋子京鑄本字畫方能
臻此癸酉十二月廿一日趙丈晉齋魏來清儀閣云希
世奇珍昔賢嘗未道及余得一目驗之大可慶幸項吳
江翁友海村錄寄蔡澄練江所著雞䐋叢譚內書笵一

則謂是宋乾德時物余謂蔡說爲是范作一左證則可
若斷定時地固當以山西老宋所題爲是嘉慶十四年甲戌四月望
日
吳江翁友海村鈔寄松江蔡練江澄時國初人雜窗叢話有
云嘗見骨董肆古銅方二三寸許刻選詩或杜詩韓文
二三句字形反不知何用識者謂此名書範宋太宗初
年頒天下刻書之式案此范屬之蜀者以歐陽文忠書
少時所得於州南李氏之韓集後有云集本出於蜀文
字刻畫頗精於今世俗本之言耳若唐末宋初校刊書
籍鏐銅範事固有之蔡說自可存證也

廖瑩中世綵堂韓集原刻本今在吳門藏家己卯之春黃友蕘圃孝廉丕烈見是鈔爲余一檢亦作春秋謹嚴左氏浮誇易奇而法詩正而葩案歐陽所見行本已不如蜀本之精况廖刻又後二百年乎今讀進學一解鮮有致疑及此乃天壤閒存此片銅使知昌黎序列經典不少紊於俗刊之手是可寶已壬午七月

吳越銀龍簡

嘉慶乙丑十二月廿二日吳江平望里翁海村廣平自嘉興郡城來篁里留清儀閣二日以此見贈并贈余從子讓木甥徐籀莊各一本皆銀簡眞本海鹽文魚徵君

有復刻石本筆力遠遜矣

據翁孝廉云當時搜得眞拓百番疊經友人請乞往乙丑時所存已無多今又三十餘年篋中殆已空空每念吉金傳拓閲時不久便希如鳳毛麟角況此簡本已銷毀所遺留者有日減無日增之勢乎書此以告來者道光壬寅正月廿五日

壿錄翁海邨徵士原跋

國朝順治元年夏吳中大旱太湖龜坼簡邨居民於湖底得錢武肅王龍簡葢投水府之告文也其文一百七十九字楷瀳頗似廰姑壇記略有剝蝕處四旁

有一龍環之其質銀重二十兩長五寸四分廣三寸
七分雍正中先外大父拙齋沈公欲以銀四十兩易
之不可乃假搨數十紙藏之後聞其子已鎔之矣嘉
慶六年春余至沈氏索之尚存十餘紙因乞歸以附
金石集錄之末云文中稱尙父吳越國王錢鏐年七
十七歲又曰壬申行年後紀寶正三年歲在戊子案
余公綽閩王事跡云梁同光元年策錢鏐爲尙父來
年改寶正元年閩自若泛聞錄云同光四年京師亂
朝命斷絕鏐遂僭大號改元寶正余按同光元年是
癸未若來年即改寶正元年則三年當在丙戌非戊

子也司馬温公通鑑載錢繆止有寶正一號而玉海載有天寶寶大寶正廣初四號薛氏甲子會紀曰天寶改於戊辰唐天祐五年朱梁之開平二年也寶大改於甲申唐同光二年也寶正改於丙戌天成元年也夫丙戌爲寶正元年則三年實歲在戊子而余闇兩書紀載之差謬顯然矣又康熙中錢霑續吳江縣志亦載此文壬申行年譌作庚申寶正三年譌作二年蓋由壬申數至戊子正符七十七歲之數若庚申則不符也歐陽集古錄曰金石文字可與史傳正其闕謬余於龍簡文而益信云嘉慶甲子孟春偶閲家

季霖所撰具區志卷八古蹟部投龍潭吳郡志在龜山林屋紀遺嘉定初民於山下獲吳越王所投金龍玉簡簡以銀爲之長九寸篆文隱然皆以朱桼塡鈒題云太歲壬戌時宋建隆二年也洞庭記東皋里湖在洞庭山東昔吳越王嘗投簡祭禱洞僊水府龍工其簡以黃白金爲之上刻貿文有歲月朔日其略曰斗牛分野吳越封疆年年無水旱之災歲歲有農桑之樂明正統間亦有人於龜山西灣得一銀簡制度篆刻如前乃知武肅所投之簡不一地亦不一時文不一格字不一體而皆以黃白金爲之亦侈矣哉鶯

胵漁翁翁廣平識

銀龍簡順治元年太湖中所出翁孝廉海村老友得其外祖沈拙齋拓遺諸本始考釋以傳其本分餉友人輒爲某某作一小傳海君洵雅人深致已余維十國時吉金之存於今者金雲莊德輿陳雪樵廣甯各得吳越舍利銅塔余家則有以鐵鑄者南漢有光孝寺鐵塔二吳有大安寺鐵香鑪吾家又有孟蜀鐫書銅笵其他曾不多見此簡係白金鎔鑄小楷字精緊有法尤足重况簡已銷鎔墨本有日減之勢海村藏篋亦僅存此紙宜其重自珍祕也海村家高寒嗜朋友如飢渴之思食飲今

老且健有子三皆善書畫鐫刻此則力學敦行之獲報也余締交垂三十年欽其學且重其行云道光八年戊子十月八日

吳越金塗鐵塔

錢忠懿王以五金造八萬四千舍利塔鐵易繡蝕傳世絕少其銅而塗金者四版分造於版背鑿款後再用汁黏合故每塔紀數不同而歲久脫落如八字一版是也鐵則一版鑄成宜無字

吳越鐵舍利塔高廣與故友陳默齋總戎廣甯贈朱文正公太老師之保字編號塗金銅塔一一符合輪級亦已遺惟銅者分片鎔冶鐫鑿款後復用銅汁黏合故世

有散存一片者此則一笵鎔成無可鐫鑿故本無文字
也嘉慶廿三年戊寅春杭州大方伯街舊貨擔不知從
何處換來人以二百錢買得余適至省徐友問渠秀才
楙拓本見眎欲走看未果也越十日石門陳友海雲攜
至嘉興郡城索直十金入之不許八月一日余以送弟
之子邦樞鄉試詣省過王友檢叔禮治肆中此塔在焉
曰近須銀三餅亟攜以歸案錢忠懿王以五金鑄十萬
寶塔以五百遣使頒日本見宋程珌龍山勝相寺記然
惟銅者一見表忠譜一見程嘉燧破山寺志一見曝書
亭集蔣爾齡所施白蓮寺之一版今皆不存存者吳門

毛子文家入字編號之一版然已不全全者文正公所得已敬進天府至烏金所造數百年曾無一人經眼余何幸而得之哉不篕得一功德但願消一煩惱瓣香頂禮以永此生焉耳道光二十二年壬寅正月廿六日

南漢光孝寺二鐵塔記溫拓舊本

番禺光孝寺南漢二鐵塔大寶六年龔澄樞鑄者在寺之西院向惟傳拓西面記文其東南北三面記并佛號人名均不得見壬申之秋順德艮友溫九遂之汝遂鄄寄精拓十本又以塔露處易蝕較數十年本又缺數十

字因幷割贈舊藏此本視王廷尉孝編所載三面記中
顯然可見者增多十餘字而盧迦那實作盧遮那彌陀
佛陀字不缺毗舍浮佛舍浮字不缺西上面佛號不缺
皆與錢宮詹跋尾謂得李素伯文藻拓最完善者正同
而西上面錢云牟尼佛今此顯作尼弁佛又西面有口
弟子劉軍口一行四面入緣弟子各一行錢皆未之及
則此本之完足精妙較勝王錢兩家所藏而其他不足
之本更無論矣兩漢以後金之文少於石鐵之文更少
於銅鐵之陰款更少於陽識此本共十有七紙字畫渾
古其爲寶當何如也

大寶十年劉鋹造鐵塔在光孝寺東院記文八行向有
傳本其臣銜名五紙傳拓絕少此亦温友遂之所貽千
佛千字萃編誤作十字鑄下萃編誤空一字咸下四字
四下月字皆有半字萃編全軼南面西角文使秀字上
辨是宫字使秀字下辨是華字南面東角文教中大法
師内下辨是諸寺字葢澹墨精拓故字畫顯露較多此
二塔朱錫鬯檢討録入集中頗多疏誤乾隆甲申翁正
三閣學視學粵東箸金石略於東院塔記文之外僅載
南面之左南面之右云云其餘數面款文云皆不可拓
於西院塔僅載西面記越十年甲午錢曉徵詹事爲粵

東學使得李素伯拓全文始足葢全文顯露之難如此
而是邦之志乘與前人之箸錄如廣東新語率又承譌
襲謬無從是正今此精拓足本得見甌舫蘇齋所未全
見之蹟欣幸洵無似也道光十年庚寅七月五日

又 趙晉齋藏本

南漢大寶六年龔澄樞鐵塔在番禺光孝寺西院四面
各刻記文皆同又四面刻梁延鄂銜名各一行又刻盧
遮那佛釋迦佛盧舍那佛彌陀佛毗舍浮佛藥師佛
尼牟佛彌勒佛號八處又刻□弟子劉軍□一行王氏
金石萃編較錢氏跋尾翁氏粤東金石略爲詳吾家得

順德温九遂之汝遂寄贈新舊精拓足本後又收得番禺潘毅堂有爲家舊拓足本與王所載正同此本仁和故友趙晉齋魏所貽蓋百年前物𡻕金瀊遠致維艱後之攬者幸弗輕易視之

南漢大寶十年鐵塔在番禺光孝寺東院記文之外又有臣屬銜名一刻僧人銜名四刻乾隆以前箸録家俱未之及此故友仁和趙晉齋所詒係百年前物故傳拓僅此耳秋暑未退炎威可畏因檢及此刻遂舉新舊足本不足本略加題記以作老年銷暑一計道光十年庚寅七月七日

宋至德壇銅鑪

右方鑪昔購於郡城集街張氏初學齋鑄識在底紹興二年大甯厰臣蘇漢臣監督姜氏鑄至德壇用五行二十字至德壇宋志咸湻臨安志夢粱録俱不載新城王文簡曾於孔東塘尙任處見是鑪載居易録中謂姜氏即姜娘子以製薰籠擅名沓漢臣以繪事供奉兩朝監督鑄造宜文字精好迺爾然余所見是鑪大小方圓不等文字悉同則當時所鑄不知幾何矣壬午七月

兩浙金石志卷八載至德壇銅器云按咸湻臨安志南宋時吴山有至德觀盞即此壇也

宋臨安府銙牌

南宋銅銙牌見孔行素至正直記有伍伯文叁伯文貳伯文三種省錢不足陌猶今市肆中折頭錢也省錢足陌顧亭林日知錄兩條言之最詳貳百郎壹百金石契載壹百貳百兩種是誤以貳百爲貳百也此伍百文牌嘉慶丁巳之春裝書匠許沛蒼售來直錢七百文己巳二月翁宜泉秋部爲余題款壬午七月十五日

宋史高宗紀建炎三年陞杭州爲臨安府

又

南宋五百文銅銙牌嘉慶癸亥又超從子茂才爲余從郡中購得價錢二千衍字中有一點系當時俗體今牙

行牌子又有沿之者金石契重刻本從此鉤取與前一種皆眞南宋舊物年來僞鑄者紛出矣此牌北地絕少翁秋部藏古泉甲天下迄未得之壬午七月十五日

宋寶祐牛符

琥古玉符也漢以來有銅虎符銀兎符銅魚符銅龜符銅鹿符此牛符更不經見嘉慶丙子夏五一日仁和老友趙晉齋魏歸自邗上過淸儀閣出贈秦始皇時殘度唐平等寺僧可思佛座及此符符高二寸脩三寸文刻腹下曰癸丑寶祐舂鑄晉齋家寶祐坊寶祐橋余戲語云此物君當家藏好備坊橋故實晉翁云爲兒孫作馬

牛不得不爾牛來愚矣余因戲成一詩云寶祐橋邊一老牛偶然騎鶴返揚州從今穩臥書田上眞是山中萬戶侯晉翁爲之一笑今晉齋物故已久乙酉夏故年八十余亦七十有五矣撫時感事愴愴無已道光二十二年壬寅正月廿六日

宋岳祠銅爵

爵高五寸六分深二寸七分口徑長四寸五分闊二寸三分腹容四合重五百十四銖中鐫精忠報國字底下有岳珂建造印案岳元聲精忠類編珂於嘉泰四年鑄奉祠忠武祭器宋亾瘞埋土中萬厤閒始得自諸暨山中奉金佗坊第之家廟是爵蓋祭器中之一向藏桐鄉

汪明府屋冢後歸金雲莊比部德輿徵詩文紀之金歸

杭州岳廟近移寘嘉興岳祠

其榮案是爵經亂散亾有人收得之與
王書謝和議表墨蹟同質於秀水高氏

金從人牌

金左右宿直將軍司從人銅牌嘉慶初年海甯故同年友陳仲魚鱣得自京師此本大興故友翁宜泉秋部樹培所貽此眞本三字亦宜泉手書今晨平湖世好朱建卿學正善旂寄致一本則此牌不知何屬矣道光二十三年癸卯三月廿七日

附錄

右牌長五寸闊一寸六分以銅爲之重九兩上有孔所以繫纓佩於身者按左右宿直將軍金官也隸殿前都點檢司掌宮城諸門衛禁并行從宿衛之事故從人牌書其官刻其印以爲信而牌則牌印祗候掌之當皆宮殿宿衛之制嚴密如此桐城胡虔

金皇統造像

金皇統八年造百佛像嘉慶庚午初夏余得於平湖新埭所謂造像一鋪也黃小松司馬易曾藏一版與此同背無款記方鐵珊大令廷瑚曾以一版貽海甯馬穡馬氏背有貞元年款蓋南北朝造石像累數十百此鑄銅

爲像以百計尙沿六朝舊習也丁丑十一月廿五日

又

銅百佛像嘉慶庚午初夏余至松江過新埭汪瑞老爲作緣購得皇統八年歲在戊辰金熙宗之十三年宋高宗紹興之十八年也壬午七月

錢唐黃小松司馬易藏有百佛銅版與此同背無字海鹽黃椒升都事錫蕃云此即所謂造像一鋪也諸城劉吉甫部曹喜海藏一版係貞元時造當時風尙如是也

元元貞鐵師子銘

山左金石志卷弟三鐵獅子在濟甯河道總督署東旗

纛廟門前銘橫列獅子座之左側惟右獅有之黑文正書兩字爲一行共三十一曰門□師□□對鎮宅大吉安陽縣北銅冶匠人付興男付政造元貞貳年十二月考督署在元時爲總管府治此獅子鑄於元貞二年初疑是總管府治舊物不知何時移於旗纛廟也然曰鎮宅大吉似非官署神祠之器矣云云案門字以前應尚有字葢已磨滅師上或是鐵字師下當是子字元成宗元貞二年歲在丙申

鐵器款識世不多覯此獅子在大吏衙前椎拓不易昔年乙酉秋中錢唐徐友問渠秀才楙貽余此本云其親

串某在河督幕移書頻屬因拓歸一卷既分餉徐一紙餘庋几閣被僕從卷火筒紙吸蘭州水煙盡之先是一年海鹽金石老友黃椒升都事錫蕃從其友人自山左歸者乞得一本袖歸至家中途墜失懊悵累日皆惜其輕弃也道光十四年甲午正月九日

元至正銅爵

右爵鑄款在尾曰歲至正乙巳甫里陸頤製制作精好不減商周彝器嘉慶十五年庚午余至嘉善吳秋崕封翁安敘招飲余以哀戚辭之因舉此以贈至正二十五年歲在乙巳陸頤係當時良工惜少名賢題詠致不得

與朱碧山竝傳也道光二十二年壬寅正月廿六日

明建文錢

明嘉靖年間補鑄列朝錢獨遺建文此錢爲乍浦潘雪子所贈余曾有詩以紀之

附錄

仲楮僊觀詧廷機云案諸家錢譜以曻建文錢爲罕覯錢述曰建文通寶小平錢汪中書子竪有之陶𡨴曰建文錢朱硯山有之致爲矜貴

明建文權

明建文元年應天府造銅權嘉慶甲子三月十八日湖

州汪載賡茂才所贈應天府今江甯府明太祖定都於此改集慶路曰應天府置江南行中書省永樂二年以爲行在正統六年定爲南京建文元年爲惠宗之己卯歲此革除之所遺者

建文貳年湖州府銅權西鄰故友葛見巖澂見於太平橋東鑄銅勺船因爲余購得建文二字已泐可歎葛有詩云嘗驚遜國臏頑銅未入洪鑪一炬中七字半封苔蘚碧百年空話劫灰紅懸來猶帶滄桑恨稱去終教銖兩公總是革除除不得詔書何事太恩恩余妻兄嘉善沈素忱明經圖棻詩云孱主驕藩勢不支紀元猶憶建

文時謀夫咎是徐黃執大將才非耿李爲疏卻徙封權已落師名靖難柄潛移鑄成錯字嗟何及銅狄摩挲倍愴思明經博稽遺文墜典詩不多作此余强索之者今下世三年矣丁丑仲冬

建文既被革除不特碑刻遺文止記霍山片石卽他器物絕罕昔年己未余初次入都見肆中小園鐘有建文二年款其建文字亦磨治幾滅此外所見唯元年之應天府園權何得數枚耳余昔以權二錢一筆架一合裝文魚爲題曰遜國遺文各賦詩紀之惜霍山廟刻未得拓致猶縈我清夢也甲申三月

其榮案先生又有銅權搨本跋云建文二年革除時爲洪武三十三年余有詩曰到底建文元不改誰稱洪武卅三年

工曹權

此舊藏拓本其物不知誰屬一面弟一行□□四年弟二行工曹九月日弟三行造一面前二斤中三斤凡三行故友翁宜泉有工曹宣德丁未八月日造前一斤中三斤後七斤方權則此紀元或亦宣德歟道光壬午七月廿日

又

海昌吳槎客先生藏權余昔年所拓者一面前四兩工曹一面中一斤後三斤無紀元證以大興翁氏所藏嘗

亦是宣德時物

明項氏家廟爵　款曰浙西項氏墨林家廟

項墨林家廟爵嘉慶二年丁巳之春以千錢購於郡中
陳氏肆款在底項氏二字爲青綠掩又超硾剔出始顯
道光十七年丁酉爲方逢卿維祺購去

光緒十有八年太歲在壬辰孟秋月石埭徐士愷校刊

清儀閣金石題識卷一終

清儀閣金石題識卷二

嘉興陳其榮桂廎編輯
石埭徐士愷子靜校刊

秦會稽頌申屠駉原刻本

會稽頌申屠子迪原刻康熙中磨去閱時不甚久然傳拓絕少此是仁和故友趙晉齋魏竹𥩟舊藏物與其手摹之冊同展轉歸於余者驗紙墨之舊當是明拓此外從子兆杼讓木有一殘本他未之見也至頌後申屠跋語兩本皆缺蓋未磨以前世不甚珍稚拓率不之及近山陰杜春生撰越中金石記此頌之跋僅就都穆金薤

琳琅鈔入則墨本之早可知矣杜又云李越守旣以舊
藏申屠本勒石而闕跋意所藏者亦臨摹本非搨本則
申屠之篆拓杜亦未得見丙午五月廿四日

又趙晉齋影摹本

會稽秦篆久佚至正元年辛巳紹興路推官申屠駉以
藏本勒置讐舍與重摹嶧山碑鄭文寶本表裏刻之康
熙中此頌爲石工磨去仁和趙魏晉齋意欲重刻因影
摹申屠原本乾隆甲辰攜至京師大興學士翁先生爲
詳考於後小負書凡七百字是時安邑宋芝山葆淳倣
元人張貞期畫竹西圖卷爲竹崦盦圖翁先生仿趙仲

穆竹西二篆字題作竹奄其後跋云晉齋北來以秦會
稽刻文見屬跋尾葢予與晉齋重有論篆之緣者謂此
蹟也然晉齋重刻之願竟不遂道光乙酉年八十卒金
石文盡散佚而此蹟臮申屠原拓皆展轉入余齋丙午五月
廿四日
近日汀州李蘭卿刻復初齋文集此會稽秦篆攷尚未
收及廿五日
亙會稽秦篆恆字如此今始從原拓本摹得以寄洛
生尊兄補入前摹冊內丙午夏四月廿五日方綱
恆下橫與上橫並長雖無甚要緊然即此一筆已分明

傳世有兩本而不知何者爲優何者爲亞矣然翁亦僅言今始從原本摹得而原本何在亦未詳言且亦未聞越刻之外更有何刻則此疑當俟之來哲

又 李亨特重刻本

此摹佳錢立羣故是好手也然轉折回挽處原刻微用方折此則純作圓勢凡古刻重摹每易一手即更一相安知申屠所摹定與相斯絲毫不爽邪至恆字下横與上横等蓋錢亦知翁學士之言故以意摹入非必有所依據且李太守亦未必别有舊本特跋語云然耳申屠之跋據兩浙金石志云二行八分書徑六分李刻無之

其摹時不得見歟抑有意棄去歟不可知矣又錢與趙非素不相識錢爲李刻時何不以翁長跋入石豈趙之祕不肯出歟抑錢不知之歟又不可知矣今此刻之李跋是錢所書錢以八分名胡塵容若是至翁跋則竟是假託未免爲此刻減色 丙午五月廿四日

秦繹山碑

湻化四年鄭文寶以徐鼎臣所摹刻於陜西視元申屠駉所摹刻會稽頌較勝而視岱頂廿九字琅邪臺刻則瑕玉立見矣然此是鄭刻原拓政恐陵谷變遷此後并此拓不可得故亦須珍貯之

始皇刻文三句一韻上段十八句王方强明方長韻次段十八句理始止起久紀韻

歐陽文忠全集卷一百三十四秦繹山碑者始皇帝東巡羣臣頌德之辭二世時秦相李斯始以刻石今嶧山實無此碑鄭文寶以徐鉉所橅刻石長安余家所藏泰山李斯書數十字以較橅本則見眞僞之相遠也治平二年廷濟案歐謂二世時始刻則是始皇時未嘗刻矣嶧碑之亾不知何時歐此云實無此碑又云較泰山刻見眞僞則似本無秦刻而徐橅鄭刻皆僞託矣歐又有跋云二世嶧刻以僞刻較之字之存者頗多而磨滅尤甚其趙嬰楊

穆姓名以史記考之微可辨其文曰大夫大上疑脫五字趙嬰五大夫楊穆皇帝曰金石刻盡始皇帝所爲也今襲號而金石刻凡二十九字多於泰山存者蓋集錄成書後八年得此於青州而附之熙寧元年廷濟案五大夫穆現今惟琅邪臺可據如歐所得則是泰山之罘碣石皆應具從臣姓名矣徐何以不爲鄭何以不刻

皇帝曰以下二世詔文自應另起一行此牽連刻雖字形差小而移易舊式究非是

泰石久佚則鄭刻推爲宗祖矣鄭刊於長安則他刻皆其自出矣陳思孝以七本定甲乙殊不必

申屠駉刻會稽頌於紹興在至正元年康熙時爲石工磨去原拓便爾珍重此刻豈不更遠萬事成虧後難預料此拓況百年前物覽者應領此意

漢五鳳石刻

五鳳二年刻是石非甎竹垞朱太史謂爲甎誤也匠者椎拓麤爆惡楮漫漶不堪此係滌石精拓遠勝他本十倍昔年安邑宋芝山學博葆淳所貽云與兗州刺史王稚子闕墨本同得於揚州馬氏玲瓏山館

西漢石刻寰宇中無雙之品近時嘉湖兩郡所得西漢甎不一即吾齋亦有永寧元年甘露元年二甓然究不

足與是石比倫也道光四年甲申二月望日

案先生又有覆刻本二均爲故友李一徵聘所貽一
用舊紙精拓一似刻於甎上者並見先生手稾中

漢建初年買山石刻

是刻在會稽跳山上列一行大吉二字下列五行行四
字曰昆弟六人共買山地建初元秊造此冢地直三萬
錢迮昰造字省冢是冢字萬厤紹興府志云土人傳爲
錢武肅王微時販鹽遇官兵跳避此山壁上書大吉二
字不足憑也癸未之夏山陰杜春暉禾子兄弟覓葬地
憩此剔除積蘚文字盡出

漢開母廟石闕銘

漢開母廟石闕銘王虛舟吏部云前題名十行行七字唯弟三行六字廷濟案弟三行朱寵以太守位尊故字特大兩字占三字之地猶孔廟禮器碑首書韓明府名勅字叔節不與下出錢諸人名同也大興翁氏兩漢金石記多非賜字故云今審是十一行王氏金石萃編據畢巡撫沅精拓亦止得十行則翁本自更佳

銘文四字爲句延光二年重曰以後六字爲句計二十四行萃編作二十行誤也萃編云翁摹最爲精確此拓前銘弟九行化上顯是宣字後銘淸靜上顯是其字福上顯是祈字而翁氏王氏皆缺釋可信是拓之舊

前銘川原鶩元亥閒民正秦神庭生濤靈坤君孫昆協合眞亥元删仙庚靑爲一後銘優搖休疇條熹朝治隅祺之協合支脂魚虞蕭宵豪尤侯爲一是漢時轉音與周秦文字分音不同足爲漢韵佐證案顧氏炎武分音爲十部江氏永分爲十三部段氏玉裁分爲十七部皆未之及

銘下熹平四年堂谿典嵩高廟請雨銘一段牛氏金石圖典大君起凡十二行其十二行何字下之四字蝕損余所見拓本皆如是卽海鹽吳太沖孝廉熙雙鉤油牋是程孟陽藏拓崇禎丁丑三月三日虞山蒙叟書後稱

爲宋拓佳本者亦典字起惟字止之十一行總以庸工惜紙遇殘剝處不加濡脫所致也大興翁氏所見必是巨紙整拓故得據趙氏金石錄中郎將堂谿典伯并熹平四年請雨嵩高廟云云於殘橫蹟直閒審釋得此五行數字此本用寬大之紙請雨兩半字廟全字確然可證遠非常行本所及猶悵用墨不足致請雨以前言惟以後不復盡出舊蹟也至王氏萃編既稱畢拓之精翁摹之確何以此段竟未編入又武氏億跋闕銘頗核亦遺此段皆不可解

武氏金石一跋云後漢紀朱寵字仲威杜陵人爲潁川

太守今兩字闕文葢宜書杜陵朱寵與下丞掾史爲一
例今余縮臨據此增入其請雨前之四行其言惟下一
行之何字據翁記何下羣字則據武林趙素門翁輯甯
藏本

銘後作月中擣藥形翁氏記予得此銘拓本三十五行
之後卽接圓幢畫象是也郃陽褚千峯峻於金石古刻
云是目驗手拓而此圓象卻摹少室石闕銘後其參錯
如是非得整幅全拓何由攷定全闕眞相邪記三十年
前海鹽徵士文魚兄以此見貽嘉慶乙亥屬匠者割裝
爲四今始濡筆識之而我年已六十有七矣道光十四年甲午十

月廿

日

漢李禹題名

右扶風丞犍□武陽李君諱

禹字季士以永元元年

餅大臺政由其

懽喜行人蒙福君故益州從

事用舉孝廉倚

郡騶忽令換漢□□□□宜

禾都尉以上原文

右刻畢氏翁氏王氏皆不載石門碑醳云漢右扶風丞

李禹題在褒城石門西壁篆書二大字之南可辨者五
十餘字前署李君爵里姓氏政由其興下葢記李君修
治道涂故有行人蒙福之語後則述其曩時官閥末行
剝蝕歲月無徵漢書百官公卿表云右扶風治內史右
地與左馮翊京兆尹爲三輔皆有兩丞右扶風二千石
丞六百石後漢都雒陽河南郡爲尹以三輔陵廟所在
不改其號但減其秩又地理志武陽屬犍爲郡朐忍屬
巴郡後漢郡國志同宜禾都尉屬敦煌郡廣至縣治昆侖障後
漢西域傳明帝永平十六年命征匈奴取伊吾盧地置
宜禾都尉以屯田則此刻當在永平以後嘉慶十九年

秋王春林大令搜得之江南陸紹文跋云廷濟案此拓仁和故友趙晉齋魏所貽弟二行以字下汞□元年字顯然可辨唯汞字下爲平爲初爲建爲興爲壽不可定矣朐漢書地理志顔音劬此朐忍與曹全碑巴郡朐忍令文同自可爲音劬之定證晉書地理志作朐䏰忍加月已屬後添後漢書吳漢傳作朐䏰朐之爲朐當是傳寫致譌而徐鉉說文新附朐字往云漢中有朐䏰縣从肉句聲則非矣忍字作忽他碑所無是又可補入顧氏隸辨道光十二年壬辰閏九月廿六日

漢孔褒碑　雍正年拓本

大興翁氏記此碑云可見者十四行此本紙最寬約可
十七八行然表字後實無蹟可見也綜下杇當是核字
翁作極未的王氏萃編縮臨作枚非琦上朿顯是朿字
雲集下顯是者字高下有文」若近拓則集者字高文
字不可見矣危下跲顯是險字謂蹈危險而濟渡之也
王作令非衷下或是滅字龕上或是豪字節滅栗匿尼
音相協引下顯是囗字此皆較勝乾隆時所拓近則蝕
更甚矣字蹟方整渾厚見存漢刻中張遷鄭固得與此
竝余幼時極喜學之此本得自都中廠肆裝背已閱十
數載懸之郎是書齋逐字校勘大是一適惜蘇齋學士

已歸天上不得移書一話也 道光十二年壬辰閏九月十八日

心字

又 乾隆戊午拓本

余家有雍正初出土時所拓整幅鱗浮下有雲集者三字第五行康字上有高安三讀此本已蝕又此石足拓應有十四行此僅十二行蓋工人省紙所致然末二行全字亦止既字表字兩文耳再閱數十百年剝蝕自當更甚此本已將百年頁足珍已 道光十二年壬辰閏月十八日

漢裴岑紀功碑

裴岑碑漢刻海祠眞本余購於京師琉璃廠肆戊辰閏

夏賦詩云天留絕塞一豐碑萬里銘功漢貳師班勇西屯收鄯善甘英北略盡條支史文待補箋臣瓚隸法初開變相斯棧石梯山胥入貢海陲何必立叢祠近倩友人孔未明重摹入石爲清儀閣石刻之一道光丙戌十月十一日

漢韓勑造孔廟禮器碑顧云美跋本

右顧云美所藏韓勑碑舊本無碑陰及左右兩側大興翁覃谿學士謂從顧云美所藏碑陰舊拓得辨出熹平年項伯脩題款細字則此拓之陰其在蘇米齋處乎顧氏有漢碑目余家所藏有顧氏手跋者止曹景完一碑耳

王虛舟吏部考核是碑極詳於宋洪氏明都氏頗多是正至錢竹汀詹事而以十言教文陽公百瑕亡九百又疏證確鑿至翁覃谿學士而瞪思謂宜作希冀二字義且辨出淮陽題名及河洛二人分字此碑幾無餘義至并官氏則吾師阮儀徵公山左金石志中有并官武印則又確證耳

附錄

杜子美李潮八分小篆歌云書貴瘦硬方通神唐人論八分全貴瘦硬故梁昇卿韓擇木蔡有鄰純學韓府君碑也昔人又云口宗字體肥俗遂有徐浩之時

□□好字亦從肥肥則俗而瘦則硬韓府君碑所以
稱漢隸第一況舊拓乎　東吳顧苓

漢曹全碑　顧云美跋本

去歲辛卯之夏吳門陳華行則攜來余齋以是刻歸余
兩面舊裝後有顧云美手跋十一行字蹟瘦逸格韻精
古非新拓謝失之肥者可比此冊面陰俱全陰較處士
跂茂一行王虛舟吏部竹雲題跋謂碑陰凡五十七人
顧苓今漢碑目僅五十六人當由處士跂茂隱列碑陰上
方拓本偶未之及云云是從影園所藏見碑當時止此
一本潜吏部僅檢其目未得見是冊而爲之題記耳

得是冊後余至杭州瞿君穎山攜韓勅碑舊拓本來索題記亦是塔影園客所藏亦有手題而碑陰與兩側皆缺其搨本甚舊古香可愛余爲之題而歸之古墨因緣每每聯合心愉目賞皆村居一適也（道光十二年壬辰閏九月九日）

或家敦煌之煌字省一丨張掖之掖字省一丶居延延字㐅述述字左俱省一丿繼字右中省橫畫紀經萬里之兾字中直末省橫畫作雙杈是篆隸中絕無僅有者遠字𠂉下半之左省斜畫近字左省一丿疏勒國王之國字省丿丶野戰戰字戚牟戚字之戈各省丿還晡還字𠂉下半左少丿禮遣遣字目下少八遇字中左少丨

除字中直省𨌺作川𤯝字下省二䌨字兩幺下各省小

廷𦘔廷字左省丿䕼因右體希疏故省減以結法與上

延𨓏近字同悄下庭字同朗覲朗字左上省丨嗟字右

上省丨碑陰李𧫒𧫒字省丨皆是以省減取勢非碑陰

姓名闕疑不全書者可例 十六日又筆

又 吳太沖藏本

漢曹景完碑初斷時拓本瀓浦吳太沖孝廉熙所藏後

歸其族叔侃叔明經東發之舊物也嘉慶十八年癸酉

秋日余至瀓主畢兄琴甫基聞堂時侃叔之子考之又

物故其家書籍碑刻盡倩售棄知余至介琴甫以墨刻

二十種易銀二十餅此亦與焉侃叔治經淡湛書畫超雋其所箸之書如石鼓讀羣經字攷商周文拾遺史記龜策傳解尊道堂詩文集皆信今傳後之作與余訂金石交十有六年八年癸亥冬卒年五十七跋此本在乾隆壬子正其初爲鐘鼎古文之學移書與余借讀焦山周鼎銘時也余十四歲甫應童子試入郡城承竹林里沈半桐先生可均指授講學是碑今已五十一年此本雖乾字未鑿通爲二百年前墨本然齋中如此拓而面陰具全者亦正不乏此有侃叔與太沖兩君子手書其二十七行在是不能不重珍之已道光十二年壬辰閏九月十六日

又

曹景完碑足本碑文八百四十九字陰四百四十一字
損去四字乾隆四十八年癸卯余年十六同篁里朱家
濱葛杖陂兄雄圖所貽之本乾字左二直畫已鑿通售
者以墨暈斷僞爲未通之舊本然至今已五十年今時
所拓又不得到此矣閏九月五日
愋是𢜝字無可疑説文止也集韻遂緣切音詮萃編引
金石圖云𢜝即快字非矣且檢褚氏金石圖亦無此語
顧南原隷辨先泰卦韻亦不采豈以難字而佚之歟
咸曰君哉之咸字中一筆倒回曲折非二横翁先生勘

出載之兩漢金石記先生爲吾家八分書銘晉咸和二年甎研內有咸字郎用此體陳子文臨聖主諮諏數行刻在予寳堂法帖中其臨咸字則不爾矣先生云今石泐而其旁一小直畫不可見遂成二小橫畫此拓不舊而小直畫尚存豈先生偶見新拓爲重煤所滅邪先生於禮器碑陰勘出熹平題字碑側勘出河洛二字此皆千百年未發之祕可爲觀古刻者法

又　石門蔡鹿賓藏本

曹景完碑萬厯初郃陽縣舊城出土碑文八百四十餘字陰四百四十餘字此拓爇陰而赴字下又皺去五十

九字然字蹟瘦逸若近時濡脫則非唯乾字咸字失真
且筆蹟亦失之肥矣是碑自趙子函至今諸家考釋幾
無遺義而海昌陳香泉太守奕禧尤專耆此刻所著金
石遺文錄考之最詳大半已采入王氏萃編其未采者
陳云重親致歡曹景完如兩車一馬黃子河五經紛綸
井大春漢人多此諺語景完此語獨不及筆諸當時之
史云云廷濟案漢人諺七字成句第四字與第七字其
音相協陽湖趙雲崧翼陔餘叢考徵引二十餘語三國
魏晉時語又二十餘而此語亦未之采也此刻余十四
歲初應童子試於集街舊肆中買得一本經老宿沈半

桐先生可均講解指授故至今麤能背誦今一再披覽
輒滋今昔之感云 道光十二年壬辰九月晦日

聖主諮諏以下數行陳香泉有臨寫本刻在予甯堂法
帖中頗得筆意然以弱毫摹其形似雋逸則有之遒勁
則未也褚中令書愈瘦愈妙貌如羅綺嬋娟神實銅柯
石榦學是刻者當於此領取

家有二百年前拓本四一是塔影園客顧云美苓藏本
有其手跋一是金雲莊比部德輿藏本有大興翁先生
詩蹟一是溆水吳太沖孝廉熙藏跋本一無跋皆面陰
具足然唯翁詩本是整幅餘皆已經翦割收藏舊拓以

整幅爲尤難也

漢碑筆法每刻不同雄厚瘦逸正正奇奇斷不得以一

格繩取時多出名賢巨手或卽鄉壁虛造轉增古意若

必謂漢人書派如某某是蔡中郎一源某某是梁鵠一

源恐未然

鄭谷口專學是碑而習氣太重誠有如王虛舟給諫所

評比之趙寒山之篆也閏九月朔日

漢司隸校尉魯峻碑王氏話雨樓藏本

明時漢碑刻拓甚難得趙靈均曾以方于魯墨數笏易

孔和碑一紙楊小鐵時想漢刻拓尚不易若今時濟甯

數碑則易致之耳然此墨本較近拓已多數字況小鐵手跋致足珍重識者當勿以新拓易致尋常視之也道光四年甲申

漢武梁祠畫像贊

武氏石闕銘高二尺二寸廣一尺八行行十二字任嘉祥縣紫雲山

漢桓帝建和元年丁亥武始公綏宗景興開明兄弟四人爲其父造此闕　綏宗名梁仕爲郡從事開明不詳何名執金吾丞榮之父宣張名班開明之元子榮之兄卒於沖帝永嘉元年乙酉歲有碑立於建和元年二月

廿三日先此闕十日

漢西嶽華山廟碑 原刻殘拓又全額六字

漢桓帝延熹四年西嶽華山廟碑殘拓秀水故友吳餘山茂才承慶購自揚州歸於余後有汪容夫中兩跋汪乾隆九年甲子生五十九年甲寅卒此前跋在四十一年丙申時三十五歲第二跋則次年書也跋云蔣前民故物蔣名易兩見阮儀徵師廣陵詩事卷七盃與孔東塘尙任吳薗次綺鄧孝威漢儀賞此虔密查二贈士標爲文酒契友褾絹側有管希甯朱文小方印管字又明號平原生工畫舊居甘泉之西山自號金牛山人見廣

陵詩事卷四又馮金伯墨香居畫識卷七江都管希寧字幼孚涉獵諸史百家旁及金石書兼篆隸眞行著有就懦齋詩集絹側又有李家駒藏印則吾宗質民茂才開福已言之此殘蹟既難得又得此諸家題記印識尤可寶

阮師華山碑考以全碑縮摹篆額六字碑文六百九十二字此額全碑文七十一字而所有之字核之阮宋二本所闕之百餘字無一字存者則此亦是明拓而非宋本

是碑傳拓凡三一曰長垣本明季王文蓀鵬沖所藏是

宋拓至足之本康熙己卯歸商邱宋漫堂犖乾隆癸丑商邱陳伯恭中丞崇本得之繼歸成親王貽晉齋今歸諸城劉燕亭太守二曰四明本是未褾整幅有唐人題名明時藏甯波豐南禺熙萬卷樓　國朝歸鄞全謝山祖望尋又歸范氏懋柱天一閣乾隆庚戌嘉定錢竹汀詹事得之今歸吾　師阮芸臺使相三曰華陰本即關中本割褾冊題記最富萬厤中藏陝西東雲駒肇商雲雛蔭商兄弟壘莊樓以貽武平郭允伯宗昌郭復貽王山史宏撰康熙閒在淮安張力臣弨家不知何時轉入於歙乾隆時上海黃星槎文蓮爲徽州學官得之癸巳歸叅

詹河學士鈞是三本皆烜赫有名正如華嶽三峯金天鼎峙此則殘山賸水雖孤嶂單複亦具有扶輿靈氣趙子函石墨鐫華嘉靖中一縣令脩嶽廟石門觀殿上碑皆當時題者悉獲責罰此碑年久遂碎爲砌石顧亭林金石文字記碑舊在華陰縣西嶽廟中嘉靖三十四年地震碑毁二說不同然毁佚未遠劉阮朱三本之外應亦不止如陸直之繩所云在西安見兩本者特不經名人箸録名遂不彰若此殘冊要亦幸有汪容夫手跋乃得流轉以入余齋物以人傳古今類如是邪道光十三年癸巳十一月五日

漢衞尉卿衡方碑

伊尹在殷之世號稱阿衡因而氏焉案廣韻衡姓風俗通云阿衡伊尹之後又云衡魯公字因而氏焉

履該顏原兼修季由聞斯行諸都元敬云仲由一字季路季由卽季路也顧亭林云季由仲由卽是一人與兼修之義不協迺引史記孔子弟子列傳公晳哀字季次以實之案此句四字下接聞斯行諸則季路自卽指仲子兼修季由聞斯行諸八字爲一句所謂兼修者因上句該字而有此文也

萬世是傳銘辭已畢傳下接連有小隸書相並二行前

一行□門生平原樂陵後一行石朱登字仲希弓石字在樂陵之下朱登之上殊不可解不知傳下是碑字右半損去僅存左半石字極舊之本隱隱可揣葢碑字是另起之字字形與傳字相等言此碑是門生平原樂陵朱登字仲希所書是漢刻具書人姓名字之特創其例者隸釋武林汪氏刻本於門生上不留□於朱登上無石字而金石萃編沿襲其譌疏漏特甚山左金石志云□門生平原樂陵石朱登字仲□□泐三字則亦以半字爲一字

兩漢金石記初印本傳下矶門生平原樂陵朱登字仲□□晚定本傳

下碑門生平原樂陵朱登字仲希書初印本記云有小字二行凡十四字其前一行門生上口字腳微露几狀其後一行朱上口字似是石字抑或石是右邊半字未可定也洪氏隸釋直以爲每行六字者失於細審耳晚乃改定云又另起一碑字此碑字下分二行門生平原樂陵朱登字仲希書此是書人姓名附系於碑末而其另起一碑字既不提行又不多空格是以人多見其渺而忽之耳案翁先生此記最得其實王氏萃編反不徵采豈僅見初印本以爲無甚緊要與

隸釋云⿸疒盧江⿸疒焉門皆從疒廷濟案癘⿸疒廉⿸疒廣亦皆從疒

齊語曰參國起案以爲三官韋注參三也案界也分國
事以爲三也䡮本肇末注䡮等也肇正也謂先等其本
以正其末
隸辨云孔耽神祠碑惟蓼儀以愴悢平都相長君碑蓼
蓼者儀表皆作儀
國外浮議淡界繆動隸辨云議郎護字亶通淡郎痰字
胸中痰也東觀餘論云王羲之帖淡悶干嘔通雅云醫
方有淡陰之疾俗作痰飲
隸辨云巾謹也碑云勑巾整飭謹修之意也盧氏抱經
堂文集云蓋令其棄官而就舉也廷濟案後漢書韋彪

傳詔令逼切著不得已解巾之郡李賢注巾幅巾也既服冠冕故解幅巾碑云已從政者退就勑巾言已仕而應罷退者既非逸民之比則宜勑巾以家居與陳寔傳飾巾待終左雄周擧傳論拂巾衽褐同意顧盧說非韜綜頭口温故前程頭卽頣

何規履榘隸釋汪氏刻本作何隸辨䇄韻何下引之謂取負荷之義碑字雖半蝕然存筆實是何字非蹈字翁氏兩漢金石記作蹈旁註据洪則是所据之本不善金石萃編因之而誤

海鹽澉浦畢崑原明經名星海能傳其祖既明處士

名宏述篆隸之學乾隆辛亥壬子館余家西宅課從子上林兆栴外甥徐大椿爲余言此碑筆法之善余亦時借以臨寫嘉慶己未余在京師於打鼓擔買翦割本一油牋雙鉤本一到家後又復臨學數過此爲海鹽城南門內福業寺街錢樣溪翁藏本其子寄坤故友所貽昔時已有跋語今石門蔡友少峯名錫恭寄本求題余既録舊語附去而檢視數次復得六説因識二十年庚子作碑在汶上近已碎破拓本不易得矣

漢郭有道碑額雙鉤本

漢郭有道碑眞本順治時藏直隸大名府成相國家後轉歸王某王爲四川縣令素方伯訥作書求是碑王更之以贋本而以眞額裝於前是時宋芝山同程彝齋敦在素處宋鉤得是額嘉慶癸酉九月廿八日宋第三次來訪贈余屬爲鐫刻而語余如此

附錄

李金瀾學博云戴松門光曾嘗藏郭有道碑係禾中褚氏於乾隆四年翻刻之元本褚氏藏此碑已百餘年實爲宋拓色澤甚古筆灋變化不測非傳青主鄭谷口姜自穎臨摹之本所能髣髴松門購得之矜祕

不輕以示人余往來城必到從好齋中縱觀古刻不忍釋手盝松門酷嗜舊碑瀍帖遇有精本掇采前人題跋語而折衷已說書於後云李遇孫金石學錄

漢尹氏石闕二

一漢故太尉尹公之闕　一漢故郎中尹君之闕

尹公闕褚氏金石經眼錄錄之宅箸錄皆不之及或疑出褚千峯之手耳流傳墨本甚少吾家有整幅未翦割

申鐵蟾大令兆定曾借鉤重摹道光丙申仲冬

附識

徐間渠楙跋尹氏二石闕一石而兩面刻之據牛空
山以爲在廣原縣東南數十里臥龍山中今去牛氏
又百年矣未知其存焉否邪拓本僅見

魏黃初殘碑

王氏昶金石萃編卷二十三黃初殘碑共三石第一石
二行第二石三行第三石二行字數皆不可紀今在郃
陽縣許氏康强跋云在夏陽許孝廉秉簡家乾隆初許
鄰人發土得之

少皋　此四字余齋未有拓本嘉慶丙子七月濮川
國爲　鍾杏村翁寄視金石文三冊中有此本因縮

摹於册第一石

疾病卒云云　此三行余得沈半桐翁舊藏本安邑宋芝山丈歸余金石文亘册内亦有之第二石

我君云云　此二行余齋有沈藏本一宋贈本二第三石

金石萃編卷二十三三十三字殘碑文四行今在郃陽縣康氏康强跋云十三字石乃是夏陽人家支竈物得之最後

弟故云云　此四行沈宋本皆有之近徐壽臧甥又贈一本則第二行末休字已脱遺矣十三字一石

古石刻之藏於人家者其墨本尤艱致昔余得唐修子
產廟碑天寶七載殘石於黃省甫家後爲其尊人思堂
明府作詩集序復得道叔等字一片而明府所攜歸七
石之拓本又後數年而始獲於金鑾庭上舍其趙晉齋
所藏之碑陰舊本有時門鄉及王元晧等字者又一片
有先雪等六字者先借鈎於戊辰八月至甲戌二月八
日始得時門一紙頃閏六月廿三乃獲雪字之紙蓋會
合之難如是若此郃陽殘刻三十年中疊經親友持贈
而四者尙闕其一葢故家藏弆非如西安碑洞拓工奔
走衣食擅蠟捆載懸金可立購也余性迂拙不善治生

產而於金石遺文思之幾廢寢食卽此少昊國爲四字昕夕展對奚齋坐卧三日然不敢巧偷豪奪盡八之雖欲不可從不得不以義自制因縮摹其文識之以俟後緣丙子七月廿日

吳天璽紀功碑舊拓翦本

天璽紀功碑雄奇變化沉著勁快如折古刀如斷古釵爲兩漢來不可無一不能有二之第一佳蹟在江甯府學尊經閣下嘉慶十年乙丑燬於火趙晉齋魏昔歸余整幅一宋芝山葆湆歸余禩本一吾以方進歸余翦禩本與國山碑合裝者一是本已贈黃薪圃在京都琉璃厰肆在

郡城集街肆兩得整幅而皆不足皆百年以內之拓吳
江翁海村廣平歸余潘稼堂太史藏拓完整足本古香
可愛頃郡中友攜遺此本如數垂字潘藏本又儀徵阮
師據家藏舊本并合繁昌鮑氏舊本重摹於北湖者皆
已半蝕王氏金石萃編敷字且脫摹下寸字而此甚顯
然可辨巧字末横石裂文皆與工字連潘藏少細而已
有裂痕此則豪未損壞則此即不敢執爲宋拓亦定在
嘉靖甲子耿天臺刻跋時之物無疑也惜脫殘文十餘
是翦割褾裝之病海鹽張新有爲余就潘太史本用舊
紙句塡分補殘横臏直一筆不遺猝不得良工精裝先

書此以識獲無上寶刻之幸道光九年己丑七月廿二日
是碑相傳爲皇象書象字休明廣陵人終侍中吳青州
刺史竇臮述書吳則廣陵休明朴質古情難以窮眞非
可學成似龍蠖蟄啟伸盤復行當乾元時尙見章草帶
名書帖表七行并寫春秋哀公上第二十九卷首元年
餘自二年至十三年盡尾足宋淳化刻卷第二惟有文
武一帖黃伯思云盍寫後漢東觀校書郎中高彪送幽
州督軍御史第五永箴五十六字雄厚渾古不可逼視
頣閣表黃伯思米元章俱糾爲僞淳化特少佳本此係孫吳原刻字大
如掌觀之允令人驚心動魄自學官毛藻不戒於火天

壤閒拓本有日少之勢好古嚮學者得購一拓以見篆隸行楷之原流正變便已欽爲鴻寶況此又五六百年前舊蹟楮墨滈古體勢森昭斬然如新是碑爲三國時弟一佳蹟是本又爲是碑弟一佳拓徑寸珠無瑕璧不以易也

又　宋芝山贈本

俗工椎拓古刻往往紙幅短狹字多不足一經匠者裝褾僂將模糊剝蝕之文或全或殘盡行割去此古今通病天璽紀功碑形圜式古既非宅碑可比又經斷折爲三參差剝損故拓工之遺脫裝工之割去較宅碑爲尤

甚此故友宋學博贈本凡殘横賸直皆一筆不皺唯吳郡二字工東二半字不見想拓時已全然蝕去是爲百年以內至精之本也其裝次亦少錯誤惟昭下尚有一字今亾倘存余審定爲告字之上項此既列於昭下乃不專爲一字而下即以太字之半合裝一格則未解此義葢以大興翁氏兩漢金石記於大吳一行大字不提高兩格而昭下又遺脫亾文之誤所致耳余少時惟見季朙翁雙鉤本漸次挍購與此共有五本頃沈少泉胡叔酉兩友又攜舊本見貽長夏多暇細加審視因復爲記之

王粲天發神讖碑賦自記云補二十一字翁氏引之云
弟三行上段之下補統字此未可知弟四行中段之項補元
字非弟六行上段之下補月字此當是弟七行上段之下
補陽字未知弟八行中段之項補于字非弟九行上段之
下補泰字未知中段之項補月字今從之下段之項補解字
今從之弟十行上段之下補郞字當是弟十一行中段之下
補日字未知弟十二行上段之下補大字未知下段之上補
虒字當是弟十三行上段之下補解字未知中段之項補十
字非中段之下補字字當是弟十六行上段之下補往字
未知中段之下補厤字當是弟十七行中段之項補大字今從

之第十八行中段之頂補刻字非中段之下補萬禩字廷濟案第四行中段之頂顯然是刀入字陽字古丹揚皆從木㾱鶴銘丹楊外仙尉可證第八行中段之頂顯是乃字左一撇不見或本無此撇月解厤三殘字尚顯然可定不必云補第十三行中段之頂補十字十當是卄字往字顯是從字今尚存上頂太平之穴字今全徵少蝕至昭下今存𠃊應是告字之上頂則告字當補

又記

阮摹天發神讖碑

天璽紀功碑自嘉慶十年乙丑火後人間墨本日少今

制軍儀徵阮師刻石廣陵洵是禪益後學余家有舊本二新本四今細爲校之丹下中段石弟三字左存丿弟四字左存乚下段弟二字左存E弟三字左存卪多字下右項存ㄑ許字下項右存コ而此皆軼郡上脫吳字海下無夏字應是翦割本遺脫丙日下千字半列十四日下而十四日下之古補刻於後〔華二半字在吳郡字之左倫字在皐儀字下 扁 爲丹下中段石之弟五字而皆補後不入正文蓋因標本倒亂無可位置未以整幅校勘所致𠂇字與杜字左傍同而此作中是王氏孝編緝摹本之誤而此仍之則大非也太平之帀字舊本

侚金此摹下半係所據本不甚舊予下𠘧字省下丂字

八月下一字絡上字作𠃍不沿闕字之誤番上存亼

吏下存⺕之上半應是從字昭下存⺕之上頂應是告字則滕翁氏兩

漢金石記

𨜒　右旁先ㄋ次ㄟ次ㄅ原石明顯且𨜒字右僞可證此第三筆作ㄣ竟似兩筆誤

箋　下半先ㄈ次ㄈ次ㄋ雖鐘鼎古篆文字亦皆不乖此法此作𢒼不文矣

𢸦　右旁下半先ㄈ次ㄟ次ㄋ原石明顯此作费不文

覃　下半𠀉內兩橫與左右兩直皆不連此作車誤

矛　中撇首有小橫同鋒得勢且與上及左之三撇參差不復此竟作丨誤

晉永嘉磚刻

晉永嘉四年三月殘刻未詳何地仁和友人趙晉齋魏亦有藏本載寰宇訪碑錄此舊本係故友李作舟聘所貽

武林趙友寬夫坦書秦伯匡本後云永嘉殘刻是晉人墓中石柱文隸書方勁猶存漢法坦所藏晉甎有虎卞單三字甎制作相似書法特類瘞鶴銘皆典午眞蹟之僅存者云云余案諦審是文似是甎刻保甓居士謂是墓中石柱文未知何據謂類瘞鶴銘尤非秦本現藏徐問渠茂才楙道光四年甲申十月十一日

瘞鶴銘

一同祖兄逢原明經灝拓本大興翁閣學覃溪先生云朱方三行張亟齋汪松泉皆云是宋人補刻試思此字妙境豈宋人重刻所能到者乎且勿論其字畫與水泥相蕩激之不可强爲也翁蹟余已刻諸石焦山尚有磨崖重刻宋時刻下截爲明人題名劃去今存九行五十六字海昌方外友六舟達受曾手拓貽余

一海鹽畢髯崑源貢生星海所貽爲其祖既𨱔翁宏述水前拓本米公觀山樵書十六字亦既𨱔處士所藏同時歸余

一澹墨精拓𣶚浦故友吳侃叔東發物嘉慶改元初拓

庚申後石已開洗時海鹽張文魚見余兄蓬園郎逢原拓本因遣弟子詣拓數本全殘其九十三字皆澹墨輕椎倘脫天其二字余屬受之辛以宅本摹補之

北魏楊大眼爲孝文皇帝造石像記

魏世宗初裴叔業內附楊大眼與奚康生等先入以功封安成此作戎固是史書傳寫之誤縣開國子除直閣將軍尋加輔國將軍後以兩軍爭橋徙爲營州兵永平中追其前勳起官遞進此云梁州大中正或是試守中山內史之後之官而魏書北史俱遺之歟記云南穢郎兩史所云南賊武虛谷進士指裴以實之似未然魏書稱淮泗荆沔

之閒呼大眼至能止童兒之啼其果勇洵有過人然究以不多識字婦幽子叛馬上暴扆此刻崇奉如來其與康生舍宅建塔終至注刀刻截相去幾何哉此拓首行具全九字下顯存咸駭二字蓋舊於偃師武氏青浦王氏所見之本是可珍也道光十二年壬辰閏九月廿三日

魏武定造像 拓本

魏武定七年二月八日造像安邑老友宋芝山贈本芝山云石舊在滄州汾陽田君名幾攜石至京師因借拓數本此其一也

首有北魏武定石像銘七字係宋芝山手書

北周西嶽華山神廟碑

西魏文帝大統七年宇文泰命楊子昕構華廟植松二千餘根周武帝天和二年丁亥詔史臣爲之頌而立此碑也楊子昕魏書北史皆無傳碑所云晉國公宇文護也護字薩保周太祖文帝之兄太祖崩後皆受護處分保定三年詔大冢宰晉國公親則懿昆任當元輔自今詔誥及有司文書竝不得稱公名然玉珽之擊御刀之斫卽見於天和七年此所云任屬阿衡親惟旦奭安有哉撰者万讀若萬紐于瑾書者趙文淵瑾有文名文淵有書名而錄是碑者襃貶率異辭余謂今所以人知珍惜

者石在隨唐以前其背又有開元一刻兩面兩側唐宋
人題字已無餘地而顏公寶蹟亦列其側嘉靖地震古
刻盡失此獨歸然完善固是金天王靈爽式憑而撰書
之工否直可存而不論矣升作阩陸氏音義云險不可
升鄭本作昇此則增阜於左從古文虞惟古有是文所
以手文曰虞或可約略假借耳大毓七年歲在辛酉此
曰旃蒙於爾雅歲在辛曰重光不合今驗石本直未剝
蝕又似十字然卽是十年亦歲在甲曰閼逢也
周書列傳于謹字思敬唐瑾字附璘瑾傳賜姓宇文氏
時燕公于謹勳高望重朝野所屬瑾白文帝言謹學行

兼修顧與之同姓結爲兄弟庶子孫承其餘論有益義
方文帝歎異者久之更賜瑾姓万紐于氏瑾乃深相結
納敦長幼之序謹亦庭羅子孫行弟姪之敬汲古閣刻
誤作言瑾學行兼修瑾亦庭羅子孫趙氏金石錄本盧刻
後以子瑾請與同姓更爲万紐于則子瑾二字皆誤且
文義當言請與于謹同姓不當于謹請與同姓也顧氏
炎武金石文字記亦作言瑾學行兼修王氏昶金石萃
編錄顧說亦沿其誤皆寫刊失校之故道光廿六年丙午閏五月四日

又

趙文淵爲周書學博士傳稱其雅有鍾王之則實蒙逮

書賦注謂文深師右軍王孝逸效大令平梁之後舉朝貴胄皆師王褒唯此二人獨負二王之法俱入隨謫二王之迹人間往往爲寶云云此刻楷隸參雜山陰遺則渺焉難尋然雜宣之魏齊諸石刻中獨見矯健此本爲康熙時精拓又得徐壇長手跋壽峯蔣君羅致及之洵可寶愛已道光六年丙戌五月

頌文空處後人題字者南監牧使劉航仲通提舉牧牟公事邱舜中聖徒同謁祠下熙甯癸丑仲秋十七日題又宋熙甯二年九月守彰化十一月移本路轉運副使制置解鹽使明年十一月移東京轉運使十二月三日

過華陰河南陳繹題應體用科彥古進士彥恭彥成侍
行馮翊保定二解元盧定趙豫同謁於金天王祠下又
李侃奉敕祈雨甲寅三月晦又熙寧七年三月二十三
日尚書職方員外郎陳紘自秦倅移開封令恭謁金天
祠下彥猷彥淵彥正侍行又元豐元年十月十二日侍
親出師華池與友人鮮于潨宋彭□謁祠下鄭江俞次
皋謹題又張叔卿被命之利路恭謁祠下男祕書省校
書郎康伯侍行又治平丁未夏領本路提點刑獄謁祠
下後六年蒙恩除天章閣待制秦鳳等路都轉運使過
祠恭謁金天帝宋熙寧癸丑正月二十九日東萊蔡延

慶仲遠題又熙寧十年三月十九日題又提點刑獄尚書職方郎中劉忱之任蒲中躬謁祠下男唐工唐老唐純唐傑侍行此舊裝冊俱佚今從整幅拓錄

隋丁道護啟法寺碑

丁從事啟法寺碑世間無第二本李春湖侍郎自蘇州購歸江右移置粵西而南海吳荷屋中丞又以移往桂林因鉤以寄湘舟願先生七千里戎馬閒關郵書無恙而仁壽子墨復衍吳閶此中洵有墨緣道光二十三年癸卯四月二十日三

隋常醜奴墓誌

常府君墓誌正書廿七行行廿七字文云君諱醜奴扶
風始平人祖黑獺門傳劒騎人雄汧隴授大都督本州
兵父歡口口轄之風俗民ㄖ土口口以家焉君保定元
年起家右勳侍下士三年轉膳部下士建德元年遷天
官府治中士開皇十九年詔以周代文武普加優選授
都督又授鄭州滎澤縣令祿滿言歸大業元年十一月
十九日終於神靈鄉宅春秋八十有六夫人亡氏以今
三年歲次丁卯八月口丑朔廿六日口寅合葬於本縣
湯口口之始平原乃作頌曰其頌四字爲句頌後長子
鹽州五原縣令勳第二子石州司戶參軍事榮第三子

吏卩𣪏第四子揚州口監主簿鴻第五子𣪏不曰銘而
曰頌是誌中所罕見者此刻歐趙不載想宋時曾未出
土明于弈正天下金石志云在興平縣崇寧寺壁間
國朝顧氏金石文字記云在興平縣崇寧寺畢氏關中
金石記云在興平學碑方尺餘字甚精整顧記一條統
論誌銘於本文未之考錢氏潛研堂跋尾云後魏時有
万俟醜奴趙醜奴蠕蠕主醜奴而此府君亦名醜奴宇
文泰本名黑獺而其祖亦名黑獺葢當時人名多如此
宇文建國關中用蘇綽盧辯之議依周禮設官其名繁
多史不能悉載而開皇一詔亦隋史所亡書故略敘所

歷官位如右誌文稱後魏孝武帝爲明帝此宅書所未見云云近時長沙黃虎癡本驥隋唐石刻拾遺云是記成於乾隆辛丑其後王述葊廉訪關中相距僅十餘年而隋唐石刻畢記所有金石萃編所無者已二十一種隋三種佛座記舍利塔銘與此誌也四月之末嘉定錢竹汀詹事之外孫瞿根之世姪持此本歸於余或即潛研舊物然濡脫不精聞吳門貝友潤香武林瞿友穎山皆有此拓當合勘以悉其全本爲快云道光十二年壬辰閏九月廿七日

昔從嘉定瞿根之買得此本字畫爲重墨污損就日影

照才得八九黄運肇興數語言魏初常氏流奔失所也明帝口河洛之王里遷嶠函之帝宅言魏孝武避高歡之逼醜奴之父歡隨帝入長安也明帝上一字不可審謝氏西魏書前載大興翁覃溪學士札云常醜奴墓誌愚嘗見石本其孝明之稱究未能以遽斷則知翁所見之本孝字清晰耳道光己亥二月一日

誌云孝明帝者西魏始遷之君孝武帝脩也魏帝謚明者惟明元孝明此孝武何以有明謚然此志文詞典則應未必貽誤謚或有更定史不詳歟

隋都督衆澤縣令故常州府君墓誌

君諱醜奴扶風始平人也黃運肇興旣冠冕於東國金
行失馭遂流奔於西土亂離瘼矣從姑臧之客遊天保
定尒爲鄯善之强□祖黑獺門傳劍騎人雄汧隴授大
都督領本州兵父歡立履□毅志懷剛勇魏明帝去河
洛之王里遷崤函之帝宅經綸王業實寄腹心以君關
右豪室詔追徇衞任右旅侍累遷直寢言歸京輦爰賜
井田去六郡之桑麻承三輔之風俗民艮土樂因以家
焉君器局眞正識度詳雅弦揮雁落筆動雲奔保定元
年起家右勳侍下士鵰搖始振鴻漸初飛式允折衝□
推英果五年轉膳部下士位因寵進爵以才升鼎餁攸

宜肴饗惟禮建德元年遷天官府治中士司會治本文
昌樞密具曰登賢良稱德舉自皇朝纘運寶命惟新君
養志家園深知止足開皇十九年明　詔以周代文武
普加優選蒙授都督又授鄭州滎澤縣令中牟乳雉非
獨魯恭里泉夙鸞蛮惟王阜祿滿言歸縱情邱壑方遵
日秩庶永月存而漏盡鳴鐘歌哀曳杖奄焉不慭遺矣
上賓大業元年十一月十九日終於神皇鄉宅春秋八
十有六夫人宗氏人惟貞婉族茂金張未永脩齡早辭
明世以今三年歲次丁卯八月丁丑朔廿六日壬寅合
葬於本縣湯臺鄉之始平原禮也君孝以承親誠惟事

主愛賢重士輕才守信文淵□□差得相方次公投轄
足爲連類而徽猷長往蘭薰空傳知與不知有識同恨
子鹽州五原縣令緒等兄弟並克隆堂構無騫負荷出
忠入孝揚名顯親昔趙嘉逸士猶題圓石繆襲文宗尚
銘泉礎烏呼似哉乃爲頌曰
節全奉使仁兼分轂烈烈太常巖巖光祿降神餘慶誕
膺多福惟祖惟禰世雄邊服波瀾罔已挺生吾子扇席
承顏腰韃入仕見利思義在官能理卓犖髫年優游慕
齒逝川難息離光易侵昭途儵晦大夜遄溶郛墳共掩
杜藏俱沈九原永畢千載騰音□長子鹽州五原縣令

緒□□□第二子原州司戶參軍事榮□第三子吏部□□□□□□□□□□□□□□第四子楊州揔監主簿鴻□第五子

此誌文金石家未見著錄此拓又多被重墨損滅就日影照釋錄如是嘉定錢獻之坫知興平縣修縣志曾載此文俟訪覯校勘己亥四月五日

隋美人董氏墓誌

才人美人十五員煬帝時置開皇十七年未有此名也案此誌文當是蜀王秀宮人何以終於仁壽宮山第疑不能明也上海友人徐紫珊渭仁書來云陸耳山副憲

錫熊第五子劒庵官興平時得此石今歸其家道光己亥正月

十月

清儀閣題此誌銘以才人美人煬帝時置開皇年無此名案誌文當是蜀王宮人何以終於仁壽山第疑不能明余案漢代諸王受封皆之其國晉以後有出閣就第而不出鎮者有先就第後至其封者如晉會稽王東第宋彭城東府陳鄱陽西第齊豫章北第始興青陽巷第之類是已此云仁壽宮山第者美人卒年十九王亦韶年雖已出閣猶未出鎮以第接仁壽故曰仁壽宮山第也且誌曰來儀魯殿乃魯恭王靈

光殿也曰出事粱臺乃梁孝王平臺也其所引用是王非皇美人置自漢元開皇掖庭沿此與否史無明文然天子有后王有妃名不可假其餘嬪妾名可從同開皇宮郎無此秩藩王邸可沿此名是蕭氏爲蜀王之美人山第爲蜀王未出鎮之第皆無可疑也李綽尙書故實蜀王楊秀嘗造千面琴散在人閒想其襟韻實皇枝中之翹楚情濮文明有自來矣字畫遒麗足副文心書丹何人雖未之及殆出自一手故統之曰製歟道光庚子三月十一日朱錦琮書

隋元太僕墓誌

元太僕後魏昭成皇帝之八世孫也魏書汲古閣本卷十五
列傳弟三昭成子孫列傳常山王遵昭成子壽鳩之子
也太祖初有佐命勳賜爵略陽公及平中山拜尚書左
僕射加侍中遷州牧封常山王天賜四年坐醉亂賜死
廢爲庶人此志云假節侍中撫軍大將軍尚書左僕射
冀青兗豫徐州諸軍事冀州牧常山王魏書遵子素少
引內侍頻歷顯官賜爵尚書公拜外都大官世祖初復
襲爵及平統萬拜假節征西大將軍後拜內都大官謚
曰康此誌云假節征西大將軍內都大官常山康王魏
書素第三子忠字仙德高祖時累遷內僕射賜爵城陽

公加侍中鎮西將軍謚曰宣此志云使持節散騎常侍
鎮西大將軍相太二州刺史侍中尚書左僕射城陽宣
王互有詳略謝啟昆西魏書卷十二諸王列傳二洛平王最字幹
成陽公孫父贈豫州刺史壽興最從孝武入關封洛平
王兼尚書左僕射加特進闕案魏書壽興臨刑自作墓
志銘曰洛陽男子姓元名景此志云祖昺使持節散騎
常侍都督徐州諸軍事平東將軍徐州刺史宗正卿則
魏書作景當是昺字傳寫之誤此志云最使持節侍中
驃騎大將軍開府儀同三司尚書左僕射華敷南秦并
幽晉六州諸軍事六州刺史司徒公樂平愼王皆足以

證史書之闕譌矣案魏孝文帝太和二十年丙寅詔改姓爲元氏北齊書卷二十八列傳第二十天保十年大誅元氏凡七百二十一人自昭成以下並無遺焉周書卷三十八列傳第三十太祖天縱寬仁性罕猜忌元氏戚屬並保全之孝閔踐祚無替前緒明武纂業亦遵先志雖天厭魏德鼎命已遷枝葉榮茂足逾前代是則最之支姓正幸從入關中得昌身世若不幸羈留東魏入高歡殘忍之手有不罹駢誅之慘哉惟周書元偉傳後附錄元氏名位可知者元欣元子孝元季海元諱元育元儉元贊元則元羅元正元顏子元壽元審等而最仍未之及也此志名空

一字字空一字案之北史周隋二書西魏書皆無可取證其云許史之親者宣帝元皇后爲開府晟之女也其云建德元年入爲主循上士者孝武帝紀建德元年改置循衛官員也其云宣政元年以軍功封豫州之建甯縣男八月又錄晉陽之役者平齊之功也志云葬大興隨大興令西安府咸甯縣是也文詞典則書格精整古志石中絕無僅有之作惜石出近世錢竹汀詹事翁覃溪學士王蘭泉司寇畢秋帆制軍謝蘊山中丞俱未得見而箸錄也道光十九年己亥正月十七日○錫曾按魏書昺之爲景當由唐人避諱改字如丙亦作景也

隋元太僕夫人姬氏墓誌

元太僕與夫人姬氏合葬於大興縣隋大興今西安府咸甯縣地所葬之鄉與里二志皆空夫人之曾祖懿祖亮父肇魏周二書皆無傳魏書衛操傳操代人也與從子雄及其宗室鄉親姬澹同來歸國澹字世遠與衛雄同爲左右輔相此志夫人姬氏下空二格當是代人二字志云肇封神水郡開國公周書建德五年封神水姬願爲原國公宣政元年周武總師北伐遣柱國原公姬願等率軍是願襲神水封號當是夫人之兄若弟也太僕志天和四年遷給事上士此志天和四年拜建甯國

夫人所葬之鄉與里二石皆空此志立石在大業十年乙亥書蹟較太僕志少疏朗似非出一人手然亦精整有古意道光十九年己亥正月廿七日

石在西安嘉慶二十年始出土時陽湖陸孝廉繼輅之從子耀遹客此得之耀遹故好古所得石誌凡數十種欲俱氊包席裹以歸而無其力係戀淹留者且數年孝廉前在洛陽得諸古鏡戀與彼同後決計歸鏡散故人作棄鏡說耀遹亦割他愛假朱中丞兩健騾負此石還從此大江南北流傳拓本余宰廬江時孝廉官合肥學過從論文末及金石厥後遷縣令令

貴溪道光甲午余官瑞州貴溪已歿嗣孫聰應以其
文集及誌拓投贈案集中札記謂二石同一人書蒸
歐虞之所從出而非歐虞之所能□而涇縣包大令
世臣斷爲率更無疑今清儀閣得此石以爲錢翁諸
家所未箸錄援據史書爲之詳攷其論書稍與陸包
不同賞爲至寶則同也因念耀遹陜中棄石當畱拓
本將訪聽應并索之以質清儀焉道光二十年庚子
三月十二日海鹽朱錦琮書

皇甫明公碑 海鹽朱朵山殿撰藏本

趙子函云皇甫碑今在西安府學戊子余君房督學作

亭覆之丙申亭圮壓碑中斷云云案趙成石墨鐫華在萬厯戊午則此云丙申是萬厯二十四年碑斷未久故未斷本尚時有得見此本行墨肥潤應是明末時精拓特斷處半字盡爲裝者割去爲可惜耳率更卒於貞觀年間年八十五計入唐時已五十有餘王若林給諫謂是碑書於高祖之世正其盛年之作未嘗有率更少時書之語其謂爲少年所書乃安世鳳墨林快事語耳大興翁先生是跋竊恐有誤抑所見王語非虛舟題跋所刻之本耶王跋在宋拓庫裝本數年前有人自毘陵攜視議價不合爲吳思亭修購去較題跋刻本更多數則

也道光戊子二月二十七日

附錄

翁覃溪閣學跋云此向是數十年前所拓視近數年拓者已勝矣王若林謂是卒更少時書蓋因皇甫是隋人耳不知于志寧官左庶子加銀青皆在貞觀年間則此碑唐初追立卒更年已七十餘而神彩發越實書家正軌也

王東川沛淡跋云此疑 國初拓本也虛舟先生摹本其銘辭殘缺六十字且冠訛爲池卑訛爲申郎誤作邳想亦未覩初搨字體漫漶不可辨耳前半文理

完足可知原搨尚無剝落乾隆中年碑之下段左偏段又剝蝕九十六七字銘辭益見模糊此碑以文理攷之似與虞舟先生所見略可相等近日之寶也

化度寺碑重刻本

翁閣學以化度寺舊拓重刻於江西南昌學舍自記云眞本蓋謂范氏書樓本也其視李春湖學使重摹王弇洲本當在伯仲之閒

褚書伊闕佛龕碑

明拓本較王氏萃編多數十字秀水曹倦圃侍郎所藏有親筆題籤末行紀年字缺而次辛丑字存可徵歐陽

集古錄貞觀十五年書之語道光二十三年癸卯

唐慈恩寺聖教序記盛澤王任堂藏本

右褚書聖教序鴈塔刻本其瘦勁遠勝同州蓋同州本從鴈塔出其後款已顯然可見王虛舟吏部言之甚鑿現今寶宇褚蹟此刻鼎三龕碑外未易多見瑤林春璅

故應球璧珍之道光三年十月廿日

隨清娛墓志銘

乾隆四十七年壬寅海昌境上陳允兼攜墨刻一竹箱來王大令洛神十三行西湖本黃庭樂毅二舊本各索錢千餘則盡舉界余此褚河南書隨清娛墓志銘其一

也案此志闕王宇泰刻入鬱岡齋帖王虛舟吏部嘗得宋本於江甯承恩寺前云是鬱岡祖本此外行本甚少此冊志後允兼之父衡玉翁癸亥五月手跋云遊長安時所得審其紙墨亦不甚舊則是石豈乾隆八年時尚在耶何著錄家率未之及也余深自祕惜惟於癸丑之秋秦竹林里沈半桐姻丈可均題詩三章又於甲寅乙卯沈咸中錫慶金佑人光烈家文魚燕昌各爲題記餘則不輕示人焉閱三十六年嘉慶丁丑得魏水村本於嘉善查氏則 國初諸老題記累數十人於此益見是本之足重而余於石墨洵有奇緣也余生乾隆戊子得

是冊時年十五說舟乙卯夏前號也 道光二年壬午正月廿三日 其榮
案半桐所題隸書三詩款署說舟硯長兄
陳香泉太守書魏水村本云此志滇熙祕閣帖已刻想太守曾目驗之而原刻在何處前人未見著錄則知傳本甚少此本亦舊拓特以收藏得地故紙墨不渝也 濟又記

水村本陳香泉太守題云隨清娛不見於書其銘文唯滇熙祕閣帖有之滇熙帖宋孝宗時刻則相傳亦遠矣云云案滇熙帖傳世絕少香泉當曾見墨本然此則實係專刻與水村本同特未審刻石舊在何處耳 廿六日

其榮案是帖今藏秀水許子貞評事受頤所字蹟完善無損唯衡王翁手跋及文魚題記則並無存矣

又魏水村舊藏宋拓本

褚河南隨清娛墓志未知刻於何地毀於何時陳香泉謂渲熙祕閣帖有是刻余未之見明王損庵刻入鬱岡齋帖　國朝王虛舟吏部得宋本於金陵承恩寺前云是鬱岡祖本此外箸錄家率未之及余十五歲時海昌陳允兼貽余一本後有其父衡玉翁名璿乾隆八年癸亥手跋云遊長安時所得余甚珍之嘉慶廿二年丁丑既得大令十三行魏水村藏本全冊後郡中徐蓉塘來觀云事有至奇頃見一帖亦是水村所藏題記之人半

與此同他日得之當以見歸因出此志錄本留余齋不
言帖之在何處也十二月廿八日至嘉善東門沈氏是
亦堂適爲查裏庵茂才招看書畫至則是冊出焉覗徐
錄本外尚有杭堇浦先生七言古詩一章是已入查宣
門大令開時所題者索値四十金如數得之噫水村主
人攜此刻泉十三行行萬里路徧徵題記費幾許苦心
一歸於丁一歸於查又數十年乃入余齋竟作延平之
合水翁有知豈不快然然益見石墨奇緣果有如是者
矣

唐王居士塼墖銘

王居士墖銘風格遒峻學書者珍於鴻寶明末出土未久旋即破損始斷一角□繼破爲三□又破爲四□爲五六七四十年前尚有七塊搨本近時搨致者又破其二此則破爲三石中之一大石也如此之本海鹽錢柞溪黄椒升皆有之而皆翦爲二紙秀水沈景瀾翦裝本與此同昔年壬午余得一本於海昌則實未割損同嗜者輒詫爲奇覯然此刻即近時郃陽搨歸之五石已須白金一餅況此本得全石三之二之文乎愼毋以圭斷璧殘等閒視同玉屑也

此殘石不知何事何時貯郃陽庫中數十年來又不知

何時入郃陽城外康氏家中道光元年辛巳余友沈味蔗宰郃陽僅從康氏搨數本以應上官之求每本酬以白金四錢次年沈檄差他出董姓署令長從康氏檄取仍貯之庫癸未歲沈回任郃陽則此五殘石在焉此則又此銘一段公案也丁亥十一月四日冬日至

唐懷仁聖教序南宋拓本

懷仁集王右軍字之聖教序謂斷在宋紹興二年曹秋嶽侍郎說也謂斷在宋南渡後王篛林吏部說也謂斷在嘉靖乙卯楊大瓢山人說也謂斷在天順中何義門太史引孫仲牆金石志說也此的是原刻未斷雖搨法

不精然已是難得之品余見惟查查浦藏有王孟津題者較此遠勝耳十年前吳友白兒攜過余齋今又持來索跋爰爲書此以作墨林清話一則

又覆刻不全本　黄六治翻本

懷仁集王書聖教序記翻刻致多余自初解學習碑帖至今五十年來所見所藏以數十計優劣不一總不係姓名時地使觀者恍如對面不相承認大可浩歎此殘葉十五行今年盛夏老友金范湖所貽骨格清腴風神諧鬯是咸亨子本中之至肖者後有崇禎十四年辛巳王孟津手跋稱元本爲黄六治中翰所藏宛陵劉雨若

摹勒劉爲二百年刻石弟一手亟宅復本莫與之竝此
雖不全可作平章翻本之的矣
楊大瓢賓鐵函齋題跋聖教翻本一壽光李氏一朱敬
鑪一費鑄甲一闆一北京東嶽廟一細瓦廠壽光本宋
時即有余未之見所見者秦府即朱敬鑪爲最嶽廟次之費
闆又次之細瓦爲下靜海高鏡庭方伯屬朱士標以唐
拓重勒三年乃成云云案費本有款一行刻在首葉下
方今年嘗見之刻不佳友人言嶽廟本甚好然石已燬
此是嶽本與否及存佚若何均不可知
昔年戊寅初冬嘉善查友文藻查浦太史之後人視余不斷本

庫紙裝絹籤闊寸六七分許行書題二行云宋拓聖教序第一神品二弟仲和鑒藏丙戌春二月兒王鐸書仲字右側有製字小略弟一行下有王鐸之印小方印弟二行下有連珠王鐸小方印籤書淋漓酣暢是孟津真蹟然審拓本之紙墨難定爲六七百年前物且其鋒穎畢具毫髮未損即謂之唐拓亦可而神味何以不厚近聞歸其兒丙塘刺史異日倘當持此一勘癸巳十一月八日

聖教序舊拓本楊大瓢山人所藏有手跋真蹟道光七年丁亥夏日平望戚藻村售來值釘十餅

唐張開疆造像

唐乾封十二年九月三日張開疆女尹氏造像刻石故同年友嘉善周三雅以炘官偃師時攜歸道光二十三年癸卯二月廿二日嘉善查仲牙壻世璜拓來此石載金石萃編卷五十七然大唐乾封十四行是佛座下石雖另是一石實連接有像之石之刻字十一行故十一行末時字接下十四行而文乃全也萃編錄十四行於前錄十一行於後誤矣至偃師縣志金石錄則止錄下石十四行而上十一行不之及其疏漏更不可解

唐雲麾將軍李思訓碑丁敬身舊藏本

陝西唐刻巨石官長遣工椎拓居人病其需擾往往擊

滅字蹟其上方手擊不便幸得存留此其一也此石被擊處尚有三十餘字可辨而下方之拓卻甚不多見數年前武林惠秋韶名兆壬道光庚子科舉人來余家貽余一拓卻只拓下半之石當出貿解事者之手然裝作整幅則蝸廬窄隘無從張挂若割裝作冊則存字百不三四若僅取存字而盡棄其餘又未免狼藉則亦僅裹而高閣耳古拓每用重墨此亦未免少病然筆畫微掩而鋒穎具存大概碑估往往認黷字未蝕便爲宋本得享重值若此則筆筆完好而丁只目爲元拓蓋敬身叟固不輕易擠排向上也

又

雲麾將軍李思訓碑一行唐故起其族子□□□□□撰并書卽在此行之下半工人不拓下半故撰書多缺二行觀夫起三行守中起四行至信起五行卿諱起六行然實起七行聳義起八行擧子起九行朝散起十行歎近起十一行情敷起十二行訴僕起十三行太常起十四行吹傷起十五行蹇之起十六行或外起十七行舊也起十八行泰崇起十九行高則起廿行此之起廿一行渝考起廿二行門也起廿三行皇道起廿四行督賻起廿五行以八起廿六行布和起廿七行照道起廿

八行麟定起廿九行迺赫起三十行子惟起

碑在蒲城未嘗斷裂而墨本每得其半者下半爲土人擊滅開存零字都不聯絡故拓工多不之及字之被擊不知何時大約宋時已然故藏者亦惟即上半之墨以定拓之新舊耳此本係海鹽黃椒升都事（名錫蕃字晉康）所貽紙墨淸古竇氏一筆不損蓋宋本中之致佳者風格開張筆鋒勁利故是唐刻中上乘之品

唐太常丞溫府君碑

右碑係乾隆乙卯澉浦畢寬原丈所贈寰宇訪碑錄載浙江仁和趙氏拓本知此石已佚（嘉慶十一年丙寅）

唐華嶽精饗昭應碑唐興元刻

開元八載旱元宗命許國公蘇頲以瑞祝之辭旅於西嶽旋闕得雨旣禱而祠因立此碑也是年七月頲罷相爲禮部尚書碑故言舊相尙書也撰者咸廙王氏昶云開元時咸廙爲十八學士之一圖形含象亭若顧氏炎武金石文字記疑卽趙冬曦傳大理評事咸廙業恐未合書者劉升昶云唐書作劉昇附見劉德威傳題額者李休光錢氏大昕云碑左方蓮華魏鬼十六字興元元年盧倣書又有李休光題額二十字驗其字體亦出盧手蓋勒碑之後又六十餘年而始題其額耳此刻周天

和二年丁亥華嶽頌之背石之兩側與正文空處唐宋元明人題刻已遍葢西嶽祠中烜赫有名之刻嘉靖末地震古石多毁此與述聖頌獨存是冊爲秀水曹倦圃少司農溶古林舊物嘉慶十一年丙寅同邑梅里故友李一徵聘售來戊辰歲買天和冊於郡城集街書肆前歲甲辰十月廿四日屬翁元彬重裝二冊以成全璧

唐麓山寺碑　宋拓本

舊唐書開元十三年李邕貶欽州遵化尉後於嶺南從中官楊思勗討賊有功徙澧州司馬又累轉括淄青三州刺史而遷轉年月不能細覈以故總括言之此麓山

寺碑建於十八年九月正其已轉之後由粵赴括經由楚地之作證之湻熙三年尚書趙彥約南康帖首刻李泰和荊南行前款括州刺史李邕書後款開元十八年六月時事正符合若新書以邕起括州刺史在十八年恐有誤矣是碑在湖南長沙衡山縣嶽麓書院石質脆蝕剝已久凡一二百年前之拓銘文第五李不全而撰款書款刻款年月款與口祖上計於京不與茲會數十字之缺更不必言此拓較王氏萃編多至百數十字較湖南通志所載亦多數字則眞出北宋璮蠟矣李碑之存於世者李思訓碑存字僅三之一李秀碑存石僅二

礎此存字一千四百有零紙墨閱七八百載其可寶何如哉海鹽黃椒升都事錫蕃耆年積學精心鑒古昔年得於故家精裝見贈約略書後新涼暑退時行將乞黃見標記於册首黃長於余七歲 道光二十六年丙午閏五月七日

又 舊拓本

碑在湖南衡山縣嶽麓書院殘蝕已甚每見一二百年前之拓微特正文缺處固多且銘辭第五已不全撰書刻款與年月日盡闕如矣此拓正文缺字尚少而撰書年月具存蓋四五百年前物也海昌舊倉沈鉋尊心醇舊家士族愛輯金石文字在京師時嘗從大興翁學士

游兩漢金石記卷四大吉洗下其名在焉泥沙後遺物
盡數其表弟嘉興李一巖聘攜此歸余時嘉慶十年乙
丑閏今亦四十一年矣拓中題處盡剷去後若石重裝當
補以素紙即注明跋某某之文其文載金石萃編湖南
通志余昔嘗勘之道光丙午五月七日題

又

李北海嶽麓寺碑筆勢雄厚爲世所重復刻數多板滯
可厭此爲少石曹世謨所裝藏原石之本雖不舊然尚
是嘉慶七年前拓故左方一角乃巖成道至開元十八
年之九十四字獨未斷裂而依然立小碑另搨以其有數

字經裝匠用墨筆描去石華致神味減損則庸工積習大率如是道光十四年甲午二月七日

唐修子產廟碑殘拓面陰及先雪翁一紙

乾隆四十一年丙申黃思堂先生本誠官新鄭縣令修縣志卷二十九金石志唐修公孫僑廟碑碑在祠中天寶七載建隸書按明于奕正金石志云新鄭縣有唐天寶中修公孫僑廟碑舊志載康熙三年邑令謝鴻奇重建祠宇記末云祠興於唐天寶七載歲戊子專知官朝議郎行令嚴宙及判官宣德郎行尉王季夏奉招討使某公所建云云又黃叔璥中州金石攷云碑石斷裂可

辨者一百十四字今此碑已亾僅存牆角片石十數字
而已葢此碑於明時尙存謝令時猶可辨數百字至黃
公作攷時已亾其半今相去又四十年字蹟所存如此
更後數年其可復問乎予又於友人家見舊搨本雖不
可句讀然中有天寶七載五月十三日及專知判官宣
德郎百餘字其落款處有元晧敬三字書法在韓擇木
梁昇卿之閒惟不得其全爲可惜也廷濟案崇禎壬申
于司直奕正天下金石志河南新鄭縣唐修公孫僑廟
碑天寶中立今磨滅止存僑東里數字是此碑明時已
甚殘謝令作記所云奉招討使某公者或別據他書本

必即據唐碑碑可辨未必有數百字也黃叔璥玉圖中州金石攷言可辨者一百十四字余得此本是百十年前物合碑面碑陰約得全字一百十餘玉圖所見當與此同惜其不書碑面幾字碑陰幾字耳王元晧□敬是碑陰中兩人姓名且晧下敬上中空一字黃志何得云落款處有元晧敬三字疑明府所見舊搨必割裝本失其原次因以傳譌是志出童二樹手修立金石一門條理甚善惜當時未得見此本也甲申正月廿九日

嘉慶七年嘉興縣令司可亭能任所修縣志卷三十四金石門子產廟殘碑天寶七年五月在新鄭縣見于奕

正天下金石志此碑久佚僅存片石十餘字藏其本誠
宗家中州金石攷曰碑石斷裂可辨者一百四十字今此
碑已亾僅見牆角片石十數字而已又於友人家見舊
搨中有天寶七載五月十三日落款處有元貽敬三字
書法在韓擇木梁昇卿之閒惜不得其全延濟棻其王
圃中州金石攷云可辨者一百十四字司志竊作四十
且今此碑已亾云云乃其思堂新鄭縣志語此不載明
其書竟似其王圃金石攷語至落款處有元貽敬三字
重沿譌謬良無訂正蓋纂修者不於此事訖如漫采漫
錄貽誤後人不少 一月 一日

河南新鄭縣唐天寶七載修子產廟碑殘石宣紙拓面陰二紙麻紙拓陰一紙宣紙拓先雪窮七字一紙仁和友趙晉齋明經魏舊藏初亦不知爲何事何地之碑也以來余齋得悉其詳先以麻紙拓之碑陰泉先雪窮之小拓寄看余屬徐籀莊搨用油臘鉤出而歸其原本嘉慶甲戌二月八日晉齋寄麻紙拓之碑陰爲贈丙子六月廿四日又攜贈先雪窮一紙庚辰十二月六日又攜贈碑面碑陰兩紙蓋此四紙更九年之久始畢萃於吾齋晉齋卒於道光乙酉所遺金石文字盡售與同城周旭生竹崦庵中不賸片紙周亦東置高閣假使當日偶

未語余余固不知是碑尚有舊拓而他人得此拓者亦不能名爲何碑豈非古墨中留一恨事乎是碑後更糜碎黄思堂省甫父子訪出殘石八片攜歸吾禾余得其三一有天寶七載字者已琢爲研乞梁翁兩學士製銘賦詩往年嘗橅硯文并縮臨此本及各殘拓付石第存梗概後有餘貲餘閒思盡悉意雙鈎求章簡甫管駟卿其人爲是碑傳一復刻未知得遂此願否也丙申九月廿七日

又天寶七載硯册合重摹硯文并縮臨各殘石石刻本

行士 古清 元 司 萬 道寂等

戚

永

戊

家霜京

天寶七載五月十三　元晧　敬

專知判官宣

右七片黃思堂官新鄭縣時因修縣志黃公子省安同山陰童二樹訪得攜歸者天寶七載一片已歸余琢硯其六片先爲所親曹仲謀秉鈞借去今不知在何處嘉慶庚午七月廿五日張廷濟緬臨幷記

辛未三月黃省甫又以道寂等一片見貽其五竟失

化亡
尉京兆三
中獄少典之
惟鄭相之□日日ㄈ
道惟聖與賢周文□德寔旨配
咸有一德以安萬姓于古清冈
𠂤來霜京垣興誅夾孔之戚
天寶七載五月十三日
專知判官宣德郎行

以上碑面

時門鄉張頼鱸　王元晧　敬玖

梁並　鄉李七兒　高李生　張從諫
崇　鄉尹小兒　王延璵　閻邱
正　鄉許藏　傅庭
鄉王守
龍泉鄉　文德
馮
丁昇朝
龍　奉仙　以上碑陰

右庚辰季冬仁和趙晉齋詒舊拓一案之黃省甫所得

惟道寂等一石及後摹來字一石出趙拓外王元晧敬
口碑陰二人大興翁先生未見此拓故詩云元晧道寂
誰書譔徵參新鄭縣志落款處有元晧敬三字語意不
斥其非

高周鄭
先雪鎸
奉
來

高周等七字亦趙贈本來字石亦黃所贈今一并縮臨
附鐫庚寅九月九日

篆未翁別有跋云其來字糸厂
字三小凸皆黃君同時所貽

附錄

東里潤色　叔未得唐子產廟碑殘石琢爲硯因以
昔年所摹張遷碑四字弁之亦君家典故也方綱

一片石千餘年沒字碑誰寶旃　叔未孝廉以十斗
米易得子產廟碑殘石乞同書銘

行　古淸品　周文　共道叔等
戚　永　萬　弋
不霜京
天寶七載一月十三　丕元晧敬

專知剣官宣　畐

新鄭唐子產廟碑殘石七片之圖縮臨於此嘉慶已
巳春北平翁方綱時年七十有七
又 硯冊 形如鏚圭
㝷河南新鄭縣唐天寶七載修子產廟碑殘石因琢爲
硏 石黑質而黃章光潤異常不發墨存此爲硏中逸
品 道光四年甲申二月一日
河南新鄭縣唐修子產廟殘石舊唯見于奕正天下金
石志黃玉圖中州金石攷兩書黃思堂宰新鄭始入縣
志其子省甫旋攜殘石片歸嘉興載孫淵如邢佺山師

寰宇訪碑錄司可亭嘉興縣志翁覃溪閣學得姚巽齋贈殘石七片拓本賦七言古詩一載復初齋集（閣學爲余縮臨殘石即據姚拓）黃省甫以天寶七載一片歸余余旣琢硏閣學又賦七言五言古詩各一並載入集梁山舟學士爲作銘載蘋羅麓集貞珉玉碎之後箸錄轉盛閣學詩磊磊千年氣湔出洵不誣矣吾郡唐刻精嚴寺本覺寺兩石幢外無聞吾家藏有顏魯公書元靜先生碑殘石一三面凡二十五字此碑殘石三凡全字十有四此外宋元明刻王右軍臨宣示表一淳化閣帖石六蘇文忠馬券帖一（眉州本）蘭亭敘張金界奴本一神龍本一嘉禾寶刻

庶不寂寞後之修志乘者其有所取資夫 甲申二月
于司直云唐修公孫僑廟碑殘缺惟存僑東里數字今
司直所志數字久佚按漢碑陰合張公方碑推東里潤
色四字幾闕若東里一字全者則明以前拓也大興翁
先生舊從汪容甫藏本摹存四字今以弁余研冊闕合
此碑此研可稱天巧余昔藏有時少山僕方砂壺賦詩
成冊海昌吳兔牀山人用周高起壺系妙手稱三大明
代良陶護一時語題冊首曰千載一時亦天作之合也

附識

鮑少筠繼尹昌熙二公重修于蓬廬碑一綫石乾隆丙

申吾鄉黄思堂大令本誠官河南新鄭縣其子省甫茂才與童二樹鈺訪得之嘉慶丁卯冬茂才爲其尊人刻蘆花淺水齋詩集乞序於清儀老人遂持二石爲潤筆近賜不覊京十字之一石爲王芑庭廣文所得廣文家不戒於火石已焚其道寂等三字之一石歸許紫僊上舍今猶藏其家

唐柳柳州龍城石刻

柳柳州龍城録云羅池北龍城勝地也役者得白石上微辨刻畫云龍城柳神所守驅厲鬼出七首錄作山福左首土民制九醜余得之不詳其理特欲隱余於斯與

粵西金石略卷一云右刻在馬平縣柳侯祠內按龍城錄所云與此刻微有異同僞書不足憑然茲刻實亦元書也嘉慶十八年癸酉八月晦日

唐顏魯公書元靖先生碑 宋拓足本

顏書茅山元靖先生碑兩面陰各十九行兩側各四行行各三十九字紹興七年丁巳為大風所折嘉靖三年甲申壬辰觀火碑石糜碎錢竹汀詹事遊茅山記云尚存二十一片乾隆癸丑汪稼門制府志伊司臬江蘇時以詹事言札句容縣學廣文徐彬會獻搜尋殘石得二十三片是年九月汪調任甘肅布政使蘇州府教授汪佑

十六

煌訓導丁斯盛葺築石臺以置殘石之事識云得二十五片汪又於賈人得宋搨本因付姚東樵以缺字鉤勒上石又另編小字勒碑於旁具詳記中此本係澉浦吳友侃叔舊物嘉慶癸酉畢友琴甫作緣歸於余龍下少興觀字係翦割脫落封表下少進字秋七月又徵下少先字甘露呈瑞靈芝之下少劾字寔曰形解孰下少云字係斷處割去者楮墨渲古的係南宋佳拓去歲重爲精裝頭跋張司直所書先生之碑因檢此而略識之道光十一年辛卯五月十三日

又舊拓本 二十年前句容裴氏售來值銀十餅

魯公書元靜先生碑在大厤十二年丁巳公年六十九筆力堅蒼樸多於華拙多於巧是天壤閒有數寶刻自明代毀後全拓日少乾隆時汪氏掇殘石二十餘片全字七百六十六殘字八百三十九此句容裴漢昭炯裝藏舊本計存一千六百十字視全文僅少三十字許雖用墨不精且裝次錯亂然總是未瓜剖時所拓余於是碑舊有宋拓足本此視宋本少亞而存字幾全是亦重可寶也道光辛卯五月十六日

小字麻姑壇記吳佩叔舊藏南城眞本

歐書碑搨愈舊者愈肥顏書碑搨愈舊者愈瘦此小字

麻姑壇記係南城原刻斷本筆法謹嚴而較他斷本爲少瘦是眞原刻之最舊者潄浦吳侃叔明經昔以二萬錢購致手書四跋淚自珍祕嘉慶癸酉八月余客潄城其家以墨刻求售此蓋二十種之一也余家有南城眞本三以此本爲最舊云癸未十二月十四日

字書之精非魯公斷不能辨謂慶厯中學佛者所書不足憑也此拓楮墨之舊亦定是宋時氈蠟如此佳拓余一生亦何能多覯頃得越州石氏刻眞本睞此少肥各有勝處要皆爲秇林墨寶也十六年丙申八月廿七日又記

又 停雲館原刻舊拓本

右小字麻姑壇記文氏停雲館原刻初拓本三十年前王禹九上舍所貽字蹟較南城斷本爲少肥然行間茂密寬綽有餘長洲之於建昌故當代興況停雲原石自錢畢後轉入馮氏小楷書率多重摹若此舊拓安得不璠璵視之 癸未十二月十四日

又

顔魯公小楷書惟見麻姑壇相傳以鐵版刻之筆法剛勁分行整密千載下想見其人此帖乃宋時初搨歲久跋語散失頃歸舟得之停六游處足與玉版十三行爲伯仲余近在苑西得大字麻姑壇一卷筆法稍放媚有

錢舜舉補圖云石刻藏南城縣庫中今已無矣然八未習見未若小字本之足珍也

其榮案此一則見清儀老人筆記中似錄它人題識語

又

麻姑壇記小字刻向以南城斷本爲最此本的係宋搨石理完善而與斷本對勘又確是兩刻則此更無上神品矣王虛舟吏部謂其轢勝於見轢然余曾見其轢舊本亦了無勝處且按下亦不見文氣則正以見字爲是耳旭樓先生話雨樓藏古刻甚富此則宋本數十之一也道光三年十月叔未

附錄

徐問渠楙跋小麻姑壇記宋景祐閒樵豎鋤得於山閒斷一角此本左上角有斷紋未甚剜在宋搨中允稱精妙旭樓丈笠什襲藏之

唐雲居寺石佛圖記 開元十年

雲居寺四石浮圖景雲二年者王璬造甯思道正書太極元年者田義起造王利貞文行書開元十五年者太原王大悅所撰正書此王文安造梁高望正書在開元十年四月四刻皆載萃編而王無題攷潛研堂止跋田義起一刻而宅不及萬徵士此跋可以補二家所未及

矣萬字循初號柘坡秀水人生員乾隆元年丙辰順天
舉人舉詞科年甫冠有柘坡居士集昔歲丙申初夏因
送兒輩試至郡老友歲貢生曹種水言純攜歸於余曹
詩詞古文皆淡遠自得六月廿八日故年七十惜未乞
其書後

又太極元年

此碑錢少詹潛研堂有跋王司寇金石萃編亦載全文
卷六十九石亭府興國府皆府兵制也嘉慶戊寅冰日得於
武林嚴髯肆中

唐睿宗王子爲太極元年五月改延和元年八月禪位

太子隆基改先天元年故太極碑刻絕少

唐鬲福墓誌

關中金石記此石向在咸陽農家欲爲柱礎者數矣開元十二年甲子至今已亥一千一百十七年

唐張昕墓誌

祖字上應脫曾字其曾祖名宗禮也上脫東西左右等字開元二十四年丙子至今已亥計一千一百又五年

唐孫志廉墓誌

弥蒙洎後句下空二字蓋志廉祖名之下一字蝕應是孫字又空一字應是志廉父名細審石上實是未書未

刻潛研謂後人椎去非也長沙黃本驥虎癡隋唐石刻補遺云萃編所有爲今所未得者張昕與此刻等十四種孫常侍沒於天寶十二載癸巳葬於十三載甲午立石當甲午也天寶甲午至今己亥一千又八十八年

唐張希古墓誌

尙德府是府兵名號可以證補唐書此與張昕志同出長安劉氏誌成於天寶十五載丙申至今己亥一千八十六年

錢屐園云畢秋帆先生巡撫陝西時得唐碑四種其一爲中大夫守內侍上柱國渤海高福墓誌其二爲

京兆府美原縣尉張昕墓志其三爲内侍省内常侍孫志廉墓志其四爲游擊將軍守左衛馬邑郡尙德府折衝都尉左龍武軍宿衛上柱國張希古墓志乾隆戊申八月余在先生河南幕府由黑岡口登舟乘黄河南下曾將四碑帶回安置樂圃之賜閒堂至嘉慶四年九月有　旨查抄爲桐鄉馮鷺亭編修購去道光六年又爲嘉興張叔未解元所得今在新篁里

唐聚慶墓誌甎

唐故聚府君墓誌銘幷序　諸葛覺撰

府君諱慶字文悅馮翊人也大和六年青龍在壬子九

月十七日癸蘇州嘉興縣進思鄉私舍春秋五十祖
曾祖珨父逵家諜具述不書也公卽逵長子也志操孤
峙孝友無先雖不夢奠之徵忽生鞋履之刖娶陸氏有
子二人長葯次允孚女一人皆血泣柩左狀疲閒於筌
兆當年十月廿六日封當縣南甘露鄉崇福里祖墳禮
也恐煙峯及臣溟變改請文勒石詞曰
悲鴻驚月啼霜天　寒雲長夜斗牛懸
嗣子哀號望不返　令問遺風光萬年
佳城虎踞龍左盤　刊文勒銘金石堅
慶字文悅大和壬子卒於嘉興諸葛學撰志瓻爲竹林

村沈竹岑廣文姊丈銘彝物竹岑云秀水治南五里有螺潭潭上有廟廟南五十步土人耕田得古甎係唐槩君處墓志棄諸野廟僧攜置香積廚十稔無人過問辛卯十月余同曹溎江過廟見之聚馮翊人卒葬嘉興而云封當祖墳其土著已久歟誌稱大和六年卒蘇州嘉興縣之進思鄉葬甘露鄉大和王子至今辛卯一千又一年道光十八年戊戌詹村塴傳洙遺致余齋

唐處士包公夫人墓誌甎

王氏萃編云似乎此誌得之西堰青芝之一路晉齋以爲得於西溪者約略之辭也兩浙金石志云乾隆癸丑西

湖人掘地得之會昌癸亥至今已亥九百九十有八年
趙晉齋魏歸吳思亭修吳歸於余道光十九年己亥

唐周文遂墓誌甎

唐周文遂墓誌甎海昌周松靄進士春所藏王氏金石萃編錄此作石誤也甎易損嘉慶丙寅進士貽余一本模糊已甚此向是乾隆辛卯初得時所拓其手書跋即在是年夏五二日乃李作舟所貽今進士已殁郎剝損之本亦不易得矣誌文楊氏上原脫農字農粲字當作舉王說是旣爲譽所知則不必定是舉字銘云身綁辛并辯字壙辛當是碎字王錄文二字皆缺蓋據本不清

耳道光三年癸未十二月十四日○仁和老友趙晉齋昔藏唐處士包公夫人墓誌甎余曾手拓其文萃編錄作石亦同此誤

海昌朱霞伯茂才博聞彊識工詩文篆刻昔年戊寅十二月來余齋言及周松靄進士所藏唐周君墓甎云海昌城中教場頭有人發古墓墓前土中先得瓷器數件繼得一鐵版啟版得一方甎甎下又一甎即墓誌也發時系夜間鐵版誤噎瓷盡碎而壙則團團不可破遂止發攜二甎以歸塾茶鑪者數年適有事移鑪迸甎於外經雨打字顯爲賃屋之主人所得進士以五百錢購之嗣有人盜去又以錢二千五百贖回後售與陳默齋廣

竊得銀廿餅陳攜以去　鐵版如瓿大覆瓿上虞後人鋤地損瓿也志上之瓿無字亦猶志石之有蓋也墓圖如杭州岳王墳式右載清儀閣筆記道光甲申二月四日重錄

唐準高僧塔題名

海鹽通袁里法喜寺準高僧塔東南面之南角無字正南面之東角會首僧師約正東面之南角無字東南面之東角女弟子徐六娘東北面之東角無字正東面之北角女弟子張九娘正北面之東角無字東北面之北角女弟子潘廿五娘西北面之北角無字正北面之西角僧行本贖正西面之北角無字西北面之西角僧下

字磨滅不可見西南面之西角無字正西面之南角僧
自宗贖正南面之西角無字西南面之南角僧清遠贖
案此唐僧艮準骨塔續澉水志謂艮準所建非是諸題
名是建塔時所刻云贖者謂出錢建塔爲功德贖罪也
伊太守嘉興府志金石部載師約自宗清遠謂題名僧
三人亦非
吾郡古刻絕少此題名眞唐刻可重也嘉慶十八年癸
酉余偕從子心石上林徐甥鏞莊同柏移舟至法喜覩
架梯拓之始得其全云道光四年甲申四月二日

準高僧塔宋宣和四年題字

唐準高僧石塔在海鹽通袁里法喜寺齋堂後桑園中八角七層約高二丈周圍約三丈最下一層刻蓮葉二層刻獸三層八角多剝損四層八角每面中作佛像佛首多損其角刻僧人師約清遠自宗行本□□女八徐六娘張九娘潘廿五娘題名蓋唐建塔時也此重移年月刻第七層東面其西面刻二門形又上作屋形又上作蓮臺又上作圓頂俱已損余於嘉慶癸酉九月十三日架梯親拓始得其審因詳識之恐日後傾圮或不復攬搨也

至元嘉禾志準高僧塔在法喜寺飛鳥不棲時有舍利

放光高僧名艮準唐司空曙有詩寄之宋宣和四年正
月自東廊移就西廊袈裟飛去集僧誦楞嚴衣復歸塔
有頌刻於塔云宣和年中重修塔舍利乘空暫騰躍衆
誦楞嚴呪得歸永隆佛日暉無著嘉慶伊志云宣和四
年云者則移塔時所刻其塔至今無恙竝無頌語至元
志惑於傳聞之訛耳廷濟案伊志金石出澉浦吳侃叔
明經東發手此條駮元志極是侃叔曾讀書通袁凝海
寺此塔題字曾目驗濡脫故不襲前人謬語特題名僧
實有五八而云三八者當由正北面之西角僧行本贖
西北面之西角僧□□□字已磨蝕目力不及拓者遂

遺之耳又法喜寺殿前牖杆石刻云梅園弟子周夏弼捨錢壹百貳拾貫文荅四恩三有紹興三十年三月初五日謹題正書三行二行行十字一行行十二字大徑寸餘何當日修志竟未之及也道光四年甲申四月二日

臨桂讀書巖唐宋人題名

廣西臨桂讀書巖題名詳粵西金石略卷一

唐南浦尉張子同志和石刻像題字

志和舊唐書無傳新唐書有傳婺州金華人築室越州東郭門阻水無梁觀察使陳少游爲構之人號大夫橋

附錄

仲楷僊觀督廷機云案先生題像詩曰重新祠貌醜
三高蓑笠煙波一短橈不是召平勤道古越州誰問
大夫橋像爲平望邵少尉稼甫嘉穀捐貲樵刻於平
波臺祠祀之近經兵燹燬廢余藏有搨本向未解大
夫橋出處閱之恍然後有重建平波臺復刻古像者
宜并以此題錄於詩後

崇化寺西塔基記

碑在蕭山祇園寺嘉泰會稽志祇園寺在縣西北晉咸
和六年許詢捨山陰永興二宅建寺號崇化治平三年
改賜今額吳延福爲吳越文穆王恭懿夫人之弟居下

元戊午爲周顯德五年忠懿嗣位之十二年

米書龍井方圓庵記原刻殘揃廿四行

此記爲米書中烜赫有名之蹟原刻絕不易觀此拓係秀水老明經蔣乾九翁名元龍號春雨晚年又號褱翁舊物購裝甫畢因記於首

是記原文此吾之所以休息乎此也窺其制則圓蓋而方址覆刻本作此吾佛亦如之使吾黨視髮云云原文至於吾佛亦如之覆本作至於口諸法同體云云原本而規矩一切則諸法同體覆本作而規矩一切則之所以休息乎此也云云

右米書原刻二十四行審其紙墨益非宋拓則原石之佚應亦未遠萬厤丁酉仁和縣令胡□既欲重摹何難覓一整幅上石且亦何難於翦割之本捘紀載舊文一加檢校胡乃草率若是此殘拓係乾隆辛卯科副榜貢生秀水蔣春雨元龍藏題之物余頭攜至武林思一訪原刻仝拓乃遍詢友人率無講究於此見道古之難而古拓之尤可珍也

數年前有人攜董華亭臨是記絹本横卷來天竺辯才法師起其眞沙門歟止是原石原文惟滔字下少然喬木三字以制禮樂上無聖人二字當是拓本蝕缺然亦

可見明末時原刻尚易訪購董自跋云此米襄陽所書　徐氏校刊
能丼山方圓庵記子於眼
日偶臨一過愧
未能亂負也

鳳皇山宋濬熙磨厓刻

海鹽徵濬孫灣鳳皇山磨厓刻文三行行五字曰南國
子華營父墳於山南濬熙六年春載伊耐園太守湯安
所修嘉興府志卷七十八金石部

明項墨林墓誌銘　董文敏撰書

項山人之精與董尚書之宏達皆前明三百年中不能
有二之人以董之筆傳項之神善矣而千百名字蹟刊
膚撐骨蘇老松蒼非人世閒所有景象右軍爲書暮年

見妙墨書千百件中允所未見一二遇若鑒古如吾
良友並其物珍而度之固宜然此是示那寶其展謂再三
不能不一作歎羨想 甲午冬
是定宜何書舊老之筆歸真返樸幾若出不善作字人手
若不具真眼必將唾而不顧其於它日當專刻一卷
極是極是 丁酉八月

光緒十有八季太歲在壬辰孟秋月石埭徐士愷校栞

清儀閣金石題識卷二終

清儀閣金石題識卷三

嘉興陳其榮桂廎編輯
石埭徐士愷子静校刊

顧氏縮本石鼓文

元至元五年己卯潘惬山司業廸石鼓文音訓謂舊墨本有某某字四明范氏天一閣藏松雪齋本於潘所謂舊有者具有且有增多處吾師阮儀徵公嘉慶二年丁巳重摹於石所由定爲北宋本也此明上海顧汝和縮臨於研之拓視潘所謂舊有者亦率有則其所據本與范本雖未知孰先孰後應亦無甚差異迺或范有研無

或范無研有范係剖裂時有錯亂此所據者爲割篋整惜顧未識之也嘗儀徵屬吾家孝廉君文熊兄燕昌用油素書丹時特據此以貪拼比文兒藏拓不全有數鼓未經勘合故字數容有不符夫殘字奇零不齊文義既不可通謂某字必在某處上下必空幾字以爲一定之本斷無是理後之人亦但可隨見存之字學之耳此研有內府之寶印文或顧得舊研而加刻亦未可知乾隆時有人持至京師曾到翁閣學覃溪先生石峯草堂中此本爲故友笠泉秋部樹培手搨所遺安邑宋芝山葆淳云此研後入

天府傳本絕少今案所縮之文與新舊各本有多有寡
有得有失有顯然可知者有俱不可知者略疏於左
弟一鼓　弟四行兩員字新舊本皆作鼎此作鼎非鹿
下阮有[illegible]此無弟六行[illegible]下不相連新舊本皆然此作
[illegible]葢沿潘作卣而誤[illegible]有重文此無弟十一行讀余齋
所有精拓尚顯即新本亦尚可審此與阮皆作讀誤
弟二鼓　弟一行弟三字阮作沕此作沕
弟三鼓　弟一行弟七字當是馮字阮作[illegible]是此作[illegible]
非吳氏東發石鼓讀沿舊說作丫吾甥徐籀莊明經同
柏云馬氏偏著於右則右不能有丫字位置弟二行首

二字剝蝕或云我衆或云六師此闕是弟三行弟六字阜旁右之下有小蝕翁氏復初齋詩自注云是片字余齋明拓精本尚可見吳云止字此失摹

弟四鼓　弟一行末眞字阮缺下半此全弟二行馬上阮有四字弟五行搏上阮有𠩺字弟七行趍上阮有陽字

弟五鼓　弟四行洎二下阮有𣝓字弟八行或上阮有阤字弟九行首阮有亐字

弟六鼓　弟五行微下字阮於下半摹蝕文此作𢧢弟七行楷上字阮於右旁之首作⊗筆不相屬此作𣝋

弟七鼓　弟一行而下此有師字阮無弟二行阮有乙

尖叉庻此無弟三行左上此有乙字弟八行天下此有

樂字阮皆無弟九行王上嗣字下𦣻字阮有此皆無

弟八鼓　弟三行阮作䔢茻𢦏此作哲茻𢦏

辛鼓之首丁文　乾隆四十六年辛丑翁覃溪先生

官國子司業於辛鼓之首得丁　文適見上海顧從

義縮臨石鼓文刻硯其池左摹辛鼓其首卻有丁

㞒因定爲工字如甲鼓車工＝字之上半作辛鼓

歌谷蘭集　嘉慶十七年壬申摹其文作辛鼓殘字摹石

詩石畫軒草　石刻想在是時此拓亦錢恬齋方伯所集特

非乾隆庚戌空泉秋部贈錢□石拓本雖綴時之品

蘇齋父子摹刻古石如項伯脩題名每每不止一刻

此或在壬申前空泉已刻於前亦未可知奈空泉恬

齋雨石友俱作古人

無從賞析爲之悒悒

第九鼓 第一行第三字既字明拓甚顯第四字灖字

新本尚未蝕盡此闕應是當時失拓第五行第五字上

半𠕋雖新本亦尚可見第六行𤰈 䜌字新本亦有殘

蝕處此全無第七行馬既下𢀳𢻎二字此甚新阮本

已殘第九行𢻎=阮本亦蝕其半第十行邀邀下𢀳字

字阮本作𢻎字甚明第十五行余下阮本有𠂤字此無

第十鼓 第一行第四字此作𨙗阮本作𠄔第六字阮

本尙存乍字作乍此無敚字阮本作敓甚明第二行阮
本以下勿字甚明此無第三行而下阮本作之此作之
第五行第二字阮本作曾甚明此無倉上嘗受奠三
字阮本無祇空二格第六行第一字阮本作寔甚明此
無第七行銜奠二字原本連此中間離一格第九行
是阮本作是上下字阮本無
明顧汝和從義以宋拓石鼓整本縮摹刻硯字一百行
硯背一寸微蹇蠅頭細字勒名姓此拓爲石峯草堂故
友翁盌泉秋部所貽受之及門影摹於寫經室其齋名
也

書詛楚文繹跋二帖後

董氏逌廣川書跋詛楚三石初得大沈湫文於郝又得巫咸文於渭又得亞駝文於洛其詞悉同惟所以質於神者則隨其號以異王順伯云三石皆出於近世初得告巫咸文於鳳翔東坡鳳翔八觀詩嘗紀其事舊在府廨徽皇取歸御府又得告大沈久湫文於渭時蔡挺帥平涼擕之以歸在南京蔡氏最後得告亞駝文於洛在洛陽劉忱家　文云倍十八世之詛盟歐陽集古錄謂秦自繆公十八世爲惠文王也董廣川謂楚自成王十八世爲莊襄其頃襄時楚猶甚詛楚爲頃襄也王氏澍

虛舟題跋原謂秦惠文君當楚威王懷王之時威王之立先惠文二年凡十一年而卒終威王之世未嘗有事於秦及懷王立張儀相秦興兵搆怨於楚則此詛正爲懷王若以爲楚自咸王歷十八世爲頃襄然此爲秦詛楚之文自當以秦爲正

文云楚王熊相歐陽云懷王熊槐槐相二字相近蓋轉寫之誤當從詛文石刻以相爲正王云世家作槐而志表又作魏既可以槐爲魏又何不可以相爲槐

邵䜴偏走犨望其時或不止三祀然即此三石既非一神一地何得犨二爲一即如姬周鐘鼎古金類一人作

數器其文悉同惟其器之名則不同今若重摹其文而牽合二器於一文豈有是理此牽合不知始於何時且巫咸是神名朝那是地名繹云秦巫咸朝那詛楚文書汝云巫咸朝那詛楚文更不文

翁覃溪先生書此繹本後云其誤始於北宋人又書秦伯匜本云王宋固已合之而又一行仍云蓋始於北宋人則仍未敢定爲自汝始也鄭氏樵金石略曰祀巫咸大湫文李斯篆鳳翔府又渭州州學本與鳳翔小異則以牽合本著錄者要自鄭始然鄭云李斯篆則非

王氏竹雲題跋卷一引董云歲久刓獘據舊本補完之

余借得錫山秦氏所藏文待詔本與絳汝二帖所刻校勘毫髮不異案王此說似文藏者或即董補完所遺之本然爲何神之本爲章合與否王何以混而不書且絳之與汝其文多少百餘字安得云與絳汝俱不異乎翁云王未見絳帖目錄止抉其所見爲非眞絳而此意尚未拈出

嘉慶改元丙辰之冬吳江陸直之繩攜詛文過余桐鄉馮孟亭侍御書其後洵是舊拓其文今不能記憶陸重摹於石貯東沽朗夫大中丞丙舍今檢馮集未明言陸本爲祀何神之文惟引鄭漁仲一條則似亦是合巫咸

沈湫之本而云必精好之石名手鐫摹故得一無損缺云云異時當拓致之以爲佐證

姬周文字石鼓文皋鐘鼎銘文書法皆渾厚古樸其作兩頭纖纖者率後人傳摹失眞雖薛氏款識法帖亦不能免要非原刻如是也此繹汝兩刻體乖筆弱未臻妙境祇以原刻絕無自當珍惜趙凡夫云詛楚文三篇全文郎莫可得得其合作一篇足爲法式今余附此於籀史相斯之後寒山金石林庶有同心歟

詛楚文汝帖宋拓本釋文

有秦嗣王用吉玉宣璧使其宗祝磬鼓布告于不顯大

神巫咸及大沈久湫昔我先君穆公及楚成王繆力同
心兩邦以壹曰葉萬子孫無相爲不利親卬大神而質
焉今楚王熊相康回無道淫佚競從刑刺不辜外之則
冒改久心不畏皇天上帝及巫咸大沈久湫之光列威
神而兼倍十八世之詛盟率諸口之兵以臨加我欲剗
伐我社稷伐威我百牧求蔑祀祠之圭玉犧牲取吾邊
城新郢鄔長吾不敢曰可今又悉興其衆張矜意怒飾
甲底兵奮士盛師以偪邊竟將欲復其賜迹惟是秦邦
之羸衆敝賦輪輸棧輿禮使介老將之以自救幾靈德
賜劑楚師

右刻二百十三字視絳本少一百三十五字汝州刻每帖各省其文黃雲林固已譏之此文未數句刪節太多殊無理至卒諸之下脫侯字尤非然卻係原刻眞宋拓故可重宋拓類用重墨余見王復齋鐘鼎款識張仲簠文又余齋有天璽紀功碑顏書東方先生畫贊用墨皆極重汝帖則尤甚

詛楚文舊拓大興翁氏家爲僞絳本之釋文　三百四十八字

王氏十朋蘇詩注引趙次公字彥材釋亞駝文也董氏逌廣川書跋所釋大沈久湫文也　國朝王氏澍詛

楚文集攷則依董本及董之小注而加詳焉今列辜
合之本之文而以三家之釋較之別其是非同異其
鐘鼎文之習見者不具言

有秦嗣王敢用吉玉宣璧使其宗祝邵鬻布愍告于不
顯大神巫咸及大沈久讀作湫延濟案巫咸大沈久湫故湫尚學合原石文字至及
字則脫空添入以厎楚王熊相之多辠昔趙作昔者誤我先君穆公及
楚成王是戮力同心兩邦吕諸本皆作若壹絆以婚姻袗以
齊盟曰葉萬子孫無相爲不利親卬不顯大神董無此四字王
同巫咸大沈久湫而質焉今楚王熊相康董讀作庸趙作庸回
無道淫佚甚亂宣侈競從變輸渝盟制董作剌王同趙作制是內

之則虣虐不辜趙作辜誤刑戮孕敵幽刺親戚拘圉其叔父
寘諸冥室櫝棺之中外之則冒改久卽故心不畏皇天上
帝及不顯大神董無此四字王同巫咸大沈久湫之光列威神
而兼倍十八世之詛盟率諸侯之兵以臨加我欲剗伐
我社稷伐烕我百姓求蔑灋皇天上帝及不顯大神董闕
此四字王闕大神二字巫咸大沈久湫之卹祠趙作卹祠王無祠字之目趙董
俱無此二字王無之字廷濟案此句之以二字有誤圭玉犧牲述趙闕董一作逑是王作逑取
吾邊城新郢及鄔長敍趙作新郢及鄔爲長郢及鄔王云懷王十六年秦使張儀以商
於地說楚使與齊絕懷王信之及既與齊絕使將西受地秦倍約不與廷濟案長敍二字有誤吾不敢
曰可今又悉興其衆張矜意董音府巫咸本作意籀文臆字趙作怠非怒飾

甲厎兵奮士盛師目偪倍邊竟將欲復其睨（王云都穆作凶當是）

（懷王十七年憤張儀詐已乃悉國兵復襲秦戰于藍田大敗）迹唯是秦邦之羸眾敝

賦輻輸棧輿禮使介老將之以自救也（董巫咸本作殹古也字王云使將皆去聲殹見石鼓及秦權鞹輸棧輿言非戎器之備也介老謂一人之老言非將帥之材也秦自謂不得已特遣一介之老將帥羸眾敝器自救而已言不敢飾甲厎兵以先伐楚也曰禮使者明楚之興師不以禮也秦紀惠王十三年庶長章擊楚丹陽虜其將屈匄又取楚漢中地六百里廷濟案以上廿四字趙闕）亦應

受皇天上帝及不顯大神（董無此四字王同）巫咸大沈久湫之

幾靈德賜克劑（趙作剗）楚師且復略我邊城（王云懷王既敗藍田秦使使約與從親分漢中之半以和楚）敢數楚王熊相之倍盟犯詛箸諸石

章以盟大神之威神

附録

馮晏海雲鵬云詛楚文詞氣横縱佀國策篆灋渻古佀鐘鼎有議爲僞者非也集古録王順伯云詛楚文凡三曰久湫曰巫咸曰亞駝其詞則一惟告於神者隨號而異史記世家年表秦自穆公十八世惠文王與楚懷王同時爭霸此詛爲懷王也懷王十一年六國攻秦楚爲從長此文曰熊相率諸矦之兵以臨加我是也後五年張儀以商於之地欺楚絶齊楚發兵攻文曰偪我邊境是也是歲秦遣庶長章拒楚文曰使介老將之以自救是也此文之作當在惠王後元

十三年

賈刻宣示表

鍾太傅宣示表自王脩盇棺後眞蹟已亾淳化所刻葢即王右軍臨本其眞蹟傳爲宣和祕府南宋時入賈師憲第賈於表前細標王臨一行勝王侍書識多矣賈原刻之石桐鄉汪柯亭家寶藏數世汪後歸金雲莊比部滚自祕惜不輕拓以贈人仁和老友趙晉齋魏以宋人畫卷從金易得者又二十年嘉慶廿三年戊寅正月趙又歸於余穎川古隸典型至今未泯洵石墨中之鴻珍瓌寶而鉤勒之精亦斷非出王用和廖瑩中手不辨也

山彥先生夙精鑒古索及墨本并屬書傳流之緒因漫爲述之以正

又

南宋賈師憲柄國私第書畫往往過於內府如王大令洛神賦思陵僅得九行賈又增多四行者是也此右軍臨鍾太傅宣示表書蹟樸古鉤勒精善的以眞蹟上石又出廖瑩中王用和諸名手故特過行世衆刻諸本不可計議桐鄉汪柯亭文柏古香樓藏古直繼天籟實此刻數世既歸金雲莊比部德輿又歸仁和趙晉齋明經魏皆祕不輕拓故墨本流傳絕少嘉慶丁丑余購得金

氏家藏宋紙本閱數月遂從趙購得是石皆吾友琴甫
畢兄先生所目擊者石墨感召洵有奇緣天下事有分
定類如是也余所藏墨本琴甫既爲手跋兹承教書示
因漫述流傳之緒至表之細加攷核則大雅在前余何
容贅一詞哉道光二年壬午七月九日

又

宣示表始刻於淳化今東木初刻已不可得見然鍾蹟
爲王丞相導渡江時藏衣帶中以遺右軍右軍臨後旋
歸王脩脩死其母以其所愛諸名蹟納諸棺中鍾蹟遂
亾則淳化之刻當亦屬之右軍而王侍書猶刻之元常

譌矣此刻係賈師憲以右軍眞蹟上石又以其門下客廖瑩中善摹王用和善勒故書蹟之妙直登無上神品覗世之通行氣刻諸本不啻仙凡之別矣石由汪歸金歸趙皆祕不輕拓以故傳本絕少余獲自晉齋老友眞不異崑岡良璧昔朱春橋爲雲莊跋宋紙本云愼勿使俗工日夜椎拓有損妙蹟云云今此石庋清儀閣中兒曹其亦當知此意也

又 跋原石

魏蹟久絕此是右軍臨本徽廟細書標題可案也明時葛嶺出土甚祕金壽門述此石尚在寺中其後桐鄉汪

氏得之與寺僧湖田半頃癸卯十二月十六日

附錄

右魏鍾太傅繇宣示帖舊爲宣和內府本賈相似道刻于家清瘦如玉姿趣橫生絕無平生古肥之誚梁武評其書有十二意此蓋得之矣賈相頗㠯自矜用姓氏印記悅生壺盧印識其後當時好事者無㠯過之吾友桐鄉汪君援鶉㩻求金石文字弗遺餘力儲藏賈相縮本蘭亭刻石靳惜予人未敢輕㠯登登之聲試之也若使吾友獲見此物定當出明珠一簞黃金十餅笑相易耳古杭金農漫述　吳郡李士芳刻

道光壬午三月九日海鹽吳友厚生攜一賈氏家廟碑殘本見視是碑拓本傳世頗少據王圻稗史彙編爲王㦡所作廖瑩中所刻今殘本已不見撰書鐫字人名其結體用筆全與此表絲毫不異并字之大小亦悉同可見宣示眞蹟之在半閒一時門下士趨承向風靡不競仿傚以取媚乃公影摹鐫鑿定非出廖王名手不辦也惜循州簿錄後小朝廷兵燹倉皇山陰劇蹟遂付劫灰天上人閒僅存此韓陵一片石耳

又　李金瀾藏本

王右軍臨鍾太傅宣示表墨蹟南宋末在賈師憲家賈

取以入石出廖瑩中玉用和手故句勒精善在淯化大
觀兩刻上石舊在西湖僧寺桐鄉汪柯亭司城以重價
購歸數傳後歸金雲莊比部德輿皆寶惜不輕傳拓仁
和老友趙晉齋魏蓄北宋人畫卷金嗜之劇遂作珪邽
之易嘉慶丁丑九月余先得金氏宋紙拓藏本有朱春
橋趙味辛兩跋戊寅正月此石竟歸於余梅里李金瀾
明經語余昔隨大父敬堂公客桐華館曾親見之今忽
忽四十餘年也金瀾索余手拓一紙又以徐貞木女子
子玉卿臨本附裝於後豈潁川古隸必更借衞夫人簪
華妙格後先印證邪

宣示表　寶晉齋刻本

右王右軍臨鍾太傅宣示表宋曹之格寶晉齋刻本案此表晉王丞相導置衣帶過江遺右軍右軍借與王敬仁脩脩死其母以其所愛納之棺中鍾蹟遂亾湻化官帖蓋即右軍扇書之蹟此標題屬之右軍是也昔與文若昔誤作者山左孔谷園玉虹樓鑒眞帖摹此本亦承其譌然姜白石絳帖評云昔訛爲者知潘駙馬帖亦猶是也吾家藏有賈師憲家原刻之石視此自勝故余甚不輕付氊蠟然此本視諸俗刻亦已大相逕庭矣四十年前吳克庵舅所遺匠者裝背蓋在嘉慶廿年乙亥

之秋云

樂毅論　梁摹本

樂毅論是右軍書付官奴之帖楷則端謹爲大王正書第一梁世摹出天下珍之自蕭阮之流莫不臨學見張彥遠法書要録其有朱异徐僧權署名永和四年十二月廿四紀時世民字不闕點畫者梁摹本是也此本豐腴渾厚眞氣盎溢蓋山陰師法頴川故雖字勢遒媚猶見宣示賀捷諸表古隸典刑是定從眞蹟摹取上石而楮墨精古尤是宋時越竹紙致佳打本海昌陳珠泉明府玉垣少時從故家購得宦橐攜隨越五十載嘉慶丁

丑歸瀓潚故里掇贈於余向時翦割重背戊寅之夏匠者金世珍裝還舊觀每一發函古香可愛昔金壇王宇泰氏得粱摹善本手鉤刻入鬱岡齋墨妙謂爲字中有筆畢中有眼令余未老而衰不克雙鉤摹取而奏刀勒石又無管駟卿其人是則不逮夫前哲已

越十有一年海鹽錢兒寄坤以發得越州石氏宋刻宋拓樂毅論歸於余亦粱摹本亦割裂褎還舊觀者拓墨極枯燥而字蹟極豐腴政與此本可稱雙璧十六年丙申作

又寶晉齋刻本

唐中宗神龍時樂毅論歸太平公主先天中公主伏誅

論爲咸陽老嫗竊去縣令追迫投諸爨火眞蹟遂亡張
彥遠法書要錄云梁世摹出天下珍之自蕭阮之流莫
不臨學今所傳梁摹本論後有朱异徐僧權款及右軍
自書永和四年十二月廿四書付官奴是也其唐摹本
褚中令云貞觀十二年四月九日勅內出樂毅論是王
右軍眞蹟令將仕郎直宏文館馮承素摹寫賜長孫無
忌房元齡高士廉侯君集魏徵楊師道六人於是在外
乃有六本今刻入王損庵鬱岡齋無异僧權款者是也
貞觀六年褚遂良奉勅審定及排類見馮伯衡快雪堂
刻王虛舟吏部引徐浩古蹟記以爲排署乃十三年非

六年遂定爲後人僞託云云此有梁摹款與文氏停雲館本同視吳氏餘清齋本少書付官奴四字而後有褚排類一記則是六年排類梁摹之本十三年排署右軍眞蹟未始不可特唐人載記至今容有缺佚耳元章後跋謂摹六本賜魏徵等與襪陶褚記正相印合非有所抵牾也此是曹氏寶晉齋刻第一帖自必碻據古本當在王馮文吳諸刻上乾隆四十七年壬寅余年十五海昌陳友元兼攜其尊人衡玉先生璿所遺石刻一箱來余齋先兄德容以錢千得此及黃庭經益去今四十一年而余見此帖亦十有四年忽東書此不能無感於懷

云

東方朔像贊 戲魚堂刻本

是冊古刻古拓珍重固不待言題記者程孟陽嘉燧汪南沙繹朱竹垞彝尊楊晚研中訥姜西溟宸英查查浦嗣瑮汪退谷士鋐陳乾齋元龍查聲山昇徐畏壘昂發高江村士奇張炎貞園眞陳香泉奕禧湯西厓右曾范□□允鈉楊大瓢賓梁藥亭佩蘭徐□□樹本林吉人信杜貽穀庭珠梁山舟同書吳穀人錫祺謝若農荼銘趙次閑之琛又失姓及名之上一字者名公鉅卿通材特識悉加鑒評推重而帖前畫象帖版畫梅出方蘭士

翁蕈筆尤爲古拓中絶無僅有之蹟余以四十金得之大是快事

此當是戲魚堂重摹閣帖全部之外又專刻此種昔人未及紀載耳嘉慶壬申五月廿八日從兄逢原灝爲槜李之鸞平湖錢夢廬天樹攜此泉宋拓館本十七帖諸同人共觀於淨相寺純音堂丁丑十二月十四日迺以銀四十餅與錢易二帖案此帖胡九淵歸查查浦嗣瑮查歸馬寒中思贊馬歸涉園張氏此海鹽錢柞溪本誠爲余言者金雲莊德輿從張購後帖版上因有方蘭如薰畫梅之刻金歸陳默齋廣甯其值四十金陳官福建

時其婦之姪取售於王檢叔禮治其值二十金王贈沈竹亭翼時因有梁侍講吳祭酒兩題記沈歸陶書賈陶歸錢此檢叔爲余言者胡九淵名鳳洙石門名宿工書畫崇禎時人此蔡硯香載樾爲余言者余昝從查浦之曾孫購晉唐小字帖三種竝宋拓極佳本係查從武進惲繼明日初購得者中亦有畫贊帖較此更精然此有名公書跋數十家故是隨珠卞璧戊子年作

又宋拓本

東方先生畫像贊眞宋拓至佳之本平生所見從無過於是者毘陵惲繼明日初歸海昌查查浦嗣瑮查浦之

曾孫歸於余昔歲丁丑從平湖錢夢廬天樹買得石門
胡九淵鳳洙藏本帖首有戲魚法帖之三六正書亦的是宋拓後有程
孟陽朱竹垞姜西溟二十餘人題記推重極至然搨本
尙遜此耳

曹娥碑 查查浦舊藏宋拓本

曹娥碑纖勁清麗趙子昂虞伯生皆推爲正書第一此
宋重墨拓瘦勁異常眞能寫得孝女訴神告哀一種眞
性情出古刻古拓之所以足重也帖爲海昌查查浦太
史嗣瑮舊物太史之子名開字宣門號香雨官武陟縣
令鑒古極精博此帖有查浦所藏及香雨印嘉慶丁丑

武陟君之孫棗庵茂才售出轉歸於余先是硤石蔣友夢華曾見此及畫贊十三行共三帖爲一冊議價未合聞歸於余頗深惋惜

此冊裝已九載今檢越州石氏刻晉唐小楷書帖六種内亦有是碑互相㪍對神妙雙絶竊幸墨緣不淺道光十六年丙申八月廿七日

金石萃編卷一百四十曹娥碑載楊賓鐵函齋書跋曹娥碑右軍北海皆嘗一書予見查查漪陸其清家有宋搨本查痠陸肥不知其果出王李手否也而世共寶之幾與隋珠和璧等此本近查而搨不甚舊或曰眞賞齋

物也故附於眞賞黄庭之末云廷濟案楊大瓢此文是跋其自藏之本然查浦所藏是本足徵當時烜赫珍祕無兹 戊戌作

又 吳門汪氏藏石

汪心農藏有黄庭一石乃七字爲文之正本與瘦字本有虞陶兩跋者無可軒輊洵爲宋時佳刻曹娥碑亦其所藏然是近人無識者所作前後數印及王景脩仇伯玉兩觀款俱從蘭亭神龍本割取銜僞不知是碑絹本墨蹟尚存

天府碑後唐人數款三希堂寶刻歷歷可據而乃欲

造作以欺世邪恐寶黄庭者誤以此當重壁連璐故箸之道光元年十月廿一日

神龍本蘭亭敘　畢琴川藏本

蘭亭敘神龍本褚中令臨摹本也此有貞觀及神龍等璽而定武何以闕如翁覃溪學士疑之然出於褚摹則無疑也項氏天籟閣范氏天一閣皆有摹勒項刻今不易得見范刻亦甚剝落此刻精善與項范埒石雖少損而鋒勢猶存是可寶也

又　蔡硯香藏本

神龍蘭亭爲褚摹信矣然何以與穎井本肥瘦懸異乃

爾古哲臨摹或不止一本肥瘠各有態不得是此而非彼也神龍中太平公主借出搨摹遂亾則是未嘗復還內府又何以有開元小印然則本之爲褚臨確然可信其宋時復刻所謂理宗從復古殿取神龍蘭亭爲弟一匳以報楊氏進奉禮物耶吾家有舊刻二石一爲天厤本一爲張金界奴本字畫與此拓無少異可見宋氏覆刻不一不獨定武本在南渡後家刻一石也

張金界奴本蘭亭敘

蘭亭敘張金界奴進本褚中令臨摹本也新安吳氏餘清齋眞定梁氏秋碧堂皆嘗摹勒此刻在明以前故宋

金華以後諸跋不及登載耳內崇字右一點倘存是勝於吳刻者此石梟神龍本石余購於海鹽陳氏爲吾齋古刻石七種之一是皆清儀閣祕翫之品也

慈谿姜氏兩面蘭亭

蘭亭敘兩面刻古佳刻也姜西溟跋是吾家藏本繆文子跋是從子小華藏本桐蓀居士跋是何澍夙明世藏本顏山瞿兄先生既獲是刻屬張辛受之摹以入石而夙明細意校錄後之攬者應知流傳之有緒甲辰十月四日

附錄

姜西溟跋家藏一石背面刻蘭亭敘帖二種明嘉靖

閒吳門有黃君者工畫人物得此知是唐人橅刻因贗爲南宋人清明上河圖并搨石如舊本贈之一貫公其人以獻分宜相潢匠某索厚直不得發其事貫公以此見忤而黃亦得罪窮死其子名景星字平泉跛而知書亦精繪事攜此石隨其姊黃孺人依余家老焉孺人先太常公側室也此石向藏余第三從祖文學所卽黃出叔祖沒余尋得之石廣二尺長尺二寸厚可一寸餘質光潤如玉近見武塘錢孝廉葑摹帖云得善本於京師前有蕭翼賺辨才圖趙文敏眞蹟余諦視結搆正與此同而橅手拙甚神氣去之遠

矣所謂京師善本者卽前一面所刻是也自後又得高麗文庫收藏一卷爲宣和舊物則文敏畫圖在焉玩其紙墨洵是宋搨與此石背刻又豪釐不爽只高麗卷盛字內鉤微起而此徑帶下放字彼楷此行靜字右爭脚低於左靑而此左右正齊爲不同視石則三字俱用前一面完本塡入紙上補處瀐痕猶隱隱可見然後知此石流傳眞千餘年物也吾子孫當善庋置之勿爲俗工妄搨損其眞氣時戊辰秋八月廿五日宸英識於京邸之停舟書屋

徐問渠棘云姜氏蘭亭一石兩面刻之背刻高一字

本與潘妃本筆跡相似惟姜本放字靜字處石微凹似磨去重刻放字潘楷姜行其添注曾字潘在界闌右姜跨界闌中至於刻法潘瘦姜肥爲不同耳今姜氏石歸余故知之審也桑氏博議載永嘉本出永師懷仁手摹此或是也王虛舟目爲集聖教書語非無根　高麗文庫本即高一字本也楊大瓢云高一字本以高麗澄文庫本爲證而是亟右爭腳低於左青且放字靜字處石微凹故高麗本兩字不甚顯也按姜氏跋語中云而此左右正齊卻反言之矣此字疑有誤今其石已歸於余蓋有明徵非鑿空也

蘭亭讌集序　戲鴻堂刻本

蘭亭讌集序摹刻不可數計獨集時羣賢諸詠刊本頗少邢子愿集帖并收是詩鑒裁可爲精博旭樓先生藏古刻甚贍而此殘本亦裝背成册其亦東邢之意也夫

道光甲申九秋

賈刻玉枕蘭亭

此刻玉本金壇于氏舊物流轉入武林汪魚亭主事家汪以贈座師吾邑錢香樹太傅文端公公病革時屬少司寇東麓太老師寄貽文襄相公秀水沈雲泉丈鈺親見其事曾爲余言之錢與汪之後賢不知也余後得公

手跋贈胡菊圃重本方知是玉果經公藏貽益知沈說之不誣公之曾孫警石學博泰吉來吾齋索受之辛雙鉤公手跋之本又借此冊俾錄入清芬集中頃同客省會持此見歸因記於大東門街金氏晚香草堂

又周郁齋藏本

錢太傅文端公藏有玉枕蘭亭同里周郁齋表叔舊從公之後人乞得一本裝背成冊余曾借觀數旬愛翫不忍釋手去年九月從岱峯金孝廉購得公手書付胡學林本南宋名刻加以巨公寶墨珍重尤不可等議因爲郁翁臨公書蹟并識數語己卯十月六日

附錄

玉枕蘭亭宋南渡後賈秋壑以萬燈炙而成之五六百年來收藏家猶能載其交替姓氏其斷紋用銅釘連綴存於儆笥中四十餘年偶檢付履安撮之令取以奉商足下一爲佈置使右軍面目長在人間亦韻事也學林嫺世兄足下陳鑾頓首時年八十有一

其榮案此爲錢太傅拓貽秀水胡學林之本爲手書跋語學林之子萷圃藏之後歸金岱峯孝廉家

頌井全璧

頌井原拓極難得兩帖具全而黃庭刻尾有張登雲刻跋尤難之難者戊子之秋吳閶友人持古泉古印百餘

種與此售歸於余是三百年前墨本洵是藝林祕冊

書義門先生頴上黄庭跋後

原跋黄庭近代傳摹失真一例平順無復向背往來之勢獨頴上本横畫起處仰勒平收有如大字唐臨宋鐫故自别也余曩見從父端文所藏自三關之閒至絳宫紫華凡三十六行比前後獨加腴澤此當稍後出而筆意尚存亦殊耐尋玩爾康熙己亥冬日義門何焯題

義門己亥冬跋頴上黄庭經計其行數尙是鍾海本鍾海止五十七行較真頴本一行落門字真本亦旁

注四行落固字眞本亦旁注四十行落中字四十二行落天字四十三四十四行共少三句二十一字四十九行落轉字五十三行三訛爲王眞本共五十八行越州石氏本文氏停雲館本俱爾憶康熙丙子客京師過姜葦開先生見其自慈仁市回喜曰得一寶開視一帖曰此眞頗上黃庭問今以配蘭亭者殊不爾曰彼固鎭海本也惟蘭亭無贋刻耳視所得黃庭殊漫漶不分明記其十六行使字礫作八分六字上點起勾下後物色廟市中得一帙較鎭海誠卞璧之視碔石惜數年同直不嘗出示告以故致渠如許博

雖終身不識眞顔上黃庭也

鍾海黃庭不特字形粗糙點畫木强且成行誤脱落字至不可句讀三譌爲王鹵莽極矣當姜師指教時惜不問何時何人假作以眞顔較之又竝非重摹此本又何以不假他帖而摹思古齋石刻五小篆書於前從何攷據得之海内之大必有知其故者眞顔亦非難得余購得於慈仁寺頗勝張師本廣東左五世兄學章唐竟得初搨友人書曰瑚仲經亦物色得之少次於左在余本上第識之者少故得之爲易

右宿遷徐壇長侍講用錫説載圭美堂集卷二十詳矣

然不知此卻正是眞潁上黃庭經也潁井石兩面刻今
殘石尙存一面存黃庭二十二行一面存蘭亭十五行
黃庭所存者二十二行弟二十四行懷玉字起四十五
行伏天門字止其中四十三四十四行今少三句二十
一字今以此全本與殘本對勘字畫剝蝕脫落絲毫不
爽則此便是眞正確據眞拓極難得今碑肆通行者卒
皆重摹如徐侍講所指摘諸處則鎭海刻的是從潁井
翻出謂鎭海本摹刻不精則可謂非從潁井出而以五
十八行者爲潁本則非矣姜何兩本之佳否不可知政
恐侍講以五十八行爲眞潁之說先入於胷一見脫門

字固字五十七行之本便指定爲鎭海本而遂謂鎭海本之亦竝非重摹此本也（徐謂此本者言五十八行本耳鎭海既非摹此自然不同）徐此說既刻於集讀之者必譌以傳譌矣立說之難如此

顏石字多脫落黃蘭二帖皆然當時據本如是正見古人謹恪不妄之意至五十三行之王字卽是玉字越州石氏長洲文氏海昌陳氏（秀餐軒帖）皆作王吳門井底石七字成文本直作玉則亦未可執三字以爲諸本病

吳用卿得唐人綠絹本眞蹟刻石餘清齋過華蓋下清且涼句下亦闕三句二十一字通計凡五十七行案此

潁石與餘清俱係褚蹟知褚公所據本如是
嘉善楓涇謝氏望雲樓刻絹本亦闕二十一字爲五十
七行
蘭亭有歐褚二派余謂黃庭亦然越州石氏長洲文氏
八字裂本皆是歐法吳用卿餘清齋刻與此則河南筆也曾
宏父石刻鋪敘湻熙祕閣續帖十卷第二卷羲獻書內
黃庭經小楷後有臣褚遂良臨五字董思翁云思古齋
刻乃遂良所臨湻熙續帖亦有之吾家有是帖宋拓不
全本是蹟不存安得得之以相印證
并石之出在前明何時不可知何義門謂楊文貞東里

集有穎令某餉思古齋帖二本跋則非明末出可知安世鳳墨林快事謂萬厯間出邢子愿宋牧仲謂嘉靖間出說不一今觀張登雲刻跋黃庭石尾刻云此刻久塵穎上學宮相傳學址舊在城南外關民開掘井得石穎上趐有知者歲月漶漫不可攷則知出井固久明末名始噪耳

穎石舊有覆刻幾可亂眞唯不如原刻之靜穆且重摹總在明末楮墨亦可研辨

過華蓋下清且涼句下無入清泠淵見吾形其成還丹可長生下有華蓋動見精三句二十一字褚臨本率如

是

宣和祕閣帖第九褚臨本後有臣遂良臨款者亦少此

三句

黃庭經晉蹟蚤絕今存唐賢臨本如文刻是歐臨武林

賈家華園所出之石是虞臨黃庭派別大率如是以上三跋

廿三年癸卯作

平湖朱右甫濟師有潁井黃庭末有張登雲跋前三行

下段紙碎缺五字後三行全余爲鉤補其缺而此本之

缺亦鉤以補全今秋八月在杭州何夙明擕一本過余

寓則張跋具足癸卯年作

右思古齋黃庭殘刻虛舟題跋所云今惟存二百有七字即此數字已哭過世上黃庭萬萬之本也起華蓋下清且涼句下缺入清泠淵見吾形其成還丹可長生下有華蓋動見精三句二十一字

此石首標蘭亭敘唐臨絹本七字末汞仲長方印距敘之界畫皆卻相去一行蓋隱存眞古本蘭亭刻前後各空一行爲三十行之遺意 癸卯年作

邢子愿來禽館集卷三蘭亭本嘉靖八年頴上村民耕得此石送縣官不省視送之學官復不省視齋夫移置鄰壁磨房凡來碓者坐其上丁酉清明孔文谷先生涖此

邦亟屬姜尹龕明倫堂黃庭另一石龕左右列案此一石兩面刻邢誤作二石

宋牧仲筠廊偶筆上嘉靖中潁上人發得古井函一石上刻蘭亭黃庭前有思古齋石刻五篆字下有唐臨絹本四楷字案宋說不分明曰前曰下是誤認兩帖刻於石之一面

李子中金石文攷略筠廊偶筆云初搨字完好次搨類字已缺補之者可憎廷濟案驗石本無搨損瘢痕類字直是後人妄補耳宋語本未酌今則石碎久矣不言缺字余所得本缺二十七字案七當是九而無碎石痕迹云云案李誤以字缺爲石碎

右唐臨絹本蘭亭殘蹟八十餘字虛和靈妙之氣踴現行間瀋煙撲搨取影更精勝也

此蘭亭褚筆也與神龍渤海鬱岡快雪知止皆摹蘇太簡家本戲鴻餘清秋碧皆摹張金界奴本同是一家筆意而此刻其最精妙者董思翁云以較各帖所刻皆出其下王虛舟云米稱褚摹本轉折毫鋩與真無異唯此足以當之翁覃溪閣學云據米老所記詳蘇米齋蘭亭考卷五卷六文多不備錄此本出自蘇太簡家則非米所自臨亦非米所上石而其閒殘缺諸處原注在癸丑稽山陰之蘭亭脩長此林脩竹又有清流激之類之因向之痛夫文凡闕二十九字米所未言不知米見於蘇氏已闕歟抑後來上石時闕

與今驗中間類之二字頹石所不闕然二字太劣宋牧仲筠廊偶筆云次搨類字殘缺補之者可憎則之字亦腳雖劣而此二字皆非石原闕也廷濟案驗石本非固搨致殘直是後人妄補耳至此石本固不知勒於何時而清圓輕約無拘謹之傳實良工所開惜不具記歲月又無跋識其顛末耳原注董文敏容臺集云頹上本筆法頗似米當是米臨入石蓋揣度之辭耳案此刻的是神妙況原石碎去二百餘年得不珍為環寶

頹石之碎王文簡居易錄玉版黃庭蘭亭出井中藏於縣庫明末流寇之亂庫石碎於賊王虛舟吏部云崇禎間縣令張俊英者北之鄙人也惡上官索取之煩遂碎

其石張演江繼齡浦山徵君庚之兄云國初一徐吏原上官索搨碎之有卜氏者得蘭亭一片今爲其婿婿所祕藏不獨全者不可得即碎者亦難得矣廷濟案今碎石尚存夏閒嘉善汪友蒙泉果自河南歸貿示余二紙云致之頗不易此二全拓海鹽友人錢兄寄坤所貽寄坤長余一歲爲柞溪翁之次君鑒古能世其學素心脫贈是可感也柞溪翁名本誠字仲寅年至八十六道光元年卒寄坤名以發字合章今年七十於九月五日化去道光十六年丙申

黃庭經寶晉齋本

永禪師虞祕監歐陽率更褚中令吳學士皆有黃庭臨

本行世此經文第九行八字裂損是祕監所臨停雲館亦用是本楊大瓢鐵函齋題跋屬之吳通微學士非也此宋曹之格寶晉齋刻四十年前與樂毅論同購於海昌陳友允兼而此搨則更勝

又虞跋本

此賈秋壑刻石杭州北關門內賈家花園牆中所出土人亦名井底黃庭者因頗井致譌耳

黃庭經 祕閣續帖本

石元祐祕閣眞刻初拓遒媚異常神味無際石熙明刻遜其腴潤僧希白刻遜其靈活三十年前余見明晉府

所藏郎同此石所拓往來於懷不置不意於秀水蔣春雨明經秘笈中得之也帖爲桐鄉汪柯亭司城文柏所研齋舊物蔣館於桐鄉最久故汪氏遺墨類多搜獲然見而珍之亦持有真鑒在癸未十二月十三日

褚臨黄庭經 渻熙祕閣帖本

渻熙祕閣帖褚臨黄庭是至珍之蹟向欲求之艱不可得道光十七年丁酉之秋送慶榮兒鄉試至杭州金桂堂刺史森持至寓易余書爲之喜甚首一行標題渻熙下尚有祕閣二字裝潢庸手割去殊可惡須鉤以補入

褚臨黃庭經　餘清齋本

此褚河南臨寫吳江村得綠絹本真蹟摹勒洵是黃庭
佳刻吾友陳心於志凝昔年示余初搨云還徽州時以
數十泉買於舊肆風神絕世此本庚辰冬莫海鹽賈夫
從子從上海購以見貽者雖板本少蝕神致自在青瑮
瑤臺春林育映視世間行本枯槎斷梗一覽無餘者相
去遠矣案褚臨黃庭昇元裝本載元王秋澗集後人無
從得見晉陵唐荊川本未知存否頫上思古齋石刻今
亦止存二百又七字近所見者嘉善楓涇謝若農中翰
藏有絹本卷子經凡五十七行較此本字稍大行列稍

寬稍高兩淵字缺筆皆同經後亦有霜寒帖三行褚公興會所寄一再臨之無不可也惟楓涇本蔣拙存衡錄董跋并自跋稱山陰陳唯庵世藏陳云聞有趙吳興董華亭二跋爲人竊去憶華亭有此跋檢閱果然因錄云云余案此刻華亭二跋俱載畫禪室隨筆後跋隨筆標作許子敬蘭亭帖乃竊次付刻者之誤拙老人未見餘清墨本據陳君傳聞之詞意陳卷即吳卷失去董跋故據隨筆標題止錄其前一首不知吳刻不從陳卷出也

壬午正月十二日

黃庭經 翁跋

黃庭傳刻越州石氏長洲文氏是歐筆頗上井石吳氏餘清是褚筆竝爲山陰的嗣正宗此刻出兩派之外雖未可主名某蹟然用筆淡秀的是唐賢佳蹟宋人佳翰非特幽闕爲後命門爲前淫欲譏搖俗之謬心太平徵脩太平之失爲較善於各本也石藏吳門徽人汪心農家吳中人云石出井中故呼爲井底黃庭此殆因頗井傅會覃溪先生所見董跋在丁南羽所得宋拓本上則宋石至今藏者扃固不顯或沈井復出皆不可知矣汪甚祕致之不易此冊更得蘇米齋手墨固尤足重

黃庭經 七字成文本

黄庭經以七字成文爲正本如棄捐搖俗作淫欲閒暇無事脩太平作心太平董思翁跋丁南羽本曾及之其實證據尚不止此也此石的係宋刻闕出自井底今在蘇州汪心農家昔年乙丑午日大興翁覃溪閣學曾爲手跋推許甚至此冊爲梅會里李金瀾明經藏本蓋己卯之春偕余購於吳門碑肆者見今黄庭宋刻雖虞跋麥本間有傳拓其石存佚不可知則此洵換鵞帖中魯靈光矣 癸未三月十九日

黄庭經 陶跋本

唐天寶時潼關失守內庫法書盡皆散失初收京徐季

海再充使搜訪圖書收獲二王書一百餘卷訪黃庭經
眞蹟或云張通儒將向幽州莫知去處則眞蹟安得至
宋尚存此有虞祕監陶舍人二跋字蹟古雅黔藏璽印
種種確鑿竝非後人僞作意其爲梁隋官摹本乎然徐
僧權唐懷充姚懷珍滿騫朱异沈熾文江總姚察等署
證人名何無一存者字法極瘦勁當是南宋佳刻惜未
審刻石時地余得此本亦已忘何人所貽矣壬午十月廿一日
黃庭經皆出唐賢臨寫此直虞祕監臨右軍蹟而繫跋
於後猶柳誠懸跋大令洛神賦十三行亦誠懸自書耳
經文弟九行八字裂損或謂之水痕本自宋僧希白潭

帖刻後至今傳本致多然皆無祕監後跋此刻遒勁稜峻洵宋時專刻佳本他彙帖皆從此出耳癸未十二月十三日

黃庭經　停雲館原刻本

右文氏停雲館刻本遒勁俊絜爲有明彙帖中黃庭弟一停雲卷首如黃庭經殘字東方畫象贊曹娥碑心經玉枕尊勝呪正草陰符經度人經消災護命經率據越州石熙明刻石此黃庭全本則據宋僧希白潭帖希白摹勒精善文氏父子精鑒又得章簡父名手重摹宜遠出戲鴻玉煙之上原石文歸常熟錢氏後入畢秋帆尚書靈巖山館近在桐鄉馮鷺庭太史集梧家逐漸脩補

楷帖卒非其舊藏者益日加珍惜矣此本嘉慶丁丑隙
珠泉明府所貽割裂重背紊失行次戊寅之夏匠者金
世珍裝還舊觀自入日起至飲飢闕十三行二百七十
一字它日當手爲補之（壬午十月廿三日癸卯十一月十日以舊本補全）
康熙廿四年五月常熟錢舟壑朝鼎跋云戊戌之歲余
謝浙臬歸從支氏子姓購得帖石而未載與俱來旋匏
繫都門忽忽又廿五年休官無事專稍葺湖莊弃置斯
石其間殘闕者十餘幅命瓚兒廣求初本屬門人顧雪
坡鉤摹勒補（刻帖後）是原刻在國初時已殘特所闕所
補爲何帖錢未質言而楊大瓢鐵函齋書跋云停雲館

黃庭經二　一爲吳學士水痕本一爲徐季海不全本摹刻最精自石歸常熟錢氏張子美翻刻行世原刻黃庭遂如景星據此則初歸錢氏時黃庭石尚未闕而今焉搨黃庭實已重摹原刻之久佚可知矣此本是明時所搨原闕十三行昨夜檢文刻殘佚適有一紙十七行可補喜不自勝晨起對雪書此癸未十二月望日

黃庭經　秀餐軒本

右黃庭經明萬厤四十七年己未冬月海昌陳息園所刻其本與停雲館同而較多腴潤之氣亦佳刻也秀餐全帖小楷居多首列鍾太傅宣示戎路季直力命四表

次郎右軍是經墨本流傳甚少詢之海昌友人或云石燬於火或云轉入吳門同里高友勉齋昔贈余米書西園雅集圖記澉浦畢友琴甫昔贈余蘇書歸去來詞赤壁賦去年春從郡肆中獲此本審其楮墨皆百十年前物則刻石久佚蓋可知矣壬午八月九日

黃庭經入字裂本楷法端謹當出自永禪師所臨在虞祕監褚中令吳學士諸臨本上秀餐軒刻向疑已佚頭書賈張友攜售全部尾刻乾隆四十六年辛丑冬至日丹徒王夢樓文治跋方知是石在揚州唐悔庵太守家石不甚損視此搨則遠遜矣爰再記之見是本之尤足

重云癸未十二月九日

王版十三行　讓木姪藏本

王大令洛神賦廳㡬眞蹟唐時已止存十三行硬黃臨本有標跋者是也宋思陵得眞蹟九行賈秋壑復得四行幷九行共裝之明萬歴間或從葛嶺掊土得此玉版葛嶺傳是半閒堂舊址又證之趙吳興賈氏裝本之跋人以是信爲賈氏刻矣其版先歸泰和令陸夢鶴家復歸觀橋葉氏王氏康熙時有人持至京師求售翁蘿軒嘗年以重價購得後聞進入　祕府人間墨本日少覆刻滋多幾如定武蘭亭無慮家鐫一石矣此是同里葛

漁村舊藏今歸讓木從子的係刻玉眞本字畫神逸古色盎然致足寶也

又 魏水村舊藏本

余年十五海昌塊上陳允兼攜墨刻一箱來余家德容二先兄以千錢買得十三行一紙有陳堅孝藏印是萬曆初出土時澹拓精本後數年二兄又從書賈得一割裝本丙子九月四日安邑老友宋芝山葆湻贈余整本唯於弟六弟七行中已割斷戊寅八月余送邦樞姪至省城鄉試於書肆中買一整本毫無割損然較視陳本則晉字中畫皆斷合字波末皆作黍米𪎭矣此本合波

已園晉畫未斷巷　國初拓如是也特是碑版最忌割裝此刻方幅不大而藏家尚欲裝作小冊致易舊時行次此眞大不解事此冊重以四旁題款不能改還舊觀此不得已事也書之以諗來者

又玉刻眞本　揚州馬氏小玲瓏山館舊物山西安邑故友宋芝山葆湻所貽

洛神十三行玉版刻本字畫神逸非絕妙手從眞蹟摹取斷不能到此所以屬之賈秋壑刻者以蕺厤閒出葛領葛領傳是半閒舊址賈又有廖瑩中王用和二門客善摹刻即如小字蘭亭亦刻爲玉枕之故且宋思陵得厤戕眞蹟九行賈不知何處又得四行其本爲趙松雪

所得松雪自有跋也楊大瓢賓以版有宣和印無悅生長字印及米友仁跋疑或宣和時刻然其爲賈氏物則無疑也康熙四十五年丙戌後翁蘿軒嵩年貢入天府入閒墨本日少一日嘉慶廿年乙亥余於嘉善購得陸冰脩贈魏水村本割裝三紙中一紙爲鄙夫取去丙子八月安邑老友宋芝山葆湻來見之惋惜因發篋撥贈即此本也合波已團晉書已斷是康熙時所搨弟六弟七行中閒割斷十三行後宣和印前亦斷不知何故割短三分許原刻佳拓紙墨不渝重足珍也余自幼至今年五十五歲得原刻真本五此弟四本也戊寅之

夏匠者裒就未加題記適左臂痛靜坐竹田日閱舊帖因并書後以識良友投贈之誼水村本於丁丑獲全亦快事也

玉版十三行真刻整本

楊可師翁康貽跋語端石刻整本兩章

玉版刻整本得於嘉慶廿三年戊寅八月每思得楊翁二跋端石刻整本以儷其後而遽不可得頃十月十八日應盛澤王丈旭樓鑒視金石書畫之約道古累日遽承撥贈歡喜殆無可量因手裝爲冊而題識之道光三年癸未作

宋思陵得子敬書洛神賦麻牋眞蹟九行米友仁作跋賈似道復得四行以九行裝於前仍依紹興以小璽款之四行裝於後以悅生壺盧印及長字印款之其本傳至元爲趙吳興所得後不知所傳矣此賈氏玉版刻十三行楊大瓢賓爲翁蘿軒嵩年跋以版有宣和印而無賈印及米跋疑或宣和時刻然其爲賈氏藏物則無疑也翁得是版於京師在康熙癸未之春得後卽攜之嶺南學使任丙戌秋刻楊跋臮自跋於端石版上傳聞嵩年貢入

祕府不知在於何年唯端刻跋本流傳甚少大抵佚旋

卽已經　進見今傳本多未歸翁時物矣余家藏本五
此是嘉慶戊寅八月送弟之子邦樞至杭州鄉試時所
得得之最後然毫無薾劃缺損較他本獨完善致足珍
也昔海鹽錢楮溪翁本誠語余云眞本合字波末圜而
不尖然出土初拓末向末圜則此說未盡唯安邑宋芝
山翁葆濬云姚字女旁首筆如彎弓而有勁旲門王月
軒云衡字左旁直末回鋒如反趯皆眞本之驗則甚碻
然燕石亘璧神采自殊無事斷斷作偏旁攷也
端石刻十三行跋向惟見同邑陳兄心於劃裒本茲得
於盛澤王氏話雨樓係整章精拓喜可知也楊所引陸

夲二說皆據魏水村坤本小朱十鑒古不精沿譌襲謬
小鐵闢之甚是唯朱說洪清惠公楊跋於魏本亦作清
惠而此云清遠則記憶之誤也賈相付鑴于閬陸亦未
有引據楊以與容臺集所載秋壑家晉時廡綫不同或
係宣和時刻疑之亦善惟葛領出土之說冰翁爲前明
遺老去神廟時未遠說自可信是版之出既在半閒舊
址卽不必定屬之廖摹王刻而其爲多寶樓物則無疑
也版自泰和後經觀橋葉氏王氏說亦本於魏本姜西
溟跋中魏本又有錢納庵名世跋云玉版昔見於裘廷
尉次張充佩處今歸翁憲僉康貽㫖年條康熙五十四

年乙未清和時書則翁之經　進當在乙未春後矣惟
是墨本流傳日少一日而端溪片石亦未審存佚若何
余獲是搨既償夙昔飢渴之耆而卻有水村舊本錄取
諸老之說以鉤稽疏證其墨林中一大快事耶
八月中送兒子邦梁慶榮應鄉試於省中青雲街買得
十三行玉版眞刻與翁蘿軒端石二刻跋原裝本晉字
中橫卻未斷方知此橫之斷在翁氏刻跋之後想將經
進時如定州蘭亭敘覆紙亟拓肥瘦俱珍稍加捶擊
便作黍米默耳向疑中畫未斷爲明時拓者此疑遂釋
十五年
乙未

又覆刻本

萬厤閒葛領所出玉版康熙丙戌後翁蘿軒嵩年經進後重摹者無慮家刻一石此輒刻舊拓係覆本之佳者昔年癸酉得於澉浦附真本後使觀者知所別焉道光二年壬午作

柳跋十三行 惲仲升查查浦舊藏宋拓本

王子敬洛神賦十三行真蹟書晉厤歲上宋思陵得九行賈師憲不知何處復得四行元延祐庚申陳集賢灝獲之以遺趙文敏今所傳玉版本是也其有柳跋者是硬黃紙本唐賢所臨玩跋語直柳公筆耳世傳武進唐

氏古本孫文介公元晏齋所祖以覆刻者梁溪華氏劒光閣本九字闕者又涿州馮伯衡本搨法枯燥董文敏有六䟦刻入快雪時節刻董弟一䟦者此三本今未知存否嘉慶壬戌余客京師安邑老友宋芝山得明晉府所藏宋拓晉唐楷冊中有是帖劉文清相國細書其側時余橐中金盡不克致之此本爲毘陵惲仲升日初不遠齋藏本惲歸海昌查查浦太史嗣瑮太史子宣門明府開球圖守之丁丑十月明府之孫棗庵茂才歸禾郡友徐君蓉塘徐歸於余向病劄裝致紊行次戊寅之夏匠者金世珍裝還舊觀字有損失不敢以他本羼補計

全字二百廿六半字十八闕字六風骨凝厚精采動人洵是宋拓佳帖中無上神品雖無前賢題記劒氣珠光有目共覩政恐唐華馮宋四本外天壤閒不多屈指也

道光二年壬午十月一日

又　平湖錢氏收藏本

唐人臨摹晉帖悉皆自運筆意無規規形似之見此十三行卽栁跋本也世以賈相玉版晚出因此目爲十三行正本愚謂玉刻沖和不見運法之迹自從大令眞蹟摹勒此則謹嚴肅括法勝於意全是唐人結構味誠懸題記雖不明言臨摹已露端倪正如曲水一敘定武傳

右軍之眞實則出自率更參破晉唐人書蹟門徑自可意會不當作隨聲附和之論也武進唐氏藏有宋本經董華亭鑒題遂爲烜赫有名之帖十九年前余見明晉藩藏本於京師三年前得惲日初藏本於沓沓浦後人皆宋拓致佳當與唐本在伯仲閒特華亭不復作無從共論筆法耳此本爲海昌楊氏舊物今歸平湖錢氏味夢軒來索余題庋閣累月漫書此而歸之嘉慶己卯春正月二十七

柳跋十三行元晏齋本

武進唐荆川先生世傳宋拓唐臨柳跋十三行是大江以南烜赫有名之帖唐氏甥孫文介愼行摹入元晏齋

形神畢肖爲覆刻本弟一刻甫成董思翁以宋牋手搨數本裁去首款自爲題記以售於人王虛舟吏部至謂快雪堂刻亦本於此雖吏部後見馮氏原本方知前聞之失然孫刻之惟妙惟肖正可見矣刻石康熙時已渺拓本不可輕致乾隆丙午趙味辛刺史懷玉從祖本鉤摹再刻則已遜此刻之精矣余舊有趙刻嘉慶丁丑得惲仲升日初所藏宋本因思此本尤劇己卯閏四月十日同邑友何希堂詵有事毘陵購訪累月獲此見貽雖楮墨不精然唐氏祖刻風規宛然在目可寶也管駟卿爲勒石名手此刻經年迺就吳門王友月軒云傳聞管

刻至柳跋二行罄心研索必欲追取賦與跋用筆所以
異處喉閒致閒血腥良工心苦諒哉

十三行都二百五十字之辰彭字原有闕筆歡託信脩
懼乍陰岀媧相傳刻成時文介手自搥損虛舟吏部得
無錫華氏劒光閣舊本此九字皆闕方知文介之搥蓋
據華本說見虛舟題跋卷一趙刻託字淵字玡字因重
裝爲俗工所損故存勁筆此刻淵字尚全重裝致損固
當在此刻後也

此本楮厚墨溼濡脫不善昔藏松門有一本墨如蟬翼
極可臨玩惜首行裁去此皆射利之徒諱言覆刻所致

王月軒有一本搨亦佳且有唐若營字肩手跋去年春貽余周伯題父鬲時曾以見視惜未并得之也

趙刻存孫文介手跋玩其筆法此首款是文介所書道光二年壬午十月二日

戲鴻堂十三行原刻木本

董文敏戲鴻堂所刻洛神十三行凡四此唐搨本列弟二無跋語此郴誠縣以下四跋在弟四本後鴻堂帖初爲木刻文敏提學入楚版燬於火乃重摹刻石此尚是原刻木本也壬午八月八日

古八署錄法帖最重行次如褚登善錄右軍書目樂毅

論四十四行黄庭經六十行是也大令洛神賦遺頭尾外都一十三行戲鴻所刻弟一亾宋南廊庫經手郭瀍戸本弟四有蔡忠惠跋本皆十四行又五字則十三行之謂何又柳誠懸跋二行弟一弟四本並載而弟一本不載瑑及周越諸跋又弟二行弟十二字元晏齋本惲日初所藏宋拓本玉版本俱闕筆作辰而董刻弟一二本作悵弟三本作振弟四本作辰橅勘草率宜昔賢訾爲惡刻也十月廿五日

柳跋十三行　趙味辛刻本

此與元晏齋刻同爲唐氏祖本之肖子所以差遜孫刻

者管駟卿固一時名手此刻鐫成亦未必至經年之久
耳然風神駘蕩氣骨雄駿固已無美不臻所采三跋俱
精㓮可愛猶惜退谷壇長飽盧三君子妙蹟未盡登樂
石也王虛舟吏部謂董思翁手拓元晏數本自爲題記
以售於人快雪堂刻亦本於此然吏部後見馮氏原本
搨法枯燥竝非孫本因謂事不經見僅據流傳誤人不
少又吏部曾借摹唐本精刻端石上三月乃成形神具
足自謂出元晏本上而此跋云擬借重摹則端石之刻
當在康熙乙未夏五以後惜未由購取一證異同
趙刺史此刻頗自珍惜故傳本絕少嘉慶丁丑余得一

宋牋本是桐鄉金雲莊比部德輿手拓惜孫文介以下諸跋俱未墨及豈比部亦將效香光拓元晏齋故事邪刺史爲比部姊壻故於金氏所藏宋刻宜示表亦詳爲之記也道光二年壬午八月三日

彙刻法帖小楷爲重故味翁極珍此刻余頃於郡中鑑古齋書肆以錢二百四十又購一裝本梁㮣兩兒異日可各寶一冊矣癸未十二月十日

智永千字文　盛澤王旭樓藏本

永禪師千字文當時行世甚多皆已不存存者惟大觀一刻耳秀水文後山曾得一庫裝宋本有董文敏題籤

已爲吳郡友購去此係宋時薄楮所搨蓋眞南宋時物可珍也 道光癸未

許長史舊館壇碑標題陶書二十四字 重橅本

貞白先生遺蹟之存於世者除句容天監井闌焦山鶴銘未可徵信外無如吳江潘氏所藏今歸顧蘭畦舊館壇碑之一拓而碑又惟首一行是隱居手自書則此二十四字眞絕無僅有之寶矣翁叔均世好旣研攷成書又精摹眞本一行爲二田計兄刻諸硯側爰爲之銘曰長史碑造陶隱居二十四字驪頷珠翁子摹供計然書鳳毛麟角寶不如 道光十八年戊戌十二月七日

附録

按碑首二十四字上清眞人許長史舊館壇碑弟子華陽隱居丹陽陶弘景謹造開溪許二田光炘曾屬平望翁叔鈞大年橅於端石硯側叔鈞署曰梁陶貞白書留於宇宙惟此二十四字道光十六年吴江翁大年記

光緒十有八季太歲在壬辰孟秋月石埭徐士愷校栞

清儀閣金石題識卷三終

清儀閣金石題識卷四

嘉興陳其榮桂廎編輯
石埭徐士愷子靜校刊

重摹澄清堂帖舊拓本

南唐澄清堂帖見今世上尚有傳拓與否不可知即論
邢太僕覆刻之拓三吳中亦絶少昔歲庚子秋仲南海
吳同年荷屋中丞榮光語余云家有一本然未攜在行
篋
邢太僕既得原拓此石自是其家所刻然董思翁書新
安吳周生楨復刻澄清帖五卷後云澄清帖世無見者

臨邑邢少卿有一卷吳曾爲翻搨則此刻是邢是吳抑不可知

余藏吳周生刻無此卷今小華姪又得此可以見澄清之大概道光二十五年乙巳三月十二日

龍保人名亦見十七帖　此明末時刻剝蝕乃爾此拓已舊今當不可問矣　長風人名每念長風帖王肎堂鬱岡齋帖爲弟一　遠人名　俞穴也灸俞治脚此與頭眩方等　體字佳　有奇崛氣是此刻佳處

王百穀跋是書于南唐拓本後者何以復刻一無題記據卷尾刻匠款已全應是具足之本此不可解

宋搨淳化閣帖 盛澤王旭樓藏本

眞宋刻宋搨淳化閣帖十卷天籟閣藏物希有祕玩當署爲千金名帖非特索下數行諸舍帖後三行具全爲遠勝泉鼒諸本也道光四年甲申九秋

附錄

明王穉登跋閣帖祖本流傳於人閒寥寥余所見華中甫袁尙之顧汝和三君所藏爲眞其餘紛紛雜出竟屬野狐華氏雖佳僅八卷顧本出蠧魚之口波畫傷殘號爲夾雪俱不免有破環斷玦之嫌耳惟此本鏞然若魯靈光刻搨卷帙完好無纖微不愜較之三

種猶海貝山琛其寶則一賈相所藏閣帖廿餘種此爲季仲元世曾入松雪齋不知幾經手而歸子京子京所藏金石甚富要以此本爲連城玄賞之士請證以法眼

又不全本

宋人搨以隔麻搨爲最余家此帖是也

賈秋壑摹湻化閣帖闕 盛澤王任堂藏 第一卷舊

賈師憲令王用和摹刻湻化閣帖及蘭亭敘刻成畀以勇爵帖首有悅生胡盧印帖末有曲腳長字印此卷一闕而帖末方印紙雖殘缺尚存半印縱爲無識者用墨

塗抹字蹟尚隱隱可見此賈本明驗也索靖下數行全陳倉公家藏賈本自跋及之又卷九諸舍帖後三行蕭本泉本皆闕此亦全則皆與他本異者可寶也道光三年十月十八日

覆刻湻化閣帖

閣帖傳刻寖多最難考辨此本後有賈相曲腳封字印又齊周密印章蓋從賈藏本覆刻是湻化原刻之子本也從賈覆刻者明有上海顧氏潘氏兩本潘刻今尚有殘石而石不得全顧刻石盡逸余家有舊拓十卷後有周以載顧汝和文三橋三刻跋筆法與此本同而此本

卻非顧刻顧所刻周公謹印在淳化壬辰一行字之上且顧係勒石此則刻木兼仿銀鋌攟文顧刻名既烜赫而此本之精妙卻更出顧刻之上且拓用竹紙澹墨與眞賞停雲章簡父手搨之精本無異其爲何人所刻不可知然已非尋常泉肅本可比儗矣

淳化原刻爲木爲石本無定論此本是木刻兼髣銀鋌攟文亦是古式明王損庵鬱岡齋帖半木半石吳用卿餘清齋帖正續共二十四卷全是木刻皆爲數百年來佳帖

卷九大令廿九日昨遂不奉別三行收入萬歲通天帖

闕代傳寶球圖比重華中甫眞賞齋刻洵是無美不臻此本刻亦善矣然一比較終不逮遠甚不特偏旁漏刻別帳二半字也戊子二月廿七日

又

第六卷袁生帖眞蹟明嘉靖時在華中甫家有宣和御府收藏印月白簽御標字文衡山跋以閣帖對較微有不同不知當時臨摹失眞或湻化所收別是摹本云云其蹟

國初歸平湖高文恪載入銷夏錄卷首云以眞賞齋帖火前本對較豪髮不爽後爲王儼齋司農收得王虛舟

吏部嘗從借觀云與眞賞不殊毛髮眞賞爲五百年中
弟一佳刻定是本所鐫是帖不能與爭勝也
右軍十七帖爲唐時著名之蹟閣帖所收弟六卷中有
省別旦夕旃罽胡桃七兒一女省足下別疏譙周有孫
諸帖弟七卷中有龍保等離不可清晏歲豐朱處仁爱
爲上鹽井火井七十大慶諸帖而其佗棄而不收不知
王侍書何意
案右逮數則茲題海鹽朱呆山
藏本祗有弟六七八九十卷

大觀帖

大觀帖龍大淵更定彙次蔡京書卷首末正王著之繆

者十之一自較渻化爲善余家藏四本一僅卷九之弟一章尾有陳懷玉鐫四小楷字一殘本十之四其宣示表弟五六兩行之閒有臣張長吉張仲文七小楷字皆確然可信爲宋刻宋拓者此本係吳江吳氏舊物康熙丁酉二月潘稼堂太史南旋時購近爲瓠尊先生陸嫻翁所藏與吾家所藏百福卷本絲毫不異洵數百年墨拓也見今去宋漸遠古搨日罕若此整部完好固應球璧視之矣 道光三年十二月七日

大觀帖原刻殘帙

右帖廿三行前晉王獻之四字一行後陳懷玉鐫四字

一行去夏鄉間蔣姓售來益大觀帖眞原刻舊拓本也北平孫氏閒者軒帖攷載大觀三年賜中書侍郎余深黃紙拓本末卷三山王濃翁蘭思跋有云每版前小字上題卷數中題版數下書刻者名長短一體不煩翦截案余深本退谷所得近在蘇州同邑友人魏石翁嘗一寓目語余云帖果有刻者名今此紙首被割去二寸餘當是卷數其不題版數者此是九卷之首既題晉王獻之則不必更紀版數因移列鐫人姓名於石尾耳大觀帖原刻世閒尚多拓本唯裝匠視前後細款無關緊要率意割棄去余家藏是帖或全或殘共得三部皆坐此

病今此紙榷拓閱數百年恰恰未經裝整使陳懷玉鐫款得與茯苓芝黃仙鶴並垂石墨并證明澧翁跋語爲後之攬古者確示左驗洵快事也道光二年壬午五月七日

辛巳之夏老友趙晉齋寄余大觀帖殘本百餘番摹拓精良楮墨純古宣示表弟五弟六兩行間有臣張長吉張仲文七字楷法極精謹他本皆未之見此亦原刻之一證癸未十二月十日

大興翁覃溪先生復初齋詩集弟六十四卷有題大觀弟五卷既移屋帖三首詩其弟三云物勒工名執藝臣石邊小字見難眞幾年車轂敲磨後尙記宣和內苑人

自注云第二卷鍾書宣示帖度其字右側邊有臣張長吉張仲文鄭僧書第二帖末空石右邊臣珪第四卷宋儋帖弟一行右邊臣珪弟五卷徐嶠之帖弟一行右邊臣傅其理弟六卷右軍書想小大悉佳帖之四行右邊臣張珪葢大觀每石邊皆有之此其略可見者記以爲辨驗眞本之劵廷濟案刻石臣姓名率因翦割棄去而在石空處尤難得留存此陳懷玉姓名惜先生未及知之也壬辰年跋

淳熙祕閣續帖

淳熙祕閣有前帖十卷郎淳化祕閣前帖翻本修內司

被旨翻刻者此則南渡後續得之蹟故名續帖也刻至
精宋亾之後燬滅無存故流傳絕少自葛見巖陳珠泉
兪友之三故友贈貽外又零星收購積五十年之久然
僅得十之五六會幷重裝又逾三年今衰癈蹣跚輒自
勉力書識於後使攬者知所珍重云道光十六年丙申九月十五日

宋鳳墅逸客曾宏父石刻鋪敘云淳熙祕閣續帖弟二
卷是羲獻書王吏部澍所箸虛舟題跋卷弟一云右右軍
八帖淳熙祕閣續帖所刻比於淳化官帖殊清迴有出
塵之致此存五帖大令帖今存草書洛神賦九行曾所
云黃庭經後有臣褚遂良臨者此亦闕

第三卷歐陽信本道失詩八行又庾信帖庾亮帖後有襄陽小行書跋俱至精之蹟

蕭時文太保瑀後梁明帝之子愛經術善屬文此七行王吏部澍謂其筆力腴健卷軸之氣流溢毫端　書史會要蕭瑀書宋紹興祕閣續法帖內有其蹟紹興或淳熙之誤

褚庭誨錢塘人蘇頲撰神道碑云無量次子正書精熟書史會要時人謂之小褚此草書孝經四行極有清致

孫思邈京兆華原人通百家說善言老莊永淳初卒年百餘歲此二行王吏部澍謂其超然塵外魏晉以來門

法入其手都無所用

狄文惠仁傑字懷英封梁國公并州太原人則天后嘗賞其能書出示二王眞蹟此孟冬帖王吏部澍謂其晚歲曾見二王墨妙後之作

張長史草書三帖淸迴拔俗其摹勒故是獨絕

顏書告伯父稾秦濠州刺史顏元孫杲卿之父乾元元年魯公年五十爲酷吏唐旻所誣以蒲州刺史改饒州此其時也是稾明王損庵肎堂鬱岡齋帖亦刻之然視此較遜

顏書送劉太沖敘碧牋本最腴潤首行闕五字此敘刻

本不一以此爲最

弟四卷唐明皇批荅裴耀卿等奏狀三十七行七十三字開元廿二年幽州節度使張守珪斬契丹主屈烈及可突汗上美其功明年裴耀卿等上狀請宣付史館勒碑作頌上批荅不許書有晉法此竹紙宋拓西鄰故友溪陽詩屋主人葛見巖弟澂所貽尤見精神洵是寶蹟

奏狀係小字三人列銜刻戲鴻堂帖

王吏部澍謂王大令有桓山之頌梁天福元年洛陽修城得之土中碑裂不全止存桓山頌獻之銘六字明皇書出大令當時桓山之碑已不復全此書乃大似之余

謂明皇時容或得見恒山全拓

弟五卷李太白草書二十行飄飄有淩雲之氣胡英行書十二行英爲僧懷仁之徒書亦爲世所重其李泰和邕白樂天居易兩人書闕

弟六卷張曲江泉裴燿卿李林甫三告身又李公垂告身有高廟親筆跋語書蹟古厚且可見唐告體式海昌故友俞六老人字友之所貽楮墨純古郎鉌黍細字亦纖豪不爽洵刻成時初拓精本至三相賢姦人人共曉讀三告之文亦不仍襲舊論訾爲老韓合傳也

弟七卷李少溫陽冰篆書二種幷韋處厚記王吏部澍

謂類帖多傳摹失眞雖古刻亦不能免余謂李監篆蹟
現今惟般若臺及顏氏家廟碑額與惹山聽松字可信
爲眞原刻餘則多是重摹然此或尚是從墨蹟鉤摹者
特筆少弱耳

李衞公書學甚深李樊南序其會昌一品制集云公重
以多能推於小學王子敬之隸法迺媚皇休明之草勢
沈著推重極至此與表弟札詞語筆蹟俱淒泠可惋
畢存之諴大和中舉進士官至河中節度金石略載其
書邠州五夫人堂記此帖在邠甯慶武節度時書是其
晚年筆

李玉溪書月賦淡有勁健之氣悅生堂古蹟記謂家有
李正書月賦想即此蹟
弟八卷懷素草書橫行破漢祖起止七行涿州馮氏快
雪堂帖亦刻之右軍云起至當不虛也止未見佗刻
聖母帖全案是帖秦中有元祐戊辰仲春刻石明董思
翁有臨本并釋文又自跋云昔人謂觀孫過庭書譜如
食多骨魚得不償失以艸書難讀也因臨懷素帖并爲
釋之亦有刻石
卷九高閑亞棲齊己書此則僅存廚屋帖三行
卷十楊凝式并無名人書皆軼

又　三四卷宋拓本高江邨藏本有跋

袁生帖眞賞齋刻風骨絶世五墾爛然轉出宋刻之上已還未未字淳化刻不出頭此刻勝閣本

遠是王謝子弟名閣帖卷六有遠頃異多小患帖卷七有遠婦疾猶爾帖此帖亦刻卷七然此拓卻非閣本王右軍章草書豹奴帖是元祐祕閣續帖此拓的係宋本

元祐五年庚午四月祕省乞以淳化閣帖所未刊前代遺墨入石至徽宗建中靖國元年辛巳畢工故又名建中靖國帖傳本極少

王大令鵞還帖欵前四行

貞壽鵞皆當是王謝子弟小字如鶻不佳之類黃伯思云鵞者猶袁羊顧虎耳若謂逸少愛鵞可笑

高詹事書五行筆甚精惜寫在帖尾墨殘不能顯當臨寫於後

汝帖 四本盛澤王旭樓藏

汝帖刻石今尚在見北平黃氏中州金石記然新搨者漫漶特甚其眞宋搨者用墨極重墨光可鏡此用墨恰好是宋末元初本若準以書估當不啻黃金百鎰也道光三年十月十八日

絳帖　不全本

南海同年吳荷屋中丞榮光有眞絳帖殘卷援姜白石絳帖平名齋曰平帖齋

盧江陳氏甲秀堂帖周秦篆譜

宋拓曹倦圃侍郎舊藏本道光二十一年辛丑冬日購得之因檢漢陽葉氏所刻翁學士跋本合裝爲册

館本十七帖　盛澤王旭樓藏本

十七帖宏文館本唐摹眞蹟明萬厤時始入內府王損庵曾從眞本摹入鬱岡齋帖爲明時佳刻吾家有宋搨李氏六硯齋主人題籤謂澄心堂紙李廷珪墨洵是佳

本此本體韻渹厚帖後無敕字雖與李題本異然近時藏家正未易數覯道光甲申八月八日

明邢子愿太僕來禽館刻本爲唐人雙鉤十七帖道光癸卯

集翠帖

渹化閣帖支分派别不可究詰此海昌楊致軒太守所集中如陳永陽王書甚等帖固非初刻賜登二府之本亦斷非元祐中親賢宅借拓本然楮墨渹古定是宋拓余家有海昌陳秀才文通所貽隔麻拓雖佚數帖的眞宋刻宋拓又平湖錢子嘉天樹所貽查梅壑籤題本亦宋刻而墨色頗濇又同邑梅會里李氏所售來明周

叔宗藏本有王百穀董文敏陳仲醇曹廉讓李敬堂諸
題係真泉州原刻其他零殘舊拓致多然欲確求淳化
第一刻則眞如麟角鳳毛

淳熙祕閣續帖淳熙十二年三月奉旨模刻凡十卷皆
南渡後續得晉唐之遺墨余按購已得强半此宋拓李
書十行余齋亦尚有副本

甲秀堂帖北平孫少宰閒者軒帖考云廬江李氏刻前
有王顔書世多未見後繼以宋朝名人書此曹子建贈
王粲詩係章草書當與山陰豹奴帖同爲魏晉劇蹟

汝帖凡十二段大觀三年己丑八月郡守敷陽王寀刻

石寘郡之坐嘯堂摘諸帖中字牽合爲之再卷後有汝州印孫少宰云崇禎甲戌余遊嵩山繇洛至汝見帖猶完好不甚缺裂但其謬誤誠有如黃長睿所譏者廷濟案汝州帖傳拓尚多惟新本則剜裂日甚仁和趙貢生魏海昌陳秀才文通海鹽畢秀才梧先後貽余宋本配合幾全然用墨皆極重與此所集裒者無異道光十三年癸巳正月十三日

海昌楊致軒太守集裒宋拓殘帖雍正五年六月浚儀周思濂於上端之緣正書淳化閣帖淳熙祕閣續帖甲秀帖汝帖諸字又題云前後開錯不拘次弟雖不完全

寶氣故在長常王蒻林跋云不拘世次自然古雅千羊之裘尚可致煥況集翠爲之者乎其推重甚至海鹽同門丈陳珠泉明府購於壯歲以原裘三册止二十三章遂并爲一册以集翠命之因以名其軒又名其詩之集歷遊燕趙齊楚及走邊塞是册皆寘在行縢嘉慶丙子自楚南解組攜歸澉浦丁丑秋乞題於柞溪錢翁琴甫畢兄十月廿六日寓書篁里册遂歸余明府旋歿於歸安學舍故道光辛巳正月柞翁重題有集翠軒中集翠珍曩時題識墨猶新煙雲供養逢佳士故物重看如故人之句而柞翁亦即化於辛巳之夏閱今又十二年老

成渭謝艮足慨已

楊名守知字次也號稼亭自西少司馬雍建之孫曉研太史中訥之子康熙庚辰進士官平涼知府詩有致軒集明府名玉垣字九閎復心進士翹之弟二子乾隆辛卯順天舉人官湖南城步等縣藏金石文頗精博錢翁字惟寅名本誠海鹽人住南門内觀音堂前工楷行書老而彌篤精鑒書畫碑版和易坦率喜掖後進卒年八十六 十六日

宋拓晉唐小字六種 樂毅論闕

麻紙拓者宣示表丙舍帖尊勝陁羅尼咒心經竹紙拓

者樂毅論麻姑壇記皆㵾浦陳珠泉前輩所貽
宣示表王臨鍾帖也王書遒媚而臨鍾更得十二種意
外巧妙然非此眞宋拓不足以傳之此古墨之所以可
貴
丙舍帖亦王臨鍾蹟也右軍爲書暮年更妙正在山林
時此宋搨精本可重
右軍臨此不必定是暮年昨引米公語跋此尙未允
切
宋拓尊勝陁羅尼呪不帶名審是歐陽筆也持視邕禪
師塔銘雖范氏書樓眞石本亦未多讓

歐書心經二十二行宋拓至精本也澉浦陳珠泉前輩云與王臨鍾二帖尊勝陁羅尼呪皆從婦翁王家易來係宛平相國舊物

麻姑仙壇記小字本行列如此嚴密而莊重端凝不作單弱之筆有泰山巖巖氣象且筆勢仍寬綽有餘銖黍中具尋丈之勢非魯公誰能辦此謂慶厤中人偽書謬也此石是南城舊石固不待言而越陶竹紙拓肥潤乃爾當出宋人殰蠟澉浦陳珠泉前輩玉垣好蓄古拓宦遊四十年所得晉唐小楷書真宋本羅紋牋者四宣示表丙舍尊勝陁羅尼經呪心經越竹紙者二此與樂毅論悉以畀余金石古緣

愴何能已

眞賞齋帖火前本

鍾元常薦季直表王虛舟覈之史傳不合疑或史誤張青父淸河書畫舫謂是表在王元美尚書家紙墨奇古筆法沈深識者定爲唐人臨本果爾則唐摹魏帖得不爲希世墨寶其所訾者特以元章有白首閱書無魏遺墨之語而米芾一印謂不曉事者所用耳　諸城劉文淸相國昔爲余臨快雪一帖後跋云此帖包孕唐宋諸大家政如潁川薦季直表正書也余見文淸所進詩片筆筆步武此蹟蓋一生小楷書得力在此

袁生帖紙本高八寸闊三寸康熙時爲高江邨詹事所得以是刻火前本較之豪髮不爽其宣和題記璽印裝褾銷夏錄載之極詳是爲眞蹟無疑後載文衡山跋謂以閣帖較之微有不同不知當時臨摹失眞或滄化所收別是摹本待詔所較閣帖應非劣刻猶云爾者王箸作隷刻艸艸空黃雲林米海嶽次弟斠之也眞蹟繼爲王儼齋司農珍藏王虛舟吏部曾從司農假觀云與眞賞刻本不殊毛髮信乎眞賞乃爲古今佳刻

世刻彙帖每卷若干往往排比勻整輒有玉石雜糅之病華中父藏弆之富何難以他帖摹充而此三行一石

爲一卷此正其謹嚴不苟刻彙帖者當以爲法　江村
銷夏錄云宋宣和御府收藏月白箋御標晉王羲之袁
生帖七字泥金楷書晉字微有剝損華氏此刻只六字
豈晉字不能鉤摹耶
文氏停雲館於萬歲通天帖後載石田翁手札所云文
京行在邇當是嘉靖元年壬午文年五十有三貢入成
均其時或未與中父友也停雲刻已佳然尚不逮此昔
人謂停雲從此本復刻豈文未及句摹華即來取去或
又從華氏句本再句匆遽不能匠意邪　此唐摹眞蹟
後入吾鄉項氏曾見吳梅村祭酒萬歲通天進帖詩蹟

後跋云余同年項仲展寶其先世所藏墨蹟最富今黃
中年翁從兵火散佚後收拾圖書付其嗣孤自雅州云
沒余不過禾中十餘年矣得觀此帖今昔興感漫賦長
句紀之云云是時天籟惜未精摹爲宇宙閒增一佳石
無錫華東沙住蕩口此三卷刻成卽遭倭亂石燬嗣更
從眞蹟摹勒其前刻者上卷袁泰弟一跋弟十弟十一
兩行倒置鑒者以此爲辨別余細較之除此二行外絲
毫不異唯萬歲通天二秊一行前刻者萬字與史館新
鑄之印郭字左半中畫相齊後刻則年款高三四分
與新全字平耳故前後兩本原豪無軒輊特以前刻拓

本更少愈加珍重耳

金壇王損菴鬱岡齋帖最初拓者此三卷原石全在其內并真賞齋帖上中下數字並不磨損非最初者則爲華氏自刻之本蓋華始質於王後旋贖歸與余所見後刻者亦俱是舊本想石亦毀泐已久邪

余藏有是上卷復刻本字畫亦精好唯晝錦堂二印則作陽文未知刻於何時

嘉靖二十八年豐人叔道生真賞齋賦藻鑒所著神情所鍾性命可輕頭目可寶則有鍾元常季直表貞觀之所珍藏也王右軍袁生帖裕陵之所嘗題也王方慶通

天進帖金輪之所搨玩也而又云顔魯公劉中使帖及
宋巨川誥宣和之所譜藏也永興汝南季海道德楷法
矜於海岳子山步虛康樂二贊草聖擬於季眞此數蹟
爾時不一并勒者祗取魏晉無上眞蹟東沙固是眼高
於頂而後人轉惜不得見數佳刻耳
此三卷眞蹟今俱歸　天府乾隆時並刻入　三希法
帖　翠琚珍秘草野中何能經見則獲此佳本便應珍
於球璧余收得火後刻者二若前刻者唯此一本因屬
匠者精裝而漫爲識之道光二年壬午七月十一日
眞賞齋帖火前本極不易得嘉慶庚辰二月廿日客

遊崑山以三銀餅從徐友桐軒購得籤題四字審爲金壇王虛舟吏部眞蹟既後徐來復售一本於余亦是連長摺版去年壬寅檢以贈衡陽常南陔廉訪大濇矣　余有火前拓兩本其一粱已寶貯今得此拓應授榮道光二十三年癸卯

鬱岡齋帖王氏話雨樓藏十本全

前明法帖以眞賞齋爲弟一其火後本鬱岡齋帖收入薦季直表袁生帖萬歲通天進帖是也鬱岡齋亦有翻本舛謬特甚此是原刻初本墨如蟬翼紙如黃玉自是無上神品故當在餘清快雪上道光二十三年十月十八日

附錄

王楠金石辨證家損庵先生鬱岡齋帖摹刻名蹟至多借藏家罕得全帙壬午秋於吳門譚氏獲觀原刻全本鉤勒得神搨亦精妙往復於懷者一稔始得攜歸諸雨樓與停雲館並重矣

停雲館帖 王氏諸雨樓藏

文待詔父子經營數十年成十二卷又有章簡父細意摹勒故有明數十家刻惟無錫華中甫真賞齋刻出其右餘若鬱岡餘清快雪但選一二用功淺者故名潑天下事類帖是也此石後歸巢山趙氏繼分藏武進劉氏

常熟錢氏後爲畢弇山購全獲錄後入桐鄉馮氏樹貯雲居貯之然黄庭樂毅兩帖已覆刻充補矣此爲明時搨雖非最初之本要已罕覯道光戊子九月四日

文之貞石既歸常熟錢氏錢舟銎司臬朝鼎有刻跋足徵考核今石在桐鄉馮氏石之泐大不堪矣道光廿二年壬寅

停雲首卷　高文恪跋

以銀十餅買得高文恪所藏所題停雲館帖卷首中默丙舍宣示度人經題字三種篋中適有褚書度人經拓法紙墨亦相類因先爲補入道光七年丁亥

又　陸瓠尊藏本

停雲館帖弟一卷昝人謂大半出越州石氏石氏刻載寶刻類編余半經目驗文不必本石也黃庭經向傳有永禪師虞祕監褚中令吳通微徐季海諸臨本此八字裂本愚向定爲智永所臨今細心研度究未敢指名某臨爲是楊大瓢指爲吳學士亦臆說耳黃庭不全本字蹟稍大楊屬之徐季海亦無所據惟黃庭全本之石在自畢歸馮之時爲守石者竊毀則原刻不易得耳樂毅論有梁摹唐摹二派此末行有异僧權等字世民字無闕筆則梁摹也鬱岡齋兩刻較此更勝若快雪堂本近

甚有名然褚跋是後人僞託不足珍也其不全本實祖越州自是佳刻若海字不全本曾見晉府所藏者眞鳳毛麟角矣東方畫讃余家藏宋拓者二一爲程孟陽跋本一爲惲日初藏本皆出此上然此刻亦正佳曹娥碑絲絹眞蹟尚存

天府余藏有宋本係查查浦舊藏楊大瓢所亟稱者此刻亦瘦得孝女哀號求父之意亦致佳若辭作嗟嗟慈父彼蒼伊何則别本後出不足珍矣丙舍帖余家有宋羅紋牋拓本視此更勝宣示帖傳刻至多大觀原刻有張钟文張長吉款者致佳余家藏有賈師憲原刻石石

如玄玉字蹟鐫工俱臻絕頂不啻十三行之玉版矣十三行有柳跋者直柳臨耳朙晉王府唐荆川馮伯衡國初惲日初皆有宋拓佳刻惲本今在余齋華陽眞蹟自舊館壇碑損後世惟存瘞鶴銘數十字耳此小字更難得若秀餐軒刻則遠不逮此破邪論序他刻皆遜此孔廟虞書貞觀刻對此益令人神往心經尊勝呪余皆藏有宋本其文所自出乎褚書陰符二種大興翁覃溪學士以貞觀六年褚未應奉敕遂疑草書本爲僞而和之者且以河南郡三字幷疑小楷書本亦爲僞託其實非也越州本余見過嫌太枯燥吳門王月軒曾示余闊

簾宋本楷瀉之精不可思議楮未得之至今爲悔褚臨靈寶度人經則傳刻不多此當獨勝小字麻姑壇記昔人謂非顏書非也此刻蓋祖南城初本今原刻卽斷本亦不易得護命經如雲中龍爪忽隱忽現自是瓌寶道光四年甲申七月廿六日

羣玉堂米帖　海昌蔣氏重摹本

閱古堂帖第八卷皆米書當韓相炙手可熱時士庶豈易得拓本既簿錄後更名羣玉堂傳拓自此益祕而景炎祥興之際礮材銷燬不問可知今日片牋寸楮宜如鳳毛麟角矣右宋殘本二十二行嘉善楓涇程蘭州別

嶲文榮購自松江郡城寄余索題記海昌硤石蔣生沐親家屬余海鹽姪辛受之來余齋鉤取以與所得北平孫氏舊藏本再刻於別下齋孫本有紅筆八下弟幾字樣亦有八上弟幾字蓋同時一手書不知何時離析者生沐云當是研山齋藏題余謂此卷正出退谷手要直是宋時鑒藏家題付裝潢時標記即此數細書紅字已是六七八百年筆而今得萍蓬會合古墨因緣不可思議如是 道光廿五年乙巳十一月六日

知止閣米帖 北平孫氏刻

叔晦帖臨右軍東山帖淡墨秋山詩槀是吾禾曹潔躬

少司農溶所藏長卷李太師張季明兩帖夜深露氣清
詩或亦是曹卷中蹟魏泰酬和詩橐係朱南昌巖藏卷
皆孫耳伯少宰所僧以入石者集古錄跋三行則少宰
自藏之品也知止閣刻帖六年前余惟於崑山得蘭亭
二種定武五字未損本褚摹嶺字從山本少宰皆有題記此米帖余惟於殷雲樓
廣文樹柏處見倪閣公燦爲周元亮少司寇臨寫數條
款爲櫟園老師面板鐫賴古堂打本曾未之見二月中峽石蔣霽峰札
寄墨刻數十種索余鑒別中有是冊余心欲之而未便
言也三月中客郡城海鹽張犀谷攜此數十冊歸余是
刻在焉余今年五十有九須眉俱白長安道上分難再

書驢劵退谷遺珉煙雲淩散南中訪購渺若蓬瀛今宛
轉入吾齋中豈非翰墨英靈默相感召耶合書之以志
快
集古錄跋尾墨蹟吾　師阮儀徵制軍收得已全登諸
石米跋左下角有北海孫氏珍藏書畫方印而此孫氏
萬卷樓印則無之蓋萬卷樓印是用以上石耳北海刻
帖必倩旌德劉雨若而阮拓之精卻又過之蓋璮蠟之
法南中更勝也
少宰庚子銷夏記謂曹嘉禾溶應徵入京盡以所攜卷
冊送其齋米卷外尚有蔡君謨卷黃山谷小字墓誌銘

二台裝卷俱累累千百言世不多見云云蔡黃二蹟未審知止閣亦有石本否豈少宰爱學襄陽因僅鐫勒其蹟耶

少宰得右軍裹鮓帖唐鉤本刻石知止閣南中收藏家絕不可得蘇齋學士翁先生嘗摹一本銘云晉蹟首此庚子退谷今又庚子銘我肇櫝余毎一檢及輒神往原刻不置丙戌四月七日

明郁逢慶書畫題跋記卷四米書行草四段旁注云前有修內司鈐縫半印余始興公叔晦之子李太師張季明帖共四段郁記在明末不載所藏人意申酉後秋岳

司農收得而孫少宰摹以入石歟元祐三年米漫仕法
帖題跋原題云余嘗於檢校太師李瑋第觀侍中王貽
永所收晉帖一卷內武帝王戎謝安陸雲輩法若篆籀
體若飛動著皆委而弗錄獨取郗愔兩行入卷中令人
慨歎己丑八月二日

庚子八月十一日南海吳荷屋同年榮光觴余於西湖
畫舫語余云知止閣米帖之石乾隆時尚在爲鷲碑者
磨去刻陳萬青字矣可發一笑廿四年甲辰記

半園米帖

拜中岳命作詩　元章乞監中岳廟因號中岳外使見

張貞居所撰外史傳宋史本傳及蔡天啓所撰墓志俱未之及慨自熙豐新法以後陰陽剝復賢哲寒心米以邁往淩雲之氣清雄絕俗之文超妙入神之字與蘇黃同賢豪不與蘇黃同遷謫讀此詩重繖議法口靜洗看山晴夷惠中何有圖書老此生顛人殊不顛也

此詩乾隆時刻入清芬閣帖第一集清芬經梁山舟學士鑒別已非劣刻而沈鬱頓挫之致不逮此遠卽如議字中有剝損清芬不加鉤刖竟似本書減損此大誤也

向太后輓詞　元符三年庚辰三月哲宗崩徽宗立向太后權同聽政七月罷中如詔許劉摯梁燾歸葬錄其

子孫復范純仁等官徙蘇軾等於內郡追復文彥博王
珪司馬光呂公著呂大防劉摯等三十三人官罪蔡卞
罪邢恕善政盛德嗣音曹高二后海岳此二詞洵憲肅
實錄也海嶽生於皇祐三年辛卯向太后崩於建中靖
國元年辛巳海嶽是年五十有一米小楷帖傳世本少
此蹟精妙迺爾故是寶墨
毘陵唐宇肩跋西園雅集記弟二刻後云先兄雲客以
家藏向太后挽詞拜中岳命作真蹟幷西園記屬朱子
茂如同橅入石幷先橅陰符經十紙說彙成一卷所傳
半園米帖是也數年來挽詞中岳命作尚存而陰符西

園十紙矣所在矣云云覿半園此刻洵精妙無比然傳拓亦罕遇嘉慶己卯故友何林一読在常州爲余訪購此本愛翫不能釋手而西園記僅獲弟二刻於琴叔舉兄至陰符十紙則竟未之得附識之且以俟後緣也道光九年己丑八月五日

聽雨樓法帖

唐賢墨蹟流傳絶少　國朝彙帖中此刻有河南枯樹賦經訓堂有鶺鴒頌蘭亭敘草書千文非極大力而善鑒別何由致此況此帖摹勒精到眞欲上繼華文二刻戲鴻堂羅致雖富直土苴視之矣嘉慶庚辰十二月十七日

黃文節書劉賓客經伏波神祠詩墨蹟藏相國劉文清家答年辛酉十月余館都中虎坊橋趙謙士光祿邸第光祿與安邑宋芝山盛稱是蹟因託其俗臨累月白牋本瑩潔如玉墨光湛湛如小兒目睛洵墨寶也卷後有文待詔跋三十年前於石田翁家見過近歸無錫華中甫云云有真賞胡盧印華夏方印又項墨林鑒藏印四十餘方有秋碧胡盧朱文印又聽雨屋方白文印不辨周亦園上石時何概不摹入也金匱錢立羣泳刻小清閟閣帖中有是蹟亦從文清家摹取余家藏有石本未審誰氏所刻後有水頭鑊銘送四十九姝詩亦精妙下

眞蹟一等

研山銘虹縣題詩玉虹樓鑒眞帖摹勒之精與此埒南宮作字妙在取勢虹縣詩是柔紙柔筆妙處尤不可思議嘉慶廿五年庚辰十二月十七日

周亦園少廷尉刻聽雨樓法帖比歸雲南以道遠難致留石京師乾隆壬子海鹽㴵里山友人陸雲中奉檄到京刻石經留京三年購得是本裝於琉璃廠肆一冊褚河南顏魯公蔡忠惠二冊蘇文忠兄弟父子三冊黃文節四冊米禮部趙文敏嘉慶庚辰陸來篁里王綦壽上舍家清和堂刻碑石臘盡將歸索余書四段於後令屬

其甥吳厚生持向余易銀四餅陸老矣以余能言古人書故舉以相貽然相依數千里相伴數十年一旦忍愛割去得無下米老玉蟾蜍之淚余故備志流傳之緒并擬錄寄雲老俾於青山茆屋中讀之鴻去偶然留指爪鴻飛那復計東西典到琴書之慨庶其釋然也雲老長余五歲今年六十有九無子厚生姊之子也周字立崕號亦園雲南嵋峨人乾隆辛未進士官大理寺少卿有敦彝堂集道光十一年辛卯四月四日

褚書三龕碑房元齡碑聖教序兒寬傳贊皆愈瘦愈勁妙絕千古此枯樹賦有晁補之如此佳跋似不敢橫加

訾議而妙處竟尋覓不得何也案宗楚客以中宗所賜二王書爲屏以褚書枯樹爲腳見徐浩古蹟記在褚原自書此賦壽春魏氏所傳已是横卷丹楊蘇丞相解之業見蘇魏公集然晁時所跋自是唐時別本至視氏集略謂殆是元人繙搨晁跋卻眞云云則晁所跋之褚筆又經後人以僞本抽换此之所刻大抵即視所見於金陵人家者無怪其無善者機矣甚矣鑒別之難也道光辛卯四月五日

顔魯公述張長史筆法十二意見宋臨安陳思所輯書苑菁華此蹟全是勦取坐書而作無沈雄勁健之勢有

牽强拙滯之態不解周廷尉何以濫采

蔡忠惠諸蹟俱佳蔡書較蘇黃米爲尤難得嘉善謝若農中翰集刻望雲樓帖求之數十年終不能得隻字同日又記

宋拓汝南公主墓誌 明李竹嬾舊藏本

米氏志林汝南公主銘草王護處見摹本云眞蹟在洛陽有古跋後見於故相張公孫直清處其後止貞觀十年十一月丁卯朔十六字旁小字注云赫赫高門在裴丞相家是其銘然此幅文但至半而止行下有空白紙約略十一字此蓋卒日猶未言葬也闕文尚多安得便

言赫赫高門不當後幅卻與前幅不相連屬也案米辨旁注之非而此十八行實其目驗眞蹟唐初大家虞書最少得此佳拓何減孔廟唐碑

張米庵云此草見寶章待訪錄後入郭天錫家米跋尚存今藏王敬美奉常家金壇王宇泰肎堂爲摹入石余案鬱岡刻無米跋則或米跋已佚或非郭藏之本皆不可知此本風神諧暢楮墨融和是數百年前佳刻佳搨遠出鬱岡刻上乃前明太僕寺卿李九疑日華寫山樓舊物李歸梅里官灘頭杜紹預宗伯臻杜歸海鹽涉園張氏張歸秀水副榜貢生蔣春雨元龍蔣歸徐蓉村徐

歸於余在嘉慶廿二年丁丑十二月二十日其值大錢
三千癸巳十二月十八日
是冊日華君實之章爲李太僕名氏印其孫琪枝鑑題
宋拓有李雲連珍玩恬致堂中次孫寫山樓主人印三
印歸杜氏後有杜蒙正漁村淑杜子四印歸張氏後有
宗本一跋宗本字理根號蘭榭戸部江西司郎中芳湄
之子乾隆丙子順天副貢生其弟柯字晉□號東谷官
杭州府學訓導子慎字謹臣號南廬縣學生張歸蔣後
有春雨小印其東匡鑒賞之章則未詳二十日

又　明彭孔嘉舊藏本

十六年前得虞書此銘爲李君實太僕藏物余已詳書其後此拓行筆與李本微有不同而氣更醕厚的爲宋刻宋拓彭孔嘉跋蹟到今二百六十四年亦精緊可愛澉浦老友畢琴川秀才梧既明翁之曾孫苣園翁之仲子博雅嗜古昔館余齋數年審析墨刻劇見眞義今復持此見貽歲寒冰雪中春氣滿竹屋矣癸巳十二月十九日

附録

昔人於永興率更書俱登品神妙閒而往往左袒永興余未甚伏以虞之肉似未勝骨蓋謂正書也晚得汝南公主銘見其蕭散虛和風流姿態種種有筆外

意高可以入室蘭亭詩敘近亦居枯樹上游則非鄱陽薄冷險筆所能竝駕矣隆慶戊辰隆池山人彭年識

虞祕監破邪論序不全本

虞祕監破邪論敘極舊本錢蘀石宗伯所藏道光元年三月余客郡中連大觀帖購得敘𢿱末二行中一行它日當以舊本臨補付裱

此刻在停雲館之上中書舍人下文刻多吳郡二字弟二十九行道光四年十一月十六日臨補末二行又臨文刻停雲館帖本補之同日記

歐陽率更小字千文衡陽常氏重摹唐本

歐陽率更小楷書千文唐刻宋拓天下無第二本南陔廉訪以重貲購得并得大興翁覃溪閣學所跋何氏雙鉤本仍從原拓摹以入石而王虛舟吏部翁學士書蹟一并刊鐫精意察書累月始就此本出而天下歐書之重摹者可盡廢道光二十三年癸卯九月九日

歐陽小字心經殘本十四行海鹽朱春如藏

晉唐小楷帖每一臨摹輒更神味葢句墨過朱奏刀經三次而後就拓勢不能無毫髮異鑒者但就其蹟之佳惡以定去取徒求諸牝牡驪黃之閒無益也此章藻刻

與停雲文本皆祖越州石氏而文以幽冷勝此以謹嚴勝各有佳處無少軒輊殘佚者三之一栢溪老人錢惟寅翁手書補全計其年政七十筆法精緊雅與前肖數十百年後拾遺抱墜復有如石熙明其人乎挑燈取影付油素以從事者應不止黃庭樂毅兩殘本已

歐陽率更書九歌拓本 有覃溪先生跋

王簃林所藏跋歐書千文衡陽常南陔司臬得之已重摹入石而索余書其後翁先生所云足證千文眞影郎指此也此石拓葉兵部曾寄及然葉亦甚珍不輕持贈計君二田得此屬爲題記 道光二十六年丙午十一月三日

宋拓陰符經二種

宋越州石氏所刻各帖極精妙頗不易購此褚書陰符經二種係北平孫退谷少宰藏本尤足重翁覃溪先生小眞書書後八行書法之精直可上追褚筆唯斥草書一帖爲僞則未免考覈太過宋芝山云虞與褚俱在貞觀中稱善書者何以六年不得奉勑書此經邪語最直截乃踵題諸人并陰符經而非之滋生異議郭頻老詩辨論縱横一笑開良可息衆吻也海鹽故友吴思亭購於京師據言孫跋已佚比售歸於余問孫之題籤又支吾不肎出今唯存退翁二印其籤爲翁學士題耳丙申八月

廿六
日

附錄

右小字陰符經眞草二種越州石氏本也文氏停雲
帖從此摹出其草書後題云貞觀六年奉勑書致虔
永興貞觀十二年卒永興卒後褚公乃入内侍書豈
有貞觀六年書此之事此與快雪堂樂毅論僞作褚
衙同一失攷也萬化化訛乜伏藏伏訛伙時動必潰
必訛之而孫退谷乃謂孫虔禮書譜脫胎於此亦何
義門譏其夢囈也惟後一帖小楷陰符乃是褚書之
絕精者此帖後來翻刻非一皆不若此本之善此衙

在永徽五年方可以證前一艸帖之僞矣石熙明文衡山孫退谷皆未之知爾嘉慶十四年己巳冬十月廿有八日北平翁方綱識

唐李少温聽松二篆字

錫山志慧山寺有石牀在殿前月臺下長可五尺廣厚半之上半下供偃仰故名石牀頂側有聽松二篆字傳是李陽冰筆桂未谷跋吾家藏本云李監蹟惟此與顏氏家廟碑額是原刻余謂此皆是暮年更妙之作大厤以後筆益渾勁趙德甫之評最審

懷素自敘帖　長洲陸氏水鏡堂刻初拓本

帖末云嘉靖壬辰六月廿又二日長洲陸氏水鏡堂藏石有陸脩之印子春父印二方又章簡父刻四字一行文壽承釋文即於是年五月望日書於水鏡堂知此刻固出文氏料理所成而石藏於陸則究宜名陸氏本嘉靖三十二年癸丑文休承奉提學何賓涯檄閲官籍嚴氏書畫文記云懷素自敘帖舊藏宜興徐氏後歸吾鄉陸全卿氏其家已刻石行世以予觀之似覺跋勝蓋即此刻也嘉靖十一年壬辰到今道光二十三年癸卯閲三百十一年世不甚遠長洲地甚近而傳搨不多見豈石亦久佚耶

十二月二十日長洲鄭竹坡攜一冊售於園培姪宋
明人跋文待詔小楷書跋文壽承小楷書釋文具全
而蘇耆李建中二題缺
唐僧懷素自敘帖此後緊接物外奇寶方押此拓缺今臨補
今年八月余客杭州見衡陽常司臬南陔先生大淳新
獲素師自敘帖足本是一二百年前拓蔣璨跋後有紹興二年
空青老人曾紆公卷題正書十四行壬子孫之行父景
晉同觀正書六行紹興二年趙令時德麟題行書十二
行紹興癸丑蘇遲觀行書六行紹興癸丑富直柔觀正
書二行宏治六年長洲吳寬題行書十七行又有李文

正東陽題文衡山待詔小楷書題壬辰五月三日三橋
國博文彭小楷書釋文廿九行年月姓名一行末有嘉
靖壬辰六月二日長洲陸氏水鏡堂藏石有陸脩之印
子脩父印二方印又章脩父刻四字一行余藏此拓蔣
璨下諸蹟皆缺文待詔小楷書跋僅十行又不全然紙
墨肥潤洵爲最初之拓六十年前新篁里之北三里許
朱家濱葛書勳（名雄圖號杖陂行五嘉興縣學生員）所見貽者帖本無販
扣不欲翦割僅摺裝以便展閱儻或遇零殘本陸續補
全則不勝厚幸

此敘諸跋及諸藏印湖南通志弟二百五卷載之甚詳

而李西涯文待詔水鏡堂刻藏款俱不載葢瞿木夫中溶所據之拓亦不足故於志中引古泉山館金石文編謂疑即劉青藜所云文氏刻本也

文待詔小楷書跋廿三行行二十字末行九字下有文徵明白文方印一徵仲朱文方印一後有嘉靖壬辰六月廿又二日長洲陸氏水鏡堂藏石細楷書一行下有陸修之印子脅父印後有章簡甫刻八分書四字一行

文壽承小楷書釋文三十七行行二十九字末行十九字末款一行云嘉靖壬辰夏五月望日雁門文彭書於水鏡堂下有壽承父朱文長方印前有自敘帖釋文八

分書五字一行

今年夏以銀三餅買一殘本金陵馮秋田於杭州運司湖下開慕義堂帖肆者因割取曾紆跋保之行父景晉同觀之跋趙令時跋蘇遲跋富日柔觀款吳寬跋文彭釋文裱於後而李東陽跋文徵明跋後半幅此帖字起十四行及藏石刻石款則朱春甫錦雙鉤爲之余得此帖閱六十餘年纔得補綴麤就可見成之不易甲辰廿四年

懷素聖母帖元祐戊辰刻本

顚素皆善草書顚以肚痛帖爲最素以聖母帖爲最勢欲斷而還連蹟似奇而反正猶有山陰矩矱非他書糾

纏縈繞俗氛滿紙但可縣之酒肆也此拓余少年所購乾隆丙午丁未間黏諸書室之壁惟時詩文拳勇分時課學憩息片刻即摹此帖更閲數年沈半桐先生爲余攜付裝背今將及五十年穨然就老萬事都非然作行草書時筆勢尚同時一流露譬猶幼年所讀五經四子書雖久失溫總能背誦至若老年流覽則掩卷而輒忘矣余臨寫是本最多其致佳者藏王慶餘弟處今王已物故不能復問道光十二年壬辰十一月十五日

又　舊拓附董臨本

聖母晉康帝時人畢侚書引王松年仙苑編珠語正合

然碑云家本廣陵仙於東土曰東陵焉而畢引漢書地理志廬江郡金蘭西北有東陵鄉則甚不合錢詹事云此碑不列書撰人素師俗姓錢此從叔父淮南節度觀察使禮部尚書證之史是杜岐公祐則此郎藏眞所書撰者必別是一人此論甚精大和四年裴休諸題名好事者移登覽題記轉摹入此耳瞿木夫之說亦精細案素書自敘帖年四十一究以狂怪取憎此作年五十六謹嚴肅穆深得魏晉遺規此後絹本千文貞元十五年所作筆愈蹙緊然氣體轉遜此整暇故余於素師書中最耆此蹟也昔年丁未戊申余以新拓黏來鶴堂中流

覽最久此拓是元明時物與曩臨之拓俱得自同里王
樹堂家因合裝而識之集書結習白首難忘炙硯呵豪
不知洴澼書此行自笑已

釋文

聖母心俞至言世疾冰釋遂奉上清之教旋登列聖之
位仙階崇者靈感遠豐功邁者神應速乃有真人劉君
擁節乘麟降於庭內劉君名綱貴真也以聖母道應寶
籙才合上仙授之祕符餌之珍藥遂神儀爽變膚骼纖
妍脫異俗流鄙遠塵愛杜氏初忿責我婦禮聖母翛然
不經聽慮久之生訟至於幽圄拘同羑里倏口霓裳仙

駕降空卿雲臨戸顧召二女躡虛同升旭日初照聳身直上旌幢彩換輝燿莫倫異樂殊香沒空方息康帝以爲中興之瑞詔於其所置仙宮觀慶殊祥也因號曰東陵聖母家本廣陵仙於東土曰東陵焉二女俱升曰聖毋焉遂宇既崇眞儀麗設遠近歸赴傾弔江淮水旱札瘥無不禱請神貺昭荅人用大康姦盜之徒或未引咎則有奇禽翔其廬上靈徵既降罪必斯獲閭井之間無隱慝焉自晉暨隨年將三百都鄙精奉車徒奔屬乃煬帝東遷運終多忌苛禁道侶乎元空九聖丕承慕揚至道眞宮祕府罔不狂上半不全建況靈縱今蹤蹟之蹤古作縱此猶存古法

可諷道化在人雖蕪翳荒郊而翼禱雲集棟宇未復耆艾銜悲誰其興之粵因碩德從叔父淮南節度觀察使禮部尚書空監軍使太原郭公道冠方隅勳崇南服淮沂既蒸𢒰此字未釋作而不朽存乎頌聲

貞元九年歲在癸酉五月

素師遺蹟以聖母碑爲弟一此帖刻本以元祐戊辰刻於西安府學爲最佳淳熙祕閣續帖亦以真本上石似少肥少古健之氣明寶賢堂刻輭弱無力至湖南綠天庵刻則誤易殊甚爲之釋者董文敏臨寫并釋文學因碩德任石刻名中溶嘉定人著有古泉山館金石文編此釋載湖南通本今附裱冊後瞿木夫

志各有差誤余自幼耆習此碑能背誦茲釋其文而

係董瞿釋之誤於後

世疾世字顯即謂下有輭筆然斷非舊字董臨與釋俱作舊　祕苻董作祕藏　初忿董作初怨　歸赴董作俱赴　領弔弔至也瞿釋作帀亦可董釋作市則大非　九

聖上脫二字　建上字上半有蝕瞿云似旌字近是董作重

心俞至言世疾冰釋瞿作聞口主口口疾口釋　忿瞿釋作怒　躡虛瞿作戲似沒

息瞿云似亦字大非　家本廣陵瞿作家於廣陵大非　設瞿云似復

皆非　奇禽瞿作鳥　晉瞿作昔　訊瞿口　郊瞿云疑是顏字

蒸氏瞿口口下字余亦不能釋

董文敏書家冠冕視素蹟不逮遠甚微特五母字有乖

體製也然是見往哲旁搜遠紹方得集成大家故附裵於後不止爲學是帖者告

頃海昌錢友以董臨是帖絹本卷子售歸於余卷首亦有唐釋懷素書五正字臨至曰聖母焉往後跋語七行可見董臨是帖生平不知幾何本

陝刻聖母碑尾太和題文湻熙帖刻無之則碑本之本無是文可知矣文在元祐刻款之後則非元祐刻可知矣畢氏關中金石記未審文是左行而於同登字亦未契勘瞿氏中溶古泉山館跋尾謂必是登臨遊覽者所題而非是帖之題跋其說近是然何以刻在是石之尾

亦未雁指大興學士翁覃溪先生復初齋文集卷二十四雁塔題名重摹本跋篇之末附識云今陝西碑林懷素聖母帖一石尾有大和四年裴柳同啓楷題是即所雁塔題名石刻之僅存者而元祐時借用其前半之空石刻蔡書耳則說乃眞確眞審雁塔原題世無隻字即宋大名柳跋重摹之十卷雖殘拓亦何從得見茲賴是刻之借用而此二十九字之原刻佳蹟巋然獨存豈非厚幸然非翁先生拈出亦何以挾學古之疑益歎審讀古刻之不易廿五年乙巳作

顏魯公論坐書槀　西安原刻舊拓本

米禮部評此書謂詭異飛動自相連屬眞宜得此書精蘊可見米公書變動不居正全師此法也然如六曺尙書等字唐以前無此寫法此竝非顏公變法自出新意正是楷法精熟至急用時但作帶筆眞字姿態自溢點畫閒耳餘姚孫月峰僞書書畫跋跋論此書極博辨所云今胥吏起稿賈人登簿亦毎暗合此法此正是極意形容此書自無意中得之非官胥市賈寫到熟時便可髣髴魯公也此拓余方壯歲從溪南王氏牆東草堂易得紙墨純古係二三百年前物爲余攜至郡城付裝者父執友竹林里沈半桐老學究可均也時閱四十餘年

臨寫亦不記幾十百遍獻歲半雨趁閒書此亦野老田家淸況也道光十六年丙申正月四日

侍中書下一點虛翁云古帖凡帶下一點皆作白

右淳化閣帖弟六卷王右軍書王虛舟給事云侍書中書二字直下魯公論坐藁刑部尚書上柱國書上二字六曹尚書曹尚書三字祖之延濟案此可見顏公書詭異飛動自相聯屬下筆時雖不必有心摹古要自各有來歷

坿錄朱向齋太守跋

此陝刻論坐書稿也安吳二家刻本流傳絕少戲鴻

堂以陝刻漫漶因摹其所有宋搨刻諸石玉虹樓臨之王虛舟則以荒略譏之顧思翁宋搨自謂精好字形之失殆在不工今不逮古比比然也陝刻前明已漫其不漫者非明搨可知余家有陳匏廬侍郎臨本如輒有誤有爲未侍貴誤侍爲權隔品誤品爲如前董後陳未見善本已如此昔余京居購得一本右僕射右字口未模糊有侍品等字昭然可按昨見汪氏藏本今見清儀閣本字形亦不甚漫唯右字口不及余本之清晰耳夫字之有顏猶詩之有杜也既得善本又在善學必也離象得法離法得意不至如明七

子之學杜僅得皮毛焉斯可矣至六曹尚書俱作帶筆陜本如是若戲鴻所刻曹字中閒直畫乃由上横畫右轉絲牵而下至口而止亦古人行草用逆勢之一證張得天臨本依之皆不一直串下連及尚字其爲石泐無疑尚字連書戲鴻刻不連未知孰是要之此稿蘇云奇特黄云奇偉猶未足以盡之唯米云義憤勃發意不在書故天眞爛然斯爲得之蘭亭醇粹樂時書也坐稿烜赫憤時書也宋四大家皆學坐稿拙存堂書法論以黄蘇米火氣未除其以此哉道光庚子三月十日海鹽朱錫琮書

其業案此帖爲先生家藏善本手自作隸書簽自跋於丙申正月四日次日復命喆嗣稚春解元慶榮錄詩於後詩爲瑞少梅郡尊課試之作今歸秀水沈蒙叔學博景脩所

又　王氏話雨樓藏本

魯公論坐書𠋣異飛動宋蘇米四家無不從此津逮其刻以關中爲最富即安氏從眞蹟摹取者國學本戲鴻本皆豪釐千里矣此搨係數百年舊搨又得楊可師題識儻得覆入貞珉應勝他刻倍萬道光三年十月

坿錄

楊賓跋此西安府學本也孫氏書畫鈔云眞跡在京兆安氏刻以傳世吳中復守永興謂其未盡筆法因

再刻一本然則此本之爲京兆爲永興皆未可知而清活圓潤從容中道則誠有如袁文清王弇州所稱者余向有西安搨本不甚舊癸未冬過紅鵞館見姜學在宋搨本忽忽如有所失甲申正月觀譚書兩涵萬樓藏帖書兩有柯敬仲之風以十餘種相贈而此與焉精彩雖不及姜然比宋本則稍舊昔蕭翼賺辯才蘭亭敘詐稱賣蠶種人榮咨道買永興廟堂碑與錢五十萬余乃不費一文而以無意得之勝於蕭榮遠矣四月初四日書

顏魯公祭姪文稿 餘清齋本

董思翁容臺集魯公祭季明文眞蹟鮮于伯機所藏在新都吳太學家停雲館所刻乃米臨耳予刻之戲鴻堂帖者是也張米庵清河書畫舫新都吳氏藏顏書祭姪文眞蹟後有鮮于樞張晏跋而無停雲館刻陳深陳繹曾文徵明三跋中間顏書神妙其結構與石本微有不同二陳與文乃稱破罐爲黃花眞賞之難如此王虛舟竹雲題跋祭姪稾吳用卿家刻餘清帖本弟一停雲館或云米臨非魯公筆也廷濟案停雲祭姪刻浩放遒勁不可掩抑遠勝戲鴻唯快筆過多未見魯公鬱崛眞意商山（用卿住處）佳刻往來胸中者垂三十年矣嘉慶乙亥始

於澂水見餘清初本庚辰歲莫海鹽從子質夫茂才復從上海購此見貽沈著飛動詭異鬱勃具見魯公眞面目眞性情回視停雲石本則襄陽筆意處處呈露方信華亭爲書家董狐而二陳與文認羊爲王誠不免如靑父所譏也然二陳與文若果見江村藏蹟則一眞一臨當必審別論定是則生數百年後翻得見兩妙刻非吾輩之幸邪余集顏刻三十餘種元靜東方具有宋拓元靜兼有殘石而坐書稾有陝刻舊搨告伯稾有涫熙鬱岡兩刻此稾又藏有眞本當以寶顏顏吾齋矣壬午正月五日

明都元敬寓意編海鹽張黃門靜之藏顏魯公祭姪文

史丈爲余說云云濟案未知何本或米臨外更有臨摹古佳本歟人日又書

又　停雲館原刻初拓本

停雲館原刻初搨淡墨竹紙本嘉慶庚辰十一月廿三日購於平湖常賈鋪中其值大錢百文闕比者再陷常山攜尔首櫬撫念摧切之二行後陳淡陳繹曾文徵明三跋亦闕然筆法具足洵是佳刻佳拓當與眞賞齋火前本同寶因臨補二行後日當精裝之也余年止五十三而目力大衰陳文二小楷書跋竟不能臨矣次日記

舊藏停雲原刻全部爲嘉善周質庵侍御宸藻藏本舉

以相較此則更勝眞極初拓本也
顏魯公祭姪季明文稾董思翁張米庵皆謂眞蹟在新
都吳氏董云停雲刻乃米臨王虛舟吏部主其說張云
眞蹟後有鮮于樞張晏跋無停雲館刻陳淏陳繹曾文
徵明三跋中間顏書神妙其結構與石本微有不同當
亟購之龔爲三公解嘲案謂與石本微有不同似指吳
氏墨蹟與停雲石本言今以餘清停雲兩刻本參校不
同甚多如遠日夯塗改處吳本實是塗改文則僅刻空
句足知原本無字尤臨本之驗余向觀停雲本已歎妙
絕唯疑沈鬱之氣未臻極至想由鐫摹致之數年前於

友人齋見餘清初拓昔年庚辰歲暮又自購一本奇鬱沈著眞盡斂殷漏痕之勝再視文刻方見筆筆是襄陽面目中郎虎賁畢竟貌似耳然餘清打本固不易得停雲朙拓近亦日少一日若此本紙墨湆古石鋒絲毫未損是二百餘年物雖殘蝕數字自應球璧珍之矣壬午正月三日

所蝕帖後三跋昨夜海昌俞友仁老友來投示殘帖數寸中適有之亦是原刻初拓雖用墨濃揩與文稾淡拓不同然劒合璧聯此中自有墨緣爾辛巳十一月七日

顏魯公告濠州伯父文稾朙王損庵鬱岡齋原刻舊拓

本老友趙晉齋所貽他日與祭姪文合裝可耳壬午五月四日

又　盛澤王地樓藏本

右魯公祭姪文是明吳用卿以眞蹟摹入餘清齋帖爲古今祭姪稾刻本弟一停雲館刻乃米海嶽臨本耳張米庵破罐黃花之誚可發一粲道光三年十月廿日

唐顏魯公祖關二字拓本

祖作禮本漢隷關省作開參繆篆開內侯關中侯印字體青原寺志載寺僧苔汪舟次書云若此二字上石後落吉州司馬款此山光千丈矣

西園雅集記

米書西園雅集記誠未有如此本之妙者唐跋云得雲客雙鉤本屬朱興六重刻蓋與雲客時所刻之半園朱帖無二致也然即此刻之拓余於他處未之覯則知此刻之存佚亦無從稽訪矣海鹽澉浦畢既明處士宏述精篆隸學金壇王虛舟吏部澍爲書學至友有此本應即王吏部輩所貽者其時應在康熙雍正之時也既明翁之曾孫名梧字琴南物故亦數年矣海鹽學諸生少余數歲三十年前館余家檢此歸余而此本之外在他處亦仍未之遇則此拓之足珍爲何如也道光二十三年癸卯

又殘缺本

米老西園雅集記方廣不及三分而筆勢寬綽動蕩正如蛟龍起蟄蜿蜿作飛騰之致八百年來蠅頭小眞書之精更無過於此矣昔年得一全本已幷蘇公小楷書裝爲一册今澉浦友畢琴川兄梧又貽此本殘闕半紙十行海鹽受之姪卒爲余鉤補以全亦豪髮不走筆筆有生氣竹田衰老對之殊自怡悅也

琴川之曾祖旣明先生宏述與王虛舟吏部澍至契此當是初刻時虛翁所寄貽者故於他處曾不得購

四十年前於澉浦蘇鳴盛家見王虛翁手臨是記絹本朱絲格後款云臨弟五十幾本精妙之至亦旣明先生

家舊物索直太貴不能得未數年燬於火

前月之初嘉善楓涇郁盈若上舍攜涇南司寇張文敏手臨是記宋牋本係孔氏玉虹樓帖所已摹刻者神妙亦到秋豪顛余以一銀餅得之

宋乾道井闌

西焚化院修造僧永昌乹道元年正月旦日題

井闌刻在海鹽城内錦繡里伊耐園太守湯安修嘉興府志卷七十八金石部載此永下失昌字日下失題字

浯溪窊尊

嘉興縣新豐鄉十二都興善寺涵清房昔有老僧聲公

行醫楚中攜歸是石庋壁根者數十年沈稚春茂才德
毓見而賞之招余往觀僧遂知重嘉慶十三年四月曹
鴻叔上舍申錫作募錢疏敘遂以贈曹十四年三月大
興翁學士覃溪先生爲余賦天寶七載斷碑研詩尙勝
浯溪藥臼香坡公詩比抔尊羨自注元道州窊尊石嘉
興僧持歸作擣藥臼叔未亦拓其文見貽故末章及之
云云案嘉禾地少古刻此係漫郎遺蹟故當與河南新
鄭縣天寶七載修子產廟碑殘石江南句容縣顏魯公
書茅山李元靜碑殘石竝作嘉禾寶刻後有識者纂修
志乘其庶無見遺乎二月十三日　道光四年甲申

米書陽關曲

作字入纖媚一路退筆如山無一是處米先生此蹟二十九行三百五十字結體圓美而波折極嚴重有一筆不自唐人出乎遍覽石刻熙寧八年乙卯祁陽縣浯溪後題詩先生年二十五元豐三年庚申麓山寺碑側題名先生年三十筆力已不可一世此蹟才華稍斂當更在後然非董華亭孫退谷巨眼定識後學究未敢臆斷海鹽吳愚亭修藏此蹟楓涇謝石農太史曾刻入望雲樓帖吳没後此質諸他處因不及火蔣生沐近以余言力購得之

米襄陽藥洲題字　翁閣學重摹本

九曜石刻以米書爲弟一佳蹟學署僅有其八其一在藩署二堂東院中以甎砌臺寘之石高三尺許上刻藥洲二字左行書米芾元章題其旁有題詞漫漶不可識此當遂歸學署說載廣州府志乾隆戊子九月翁覃溪閣學於布政司廨後堂東竹叢中訪得詩所云五年搜剔海邊洲袖裏千巖萬壑流今日英光收兩字目中那更有全牛是也歐陽蘭畦方伯有移歸之諾詩所云字本記洲轉記石意取地證無差訛署名仍借兩已背十粹八八劉嵯峨五湖寫真且須辦鄭先覺漫誇宣和是

也歐陽既而悔之翁以所摹石陷院壁有別摹一石藏
之以俟歸而置齋中詩所云九月九日竹閒雨二十五
點珠搖漪舊玉楚弓本故物秦城趙璧何足奇吾齋秀
氣尤不泯他年蓬山想忍饑宅無可賣石可袖蕭家一
字眞家貲是也此刻爲翁摹陷使院西齋之石米書多
縱逸此於謹嚴中寓飛動之趣而圓和處神似永興翁
閣學書本淡於虞故摹此尤神形逼肖耳同遊者三人
九曜中有元祐二年三月題石李之紀仲明吳荀翼道
張升卿公詡蔣之奇穎叔此公詡張升卿也翁云張升
卿元祐中轉運使錢竹汀宮詹引中吳紀聞孫載字積

中神宗時除廣東路常平哲宗即位諸路常平官廢赴
京師授通判陝西遷廣東轉運判官此積中孫戩也道光七年丁亥八月廿八日
先外舅太史公朱簳槎先生視學粵東拓遺之本既
從婦弟寶臣借摹入石謹識於尾而歸之

嘉興學流虹亭蘇公馬券碑

蘇書原刻極少其復刻者往往失之肥重此刻風秀異
常的是宋時以眞墨上石倉州本余未之見王蘭泉司
寇昶萃編跋是刻云此與倉州兩刻未知孰先孰後然
不據倉本入錄則是刻固足重也吾家有海鹽陳珠泉

明府玉垣從丹徒鶴林寺古刻翻刻一石而鶴林原拓亦有一紙以較此刻筆法小有異則知當時石刻亦不一經匠手肥瘦自小有不同耳此本是五十年前所拓近日墨出已不能及更閱百十年不知又復何如耶」山谷云使有義士能捐廿萬錢并劵與馬得之此作文之波瀾不當泥看嘉興邑令梁森跋買者索十萬錢非但易廿爲十且認眞作牙儈人語淺已

晉王坦之傳與殷康子書論公謙之義曰夫物之所美已不可收人之所貴我不可取誠患人惡其上衆不可蓋黃跋云衆不可蓋本此

漢書鄒陽傳陽從梁孝王遊梁事敗孝王恐誅思陽言令求方略解罪於上者陽素知齊人王先生年八十餘多奇計即往見語以其事王先生曰難哉今子欲安之乎陽曰鄒魯守經學齊楚多辯知韓魏時有奇節吾將歷問之王先生曰子行矣還過我而西鄒陽行月餘莫能爲謀還過王先生曰臣將西矣爲如何王先生曰吾前日欲獻愚計以爲衆不可蓋師古曰蓋覆蔽也竊自薄陋不敢道也若子行必往見王長君士無過此者矣廷濟案顏注言衆人識見不可輕易掩蓋也王坦之書語本此

廿二年

壬寅

蘇文忠蜀岡詩刻

蘇文忠次韻蘇伯固遊蜀岡送李孝博奉使嶺表詩按伯固名堅潤州人博學能詩元祐四年己巳文忠出守杭州道吳興伯固以臨濮縣主簿監杭州在城商稅自杭來會公作後六客詞伯固與焉五年庚午公有次韻蘇伯固主簿重九詩雲開朱袖拂雲和云云元符三年庚辰公歸自海南十二月抵韶州伯固待於南華公先寄以詩扁舟震澤定何時云云此詩在元祐七年壬申守揚州時作公年五十七令揚州禪智寺在蜀岡石本有嘉靖辛丑盛儀萬厤己卯沔陽陳文燭二跋然是重刻且有殘闕此爲武林

故同年友許青士觀察乃濟以所藏眞蹟刻於端州道遠拓不易致

文忠晚居陽羨病不起叔黨兄弟得吉地於汝州郟城之小峩嵋山因葬焉明末盜伐其冢柏順治三年知縣濟南張石只篤行爲封樹立碑其夜夢一青衣曰東坡遣致謝問先生今何在曰臨汝公至彼當相見是年七月以事至汝州有青衣叩門遺一卷乃公墨蹟蜀岡送李孝博之嶺南詩青衣忽不見張異之因命工摹泐於石自爲長歌記之事載王文簡池北偶談大興翁先生跋此帖云汝州之帖青衣之夢葢謂此乙巳五月六日

至

宋蘇文忠雪浪石盆銘

一雙鉤本一何夢華元錫拓貽一趙晉齋魏拓貽一張文魚燕昌拓貽康熙初臨城令宋慶業自定州移雪浪石於臨城建亭甃池宋去後變爲馬廄皁石棧石亦仆土中乾隆丙戌趙州刺史李文耀復移置定州衆春園見嘉善周質谷震榮曲陽詩注　又朱佑鶴廣文邦經沈向齋進士可培傳云雪浪石張學士若靄圖進後無復敢下筆乾隆庚子進士令安肅適高宗純皇帝傳　旨詢問直督袁公守侗有能重爲是石寫照者袁檄進士馳往定州圖成恭進

蘇文忠公詩石刻

結廬得志仲長統，困病求閑馬上卿。此日壺中聊取適，它年谷口尚留名。　過薦福用前韻

喚客山中去，秋清屬此辰。碧波涵日淨，紅葉隕霜新。世味老逾薄，交情久更親。種蓮開淨社，茲事付吾人。

芑堂明經以宋人無款詩幾見示，余定以爲坡老無疑，因口占四絕句跋之，俟世之具隻眼者同賞。時乾隆壬寅二七秋禊之日，山舟同書。

蘇書刻石之傳於吾郡者，文長老詩在本覺寺，馬券帖在流虹亭，橋頌帖在王惺齋進士家，安國教授詩、圓覺

經謝若農中翰家刻明包氏蕭爽齋所刻承天寺遊記近在余齋而馬夯帖亦藏有舊刻此蠟牋眞蹟海鹽文魚徵士得自澉浦畢氏梁學士題後旋爲有力者購去已不知流轉何所今王心耕上舍得徵士所贈手鉤本而其從子嘏齋精摹上石爲嘉禾增一寶刻已道光六年丙戌九月

宋黄文節涪溪詩刻　舊拓蘇本

黄文節公涪溪詩刻後人目爲小摩厓詩載公內集弟二十卷黄子耕譔公年譜崇寧二年癸未十一月有宜州謫命三年甲申三月己卯泊涪溪按長厤己卯爲初

六日次年九月三十日卒於謫所是蹟蓋晚年作也髮成絲集作鬢烏擇棲集作烏任淵注烏字或作鳥非而注引古樂府烏栖曲復引史記世家鳥能擇木木豈能擇鳥乎按二語已見左氏傳春秋集作春陵任云或作春秋非是然道州春陵行與此無涉詩蓋云結此頌志微而顯合於春秋與少陵杜鵑詩同恉則公詩傳本當時雖有異同自應以石本爲正胡仔漁隱叢話謂明皇還西內詩作南內誤任注引唐書元宗紀至自蜀郡居於興慶宮上元元年徙西內興慶即南內也則詩作南內亦未爲誤湖南通志嘉慶丙子年修卷二百十二此刻在浯溪摩厓之

左其後有題云上艇子發秀才家迺以私錢刻之中興頌碑之側同來相視南陽何安中得之磨滅令陸弁景莊浯溪伯新宣和口子十二月廿日無諸釋可環模刻瞿木夫古泉山館金石文編謂讀山谷自題知當時此詩未及刻石而墨蹟藏於子發秀才家至宣和時廼勒石耳子上當是庚字云云吁蔡元長當軸賢人君子遷播流離重足而立如冒空青與公同遊至不敢同列題名而公鴻篇瑰筆遲至十六年乃得劉諸石壁搢紳道喪綱紀日隳三復是詩不能不喟然歎也

此是百年前舊本惜翦裝者遺奪數字外有舊拓整幅

得於郡中集街鄭步橋肆中而下半又碎去數字三年前海鹽汪儼齋思敬以新拓整本見貽則如同來野僧諸字剝蝕已盡不可辨識矣道光九年己丑八月三日

黃文節公此君軒詩宋拓本

山谷先生生於慶厤五年乙酉紹聖二年乙亥謫黔州元符元年戊寅以避外兄張向之嫌遷戎州此題榮州祖元大師此君軒在戎州時作也任天社淵先生年譜山谷有此詩跋云元符二年閏月初吉書贈榮州琴師祖元是歲閏九月又有一篇亦此韻見於外集黃雙井當先生年譜案蜀本詩集注云山谷此詩跋元符二年

閏月書贈榮州琴師祖元按是歲閏九月又有一篇亦此韻見於外集今外集無之廷濟案今此石刻元符二年冬元訪予於僰道約來三月予必東歸歸當復來別我既而如其言果來相見但乞此君軒詩而已則此詩應在三年作兩譜二年之二字必三字之誤然二年之冬約三月復來如其言果來相見則似應在春月不應在閏九月中兩譜云又有一篇亦此韻明郁逢慶書畫題跋記卷四黃山谷行書元師帖在楮上摺褾元師自榮州來追送余於瀘江之安綿水驛因復用舊所賦此君軒詩贈之并簡元師從弟周彥公庭堅詩云歲行辛

已建中年諸公起廢自林泉王師側聞陛下聖抱琴欲奏南風弦孤臣蒙恩已三命望堯如日開金鏡但憂衰疾不敢前眼見黑花耳聞磬豈如道人山繞門開軒此友歲寒君能來作詩賞勁節家有曉事揚子雲龔龍森森新聞舊父翁老蒼孫子秀但知戰勝得道肥莫問無肉令人瘦是師胸中抱明月醉翁不死起自說竹影生涼到尾椽此聲可聽不可傳建中元年正月辛未江安冰次偶住亭書則此石刻之跋與郁記皆可正補先生詩集及注矣是刻拓本甚少青浦王氏嘉定錢氏皆未之及豈地僻難致抑石已久佚訪碑錄作此君堂詩刻

在安徽桐城或别有一刻歟此書傾欹跙散純是山樵鶴銘紙墨渲古的是宋拓以一銀餅易得竹田寂歷夜涼人靜時跙吟幾過覺有風雨聲軒然從紙上起道光九年己丑七月廿三日

陸渭南與杜敬叔書并敬叔跋語石刻拓本

廣西臨桂水月洞磨崖刻

自警　人生非金石壽夭不自知一日復一日亦或至耋期方其未死閒早夜勿自欺嗟彼陷溺者泰山起豪氂努力戒惰偷堯舜可庶幾我今齒髮弊彊健復幾時一寸學古心自視猶可爲雞鳴推枕起爲善

亦孳孳天定終勝人吾世或未衰素業果有傳三復
吾此詩　□李泌事有感　莘渭當年已誤來商山
芝老更堪哀人生若要□□事□□□□□□□
太古　太古安知慮與堯茹毛飲血自消搖不須追
咎爲書契初結繩時俗已澆　舟中戲書　平生萬
事付之天百折猶闕以下　閒趣　堅閉門來又過冬
一裘且復擁龍鍾不辭陋巷如漿冷酷愛新醅似粥
醲迎婦橋邊燈熠熠賽神林外鼓鼕鼕豈惟自得閒
中趣要遣兒孫世作農　白首　白首元無一事成
朝來大笑絕冠纓花飛早已知春減漏盡寧容更夜

行蕭散且爲無筭飲猖狂未免不平鳴玉關□□□

□□□□□□□□□　春　短褐枯節老病身龍

鍾也復喜新春已知不解多年住且作都無一事人

簷角鳥聲呼醉夢□中花氣襲衣襟朝來更有欣然

□□煑山蔬勝八珍　□友杜敬叔自嶠□寄書來

索手錄□□七十三翁豈復能□□筆硯敧斜跌宕

□讀之自不能識□叔以意求之可也□元丁巳正

月廿四日笠□陸游務觀書以上俱草書徑一寸許分二層上層詩四首下

層詩三首并跋

放翁此札此詩并杜思恭敬叔跋刻臨桂水月洞昔歲

所襃詩拓䟦如從粵西金石略錄補於後張丑青父清河書畫舫云此七詩今在吳郡黃氏

趙臨樂毅論

樂毅論流傳有二種其闕唐諱而有褚河南奉勑跋者唐摹也其不闕唐諱而有異僧權字者梁摹也此松雪所臨是梁摹本風格遒媚的是山陰正派渤海石多漫漶此當是百年前拓本一再閱之良可重也道光壬午七月廿四日爲琴甫先生書

前明忠賢字蹟彙刻

若農先生謝世伯昔以家所藏蹟彙刻望雲樓法帖十

二卷又舉前明忠孝節烈諸賢之詩文書問更鐫諸木字以人重非僅僅以書存世者比而鑒擇審慎摹勒精善士夫家尤珍爲寶刻茲承廣甫四兄孝廉命加題署以竟先生未竟之緒因幷識於末道光十七年丁酉正月八日

祝枝山艸書秋興八首

此明時拓其石久佚此不知刻於何地有朱文小眞書是同邑竹林里沈半桐老學究可均親筆

昨蘇州長洲曹秋舫載奎以祝書三種索題其艸書述異記卷後有楊大瓢賓跋語推重秋興極至

祝枝山艸書落花詩石本

蔣春雨明經所藏有錢籜石宗伯梁山舟學士馮孟亭侍御等題記數十八
石本易得而題記極可愛蔣明經草書得法於此
道光四年甲申八月四日曹華尹兄歸來值銀五餅
自怡堂帖
文帖
作小字寬綽有餘是待詔最擅場處
董帖
思翁少師北海晚宗平原此孝經全部無垂不縮無往不收蓋暮年更妙蹟也願書萬本讀萬過故當瓣香下

拜

劉帖

元明以來書學卒被吳興華亭兩家籠住文清相國宗法魏晉直欲抉破趙董藩籬自是數百年一大宗匠右帖臨古之後間有跋語允爲書家祕鑰

梁帖

梁學士書虛和靈妙看如離紙一寸卻是透過紙背況復出自耄年尤爲希有劇蹟丹亭先生鹽刻法書先成四卷見示因爲識之

湖海雙清

合范撫軍忠貞公贈平湖陸鶴田侍御詩而侍御長跋
贈海鹽張螺浮給事詩而給事和章之兩石本爲一冊
因以此四字弁之
平湖陸鶴田侍御之曾孫字念曾（平湖縣學武生員）爲吾里王
氏壻因家丁字溪南與吾家隔溪相對念翁故後嗣子
大椿以此詩刻出售余適無餘錢買取王子慿以四千
錢易得之吾里北市溪之西施王廟左側　國初時建
有范忠貞公祠祠僅一間子慿故後余慫恿其子恭壽
移嵌公祠因循未果今恭壽又故此段因緣未知後何
如也侍御豐頤多髯余曾從其家見官像小影兩幅其

詩箋書問余收得數紙又收得鶴田雲峰草堂兩石印吐鳳齋一象牙印大椿遷回平湖物故已久又無子蹤跡杳不可問矣十八年戊戌

范忠貞公流福兩浙讀集中請買穀平糶請緩征折漕諸疏仁人之言不獨盡節八閩人欽孤忠勁節也是詩贈海鹽張螺浮給諫爲嘉湖二府被水公巡視勘災時作雖寓跡林園而恫瘝乃身之隱字字流露先天下之憂而憂後天下之樂而樂非歟字畫勁健鬱怒純似顏書偉人瑋寶眞令人不敢褻視乾隆六十年乙卯

三月廿日同沈省老遊涉園忘攜氊蠟之具卽用衣中

破絮拓得

范忠貞張給諫兩詩刻其三石嵌涉園偏宜偏額之屋之壁初入園門之地乾隆五十八年癸丑三月二十日余同海鹽沈省安兒住飯羅濱往遊用衣中敗絮代氊拓得嗣後范詩石已斷園主人并三石移置内屋拓遂不便忽忽四十六年沈已化去而余年七十一矣略書此以紀陳迹

十八年

戊戌

祝文彥珵美慶符堂集聞見巵言浙中五十餘年來撫軍亦無失德者然民視之如路人其去來了不介意獨范撫軍承謨任事四年民依之如父母初因病請告民

皇皇如失所天罷市巷哭相率求督院題留後陞遷離任村村巷巷臥轍扳轅持獻酒肴隨路擁舟不能進馬不得前直盡浙界葢潔己愛民實心任事浙地連荒爲民請命民故德之如此廿二年壬寅

慧葊藏種茶詩石記

道光廿五年乙巳冬十月石門蔡笑拈錫琳以其先人硯香廣文彙刻鄉先輩吳孟舉先生種茶詩石藏於城西之慧葊葊鄰黃葉村莊即孟老種茶處也以打本賥余和者廿九家皆一時名宿計帖石十有九屬余記之余謂古之藏書於僧院如白樂天庋長慶集於東林寺

孫巨源得古文苑於佛座子孫之守不如名山之藏也
今笑拈之藏石於蕣亦此意也後之過是蕣者撫其石
讀其詩既想見當日風雅之盛而又念廣文表彰鄉邦
耆舊之意爲不可及則此舉不亦多乎

金甘叔作霖書稿石刻

右石刻二稿書其在道光七年者是吳江盛澤金甘叔
作霖所撰以祭同里施吟樵也其在十六年者是甘叔
代王薌娛元松西泉元相以祭其親家施質庵也質庵
之子熊字祥卿珍以刻石沈南一孝廉日富云此刻有
三善施氏父子世有厚德得此取徵善一甘叔遺墨廣

傳善二熊與其弟熙榮能顯祖父之美亦可藉以勸孝

善三涧然二十六年丙午冬十月廷濟書後

光緒十有八年太歲在壬辰孟秋月石埭徐士愷校棨

清儀閣金石題識卷四終

東洲草堂金石跋

東州草堂金石跋五卷

後學徐廷麟署

乙丑季秋湖
南叢書處刊

東洲艸堂金石跋目錄

卷一

跋郝季敦拓本

跋卯敦拓本

跋叔䑣簠拓本

跋子祝禽鼎拓本

跋追敦拓本

跋張仲簠拓本

跋𢽍霝彝拓本

跋商歫末拓本

程木庵藏竟甯銅鴈足鐙攷寄六舟上人

題竟甯銅鴈足鐙款識拓本爲潘玉泉作

跋黃小松藏衡方碑拓本

跋衡方碑拓本

跋史晨饗孔廟後碑宋拓本

跋潘乾校官碑拓本

跋陸次山藏潘乾校官碑拓本

跋曹景完碑陰拓本

跋漢司徒殘碑拓本

記江氏劉熊碑雙鉤本

跋圉令趙君碑舊拓本

跋天發神讖碑拓本

卷四

跋黃小松藏衡方碑拓本

跋衡方碑拓本

跋史晨饗孔廟後碑宋拓本

跋潘乾校官碑拓本

跋陸次山藏潘乾校官碑拓本

跋曹景完碑陰拓本

跋漢司徒殘碑拓本

記江氏劉熊碑雙鉤本

跋圉令趙君碑舊拓本

跋天發神讖碑拓本

卷四

卷五

跋重刻李北海法華寺碑

跋摹刻李北海李思訓碑拓本

跋陸次山藏實際寺碑舊拓本

跋大字麻姑山仙壇記宋拓本 二則

跋小字麻姑山仙壇記舊拓本 八則

跋晏雲唐大字麻姑山仙壇記雙鈎本

跋黄瀛石大字麻姑山仙壇記摹刻本

跋吳平齋藏爭坐位帖宋拓本

跋魏氏重刻爭坐位帖

跋胡扶山藏魯公帖

東洲草堂金石跋目録終

東洲草堂金石跋卷一

湖南叢書

道州何紹基撰

跋阮相國藏齊矦罍文拓本

說文讄禱也絫功德以求福也誄諡也按讄誄古通用絫功德以求福與絫其行事以作諡其義一也許氏於讄字下引論語讄曰禱爾于上下神祇今論語正作誄是一字矣自王后國君夫人有諡大夫妻不得有諡則亦不得有讄矣此云齊矦女讄者特爲表異也齊矦爲喪其□喪字从㗊从犬从亡無可疑者惟𡴀字不可識其爲姑爲姊其左佀朿其右又佀古字難以言之蓋即

指孟姜孟姜陳桓子無宇之妻也齊侯有孟姜之喪然禮諸侯絕期齊侯於孟姜不當有服以其夫與子相繼執國命君不能不爲之服也曰命大子□□告□宗伯聽命於天子者踵喪服且陳氏固欲得請於天子也曰期則爾期余不其吏者言爾欲服期則服之余不汝違也女受□歸□□者女謂使人曰爾齍受御者爾指齊侯令其齊衰受御也裳下緝曰齊禮喪服疏衰裳齊說文作齋此作齍從止正裳下緝之義齍受御者謂期服也齊侯拜嘉命於天子者得服期何爲嘉命陳氏則宜以爲嘉命也因而大舞鼓鐘皆得請也璧玉玉之善者

備玉者備之言服古備服通玉可佩服者也此備下脫
玉字司于大舞司誓于大司命者大舞大司命皆天子
官言受職司於大舞者請得賜樂受誓戒於大司命者
請得賜命也大舞司命周禮易其名耳用璧兩壺八鼎
于南宮者齊侯祭桓子孟姜也子用璧二備玉二司鼓
鍾一肆者桓子之子祭其家廟也齊侯旣𥁕桓子孟姜
喪其人民都邑堇□者言君爲臣喪服齊衰期則人民
都邑益彊盛也舞用從爾大樂卽所請於大舞者也用
鑄爾羞銒卽請於大司命者也羞銒二字脫失不可識
用御天子之事直㠯陳氏爲王臣矣桓子孟姜用乞嘉

命用匃眉壽萬年無疆用御爾事者爲陳氏頌禱無窮之詞也陳桓子無宇蓋先卒此齊侯自爲孟姜服期而云齊侯既醆桓子孟姜喪者恃權怙寵之詞也此齊侯蓋景公景公之時陳桓子無宇已卒陳僖子乞事景公得齊衆心宗族日彊景公不能制詳見左氏傳及晏子春秋此器之作亦無忌憚之甚矣悼公之立簡公之弑端見於此余昔釋器爲喪字龔定庵謂古無因喪而受嘉命者亦無以喪祭而匃眉壽者豈知陳氏正因齊侯服孟姜之喪而侈言其貴盛奚問禮之吉凶哉因孟姜而作是器器歸陳氏不得復屬之齊侯亦不得竟屬陳

氏余因定爲齊孟姜壺舟行搖兀作此釋文攷訂一豁
從前紛葳使許印林陳頌南徐問蘧曹秋舫吳子苾諸
君見之當同稱一快也壬寅六月二十六日鄧州闇亝

阮相國藏齊侯罍文堇字攷二則

許書洹字下云水在齊魯閒此段爲桓字如檻泉亦作
濫泉杇亦作污泭亦作桴之例耳堇字下一字相國師
定爲夏字精確之至然則堇一字爲人名如陳君說子
上是支字竊意支子堇郎武子疆也按許書堇黏土
也从黃省从土古文堇从黃不省因黏土故从土則
从黃爲从其聲矣內則塗之以謹塗鄭注謹當爲墐也

墐塗塗有穢草也墐卽堇字鄭讀必與穢爲韻則是堇字古音正與疆同字本从黃从土黃本从田疆字亦从田从土形近音似得相通叚此銘从古文作堇卽疆字也巨斤切之音於古籍無徵葢起於後世矣又許書畺下出疆云或从土彊聲按彊从弓畺聲則畺之或體不得轉从彊聲當是从土作壃俗誤爲彊耳武子之名葢本作堇通作壃俗作疆或竟壃字移土於下作亜里因形聲皆似堇而誤作畺轉誤作疆未可知也金石文字往往足訂六書經史之譌敢附肊見請正戊戌夏

按左傳昭二十六年冉豎射陳武子以告平子平子曰必子彊也杜注子彊武子字夫名疆而字子彊音義皆相近史記田敬仲世家作武子開按開从幵聲古音又與巨斤切之音同部是武子名疆亦名開而字子彊也或作武子疆者誤字爲名又誤彊爲疆耳又齊世家索隱引世本陳桓子無宇產子亹亹產子獻獻生鞅是陳桓子之子開與乞之外尚有子亹也惟云子亹子獻而下第云鞅疑亹獻亦是名非字子字連上讀

又按魏文侯使使言周天子及諸侯請立齊相田和爲諸侯周天子許之此器有天子之事云云竊意田太公

始爲諸侯告於桓子孟姜之廟妿天子之命而作是器也惟太公名和不名罍姑記之以俟有會通其說者

跋積古齋藏王復齋款識摹本

按弟一鍾首一字似魏字下從土猶從山之意弟三字似擊字右殳字甚明右上作[illegible]下作[illegible]古又手一也右欒末上似舞字上似半字下似舞字上半[illegible]之省下半[illegible]之變古𨑒字下从辵也季娟鼎疑當作季鼎尊[illegible]字合於[illegible]爲[illegible]字古揚字作[illegible]之省上云錫鼎馬兩故作季鼎寶尊彝一器兩[illegible]字不得前以爲貝後以爲員合女爲[illegible]也楚公鍾自左而右弟一行[illegible]是甲申字

楚公下一字[illegible]北似旅字按旅古文作[illegible]說文小
篆作㫃从从从从㫃旗之斿於蹇之貌此上作㫃
正篆㫃旗於蹇下則古文㫃北之省也第二行此[illegible]
吳靈是器之名[illegible]即戠立戈在上[illegible]古文克或作
古[illegible]此其省也第三行[illegible]似仲字楚公之字公下[illegible]
郎旅字斷非狂字也第四行[illegible]疑郎不以字按旅者
莊王名莊王滅舒蓼盟吳越而還見左傳宣公八年據
經文事在六月其七月甲子日有食之杜氏云月三十
日食然則八月朔爲乙丑二十日爲甲申此云八月甲
申正八月二十日也郎此作鍾之日因始盟吳故器名

吳畾凡器有雷雲者皆可稱畾也戡克云者葢卽減舒蓼事稱楚公者或自問鼎後暫去王號如熊渠畏厲王亦暫去王號也是爲楚莊王鍾似無疑義矣孫淵如觀察所藏敏敦亦記楚王平吳是其類父已鬲首行丂是戎字左略象立戈形丨仲偁父鼎𠄎丨是乃字下師𦍨鼎正證也儀徵相國師出示此冊卽所見記請誨定他日並乞將宋拓原冊賜觀不勝冀幸時丁酉小雪日

秦公䨻鍾文攷爲程蘭川作

自程氏瑤田見是鍾於河間紀氏定爲周公䨻鍾爲之釋文攷訂月據以攷鳧氏爲鍾之制文載通藝錄中阮

太傅師據拓本載入積古齋鐘鼎款識釋文皆從程氏
惟乙亥誤作丁亥易鐐爲錯易釁爲鑄易悌爲愸易佞
爲篆錯字鑄字愸字皆當从阮佞篆則皆誤㞢程蘭川
兄見示初拓本有桂氏未谷江氏秋史孫氏淵如題記
桂氏既手錄程氏釋文而訂之曰[illegible]非[illegible]字[illegible]非擇字
龔非龔字錯非鐐字江氏釋[illegible]爲邾定爲邾悼公[illegible]
之器謂畏威義複改釋[illegible]爲畟義同肅訂[illegible]字爲
愸訂[illegible]字爲墜又引莊氏述祖云古文龍从[illegible]象
形或加彡象鬣此[illegible]上有[illegible]蓋象角孫氏改釋[illegible]
爲聖字不知从耳从心之聽字已見於汗簡也桂氏自

謂附程氏諍友之末江氏又云附未谷諍友之末余生也晚若程氏莊氏桂氏江氏孫氏皆不及爲之諍矣昔過揚州見阮師而質之曰此秦武公鍾也厥左證在秦本紀阮師溪然之且曰盍作一翔實文字糾吾積古齋之誤乎余唯唯退因循積年未著於篇今見此精拓請申繹其說曰首曰惟王正月初吉乙亥者武公卽位在周桓王二十五年二年爲莊王之元年十七年爲釐王之元年此所稱王不知於桓釐二王何所係列國器罕繫王月者楚曾侯鍾云惟王五十有六年曰直稱惠王紀年矣獨此器書王正月者秦自非子以主馬爲附

庸封秦厲後西戎反王室秦仲誅之犬戎與申侯伐周殺幽王襄公救之平王東徙雒邑襄公以兵送之平王封爲諸侯賜以岐以西之地至文公收周餘民之地至岐岐以東獻之周周太史儋曰周故與秦國合而別其書王正月與魯史同意宜也□字爲秦字無疑从半从□从禾甚瞭上从艸者與古文从□同意也武公之名不見於史記本紀年表及世本幸得此器著其名矣羼其吉金叚羼爲擇者以象兩手與一手字得通用也玄鏐者爾雅黃金謂之璗其美者謂之鏐說文璗下云金之美者與玉同色況鏐更其美者乎禹貢鏐作璆

蓋與璗同義璆爲梁州之貢華陽黑水惟梁州地與雍州連武公元年伐彭戲氏至於華山下宜得此美金矣韋昭郭璞皆以鏐爲紫磨金此云玄鏐玄紫色近也說文錯金涂也玄鏐爲質赤金涂之謂之赤錯也用鑄乃龢鍾知是鑄非釁者汪氏鍾鼎字源於釁下重文出盥字而鑄字重文有釁字盫蓋釁之消矣字典皿部釁字注云字彙補與釁同見石經所謂石經不審何指未可據也呂乍其皇祖皇考者乍即胙字說文胙祭福肉也儀禮皇尸命工祝承致多福無疆於女孝孫此得以孝孫胙其皇祖皇考者戒且慶之詞也秦文公四

十八年太子卒賜謚埒公埒公之長子爲太子五十年
文公卒埒公子立是爲甯公立十二年卒長男武公爲
太子此皇考卽甯公皇祖葢埒公而上及文公也埒公
雖得謚而未爲君國當祖文公矣甯公卒大庶長弗忌
威壘三父廢太子立出子出子立六年三父等復賊殺
出子立故太子武公武公三年誅三父等此云余畏龔
威忌者畏字有德公鍾可證龔字消作韓非段龔也威
忌者威壘弗忌也皆二名舉一如左傳晉重檀弓言在
不稱徵之例三父葢宗族故諱之畏龔威忌有戒於前
事也居華下三年始誅威忌等其謀深矣故云爾也江

氏改釋周字爲郝又云畏威意複可謂善疑惜未一檢
秦本紀也愍愍穆不弔於乃身弔力字於弔字爲近爾雅
愍思也穆穆敬也愍穆猶怵惕惟天不弔儆懼之至也
鑄其龢鍾以卹其祭祀盟祀祭祀正祀也盟祀盟詛之
祀也春秋尚盟祀秦楚尤重之觀呂相絕秦書及秦詛
楚文可知言卹者仍戒懼之詞也以樂大夫以安士庶
子按秦風車鄰箋云並坐鼓瑟君臣以閒暇燕飲相安
樂也駟鐵公之媚子傳曰能以道媚於上下者箋云謂
使君臣和合言襄公親賢也黃鳥序云國人刺穆公以
人從死也晨風序云康公始棄其賢臣權輿序云刺康

公忘先君之舊臣與賢者有始無終也秦風十篇皆言
君臣之際其君臣同心教俗自然故一鍾之銘不忘大
夫士庶子也脊爲之聽者國語單穆公曰耳之察龢也
在清濁之閒先王之制鍾也大不出鈞重不過石律度
量衡於是乎生故聖人愼之又曰聽和則聰佮州鳩曰
古之神瞽考中聲而量之以制此愼爲之聽之義也元
器其舊武公本以太子廢復立誅亂得守故物故云然
也哉公眉壽哉古通載通茲通自此音義當如自哉自
皆有始義伊訓朕哉自亳哉自字連用則自爲語詞此
哉字獨用則兼自字義哉公眉壽者使君壽考之意也

秦邦是保以下幸且美之詞舊壽保爲韻若以哉字連上句則公眉壽三字爲不文也阮師藏周公望鍾嘗賜拓本余細繹之葢武公之弟德公之鍾也其文曰惟王九月初吉辰在乙亥秦公口此字不可辨然非望字睪乃吉金玄鏐口丑自作龢鍾曰余畏此字直作畏與前鍾異龔威忌盩辝龢鍾二鍺台口口㠯口大夫㠯口諸士至于萬年分器是寺阮釋亦誤秦爲周玄鏐下作昔㠯未確㠯其屯於龢乍天七字亦未確也按武公卒德公立元年初居雍城大鄭宮以犧三百牢祠鄜畤立二年卒其元年當周釐王之五年二年當惠王之元年惟王九月不審何屬亦

云畏韙威忌者親見威忌等弒立之亂故此語與武公
鍾同然事隔已遠故戒詞不甚也分器是寺寺卽時字
蓋祠鄦時時所作卽以是器分置焉非初封之分器也
武公云元器其舊可作初封分器解矣兩鍾相證厥義
益審矣日辰皆乙亥者少牢饋食禮來日丁亥用薦歲
事于皇祖伯某鄭注引禘於太廟禮日用丁亥不得丁
亥則己亥辛亥亦用之無則苟有亥焉可也賈疏引月
令云乃擇元辰注云元辰蓋郊後之吉亥也陰陽式法
亥爲天倉祭祀所以求福宜稼於田故先取亥上旬無
亥乃用餘辰鍾鼎日辰多用亥蓋同斯恉也

攷工記鳧氏爲鍾若欒銑于鼓鉦舞甬衡旋幹篆枚景隧諸名釋者詳矣惟銑間篆間鼓間之說注疏家皆未了了戴東原氏攷工圖亦覗間字爲贅文至程氏自立圖說而兩銑之間兩鉦之間兩鼓之間始有的解其言云鍾口空無物可指以寫其縱橫大小之徑於是指其兩銑之下端與其兩鼓之下端而命之曰銑間鼓間此實得古聖賢立言之妙至謂此鍾銑十銑間八鼓間六舞脩六皆與鳧氏合惟鳧氏鉦八以銑十除之其二當鼓與于共也今則鉦與鼓共八于之空處專得二微有異耳按古人制器之瀘本不能齊同況此秦鍾非周鍾

焉得槪以鳧氏法繩之乎程氏又云凡器有內外則銘在內有底則銘在底此銘當爲鍾之後一面也按鳧氏于上之攡謂之隧注云攡所擊之處攡㡿也隧在鼓中窐而生光有佀乎隧鳧氏又云爲遂六分其厚以其一爲之深而圜之注云厚鍾厚按鍾旣橢圜明有兩面所擊處必正面也近所見鍾銘拓本於上靁紋全見無隧形知古鍾制惟正面有隧背面無之刻銘在背無疑義矣

跋秦公望鍾文拓本

積古齋釋此爲周公望鍾葢非也秦字明非周字實

是秦字無疑蓋秦德公所鑄器也史記秦本紀武公爲太子甯公卒大庶長弗忌威壘三父廢太子而立出子爲君出子六年三父等復賊殺出子立武公三年誅三父等武公卒立弟德公德公元年初居雍城大鄭宮以犧三百祠鄜畤卜居雍積古齋所載周公䤼鍾余既據畏龔威忌爲指威壘弗忌定爲秦武公鍾此亦有畏龔威忌之言而其詞較彼爲簡緩者德公親見威忌之專及武公之誅邪定亂特其事已遠故無愆穆不紊于乃身及元器其舊等語也德公始作鄜畤此鍾蓋爲鄜畤而作故云分器是寺武公德公之名不著於本紀賴此

器以存然此𨹧字尚未甚明瞭古鍾鼎皆鑄款此乃鑿
畫爲之其細如絲與中原制度殊矣宿遷舟次

跋秦公玗鐘文拓本

余既辨正周公𢿱鐘周公𨹧鐘皆爲秦公鐘矣不意復
得此秦穆公鐘也此秦公下一字作玗經傳中載穆公
名任好不知此合二字爲一字乎抑經中誤分一字爲
二字乎叔重於壬字下云象人褢妊之形然則人之褢
妊義已具於壬字中矣不當復用从女之妊字以此玗
字推之葢孕女爲妊孕子爲玗許書於妊字下云孕也
既从俗解而於子部復遺玗字孕褢子也娩生子免身

也壬象人褢妊也何勞復有妊子以見惟婦人能褢孕
乎明妊爲孕女之正字卽玗爲孕子之正字也許書於
妊字下出娠字曰女妊身動也據毛詩載震載肅昭元
年左傳邑姜方震太叔妊身動之字止當作震娠亦俗
字許氏因俗有娠字遂牽連以孕釋妊賴此玗字以明
妊字之正解兼著娠字之俗也古男女皆稱子然子究
男子之專稱故男直曰男子亦徑曰子女則曰女子又
子爲男子之美稱又子女玉帛尤分別明瞭故雖孕字
从子仍不妨分別孕女爲妊孕子爲玗也德公
生子三人長子宣公中子成公少子穆公其名玗者蓋

取得幼子之祥歟其詞曰畏龔威忌猶武公德公銘鐘之意以樂其民以□□大夫以喜諸士較之規模視武公德公爲遠大宜其得食善馬者三百人之力以脫韓原之難卒霸西戎益國十二開地千里也穆公未嘗特立時所云分器是時者蓋其兄宣公所立之密時歟鑄字下蓋是辟字文選千辟萬灌言鑄事也積古釋爲辞字無以言之喜字甚明顯德公鐘下口字漫損積古遂釋爲豈字矣壬寅六月廿五日過馬莊閒書

跋秦公輕鐘文拓本爲吳平齋作

[illegible]弟一字是古文秦字畏龔威忌事見史記秦本紀

余昔爲程蘭川作秦公粤鐘攷甚辨蘭川狃於成說與余爭執今蘭川已殉難金陵其拓本極精乃桂未谷舊藏想燬於賊氛矣此秦公粳鐘余所得於六舟上人者與此葢近年同時拓本也平齋藏齊侯罍故以名室然其字从三田定非罍字古器銘亦無起句即著出某人某器之例治阮師舊說如吳罍析爲夜雨雷三字耳同治乙丑仲春月

跋師酉敦拓本

按西陵京秦箕皆近二京閒地名此吳國得有之者如殷民七族之類既嗣商官則並虎賁及各遺民而繼治

之也虎臣虎賁也以吳爲古虞字似矣又按職方氏雍州山鎭曰嶽山鄭注曰吳嶽也嶽山之下得無有國名吳者乎觀弟二拓本[illegible]字上从矛豈喬字耶秦之祖有中潏徐廣曰潏一作滑商肉形似相段借此當爲潏人矣潏水乃上林賦八川分流之一潘岳關中記所謂涇渭灞滻豐鎬潦潏者也亦容水旁國名謂之潏矣

跋郱季敦拓本

班書地理志東平國亢父縣下云詩亭故詩國卽春秋襄十三年取郱之郱也杜預云任城亢父縣有郱亭是詩郱同字此止作寺乃兼有詩郱意矣寺季故公者蓋

國爲魯所取其君郜季歸於魯爲故公若奔它國則爲寓公也小國之君多稱字故云寺季國亡矣猶云子孫寶用享有王者起存亡繼絶矣

跋卯敦拓本

卯作敦而敘艾伯命卯而錫之之詞也飢款借爲載始也卯葢世職葬事故曰始自乃先祖考於其父艾公之夙而治其穸也昔乃祖考命乃父夙治葬人不淑爰我家室用喪者言卯之父爲其祖治葬時葬人不善致喪敗家室也今余非敢□先公佑惟遠者言余今日不敢比先公庇佑之遠也余懋用先公官伯今余惟命女夙

司葬宮葬人女毋敢不善者言己嗣先人之職故命卯
於己夙時爲治葬宮及葬人女毋敢不善言毋得如乃
父也以下錫器錫田字不盡可識不能强爲之訓矣芆
伯藎卯之祖父行繼先人官職者卯則餘子族人也世
爲家人墓大夫之職者也葬宮如後世之地宮葬人即
偶俑之屬舊釋葬字爲旁旁宮旁人義既難通而前後
詞氣亦全不可董理矣葬不善而致喪家室不知所指
何事想兆域被侵伐如墓大夫言爭墓地者之訟或墓
厲耳必非如後世青烏家言吉凶禍福也

跋叔觥簋拓本

說文人及鳥生子曰乳又生部曰生進也此云乳稻粱乳有進義又乳字从孚孚者覆卵之意稻粱之在簠中藏覆而進之祖考乳字實兼二義叔觥者人字與名也積古齋謂乳養也五穀所以養人也於義未盡又云觥我也古人無以此爲名字者無論命名之義不必定前人所有且豈有不著名氏而稱叔我者乎若單稱字曰伯曰叔者則可耳

跋子祝禽鼎拓本

子者對祖父之詞祝禽者人名氏也

跋追敦拓本

依積古齋釋文然積古又自一器兩行天字皆排在行首餘同

跋張仲簠拓本

說文磺銅鐵樸石也今石之樸有璞則金之樸宜有鏷字矣鈏錫也爾雅錫謂之鈏郭注云今白鑞也攷工記云金有六齊六分其金而錫居一謂之鐘鼎之齊五分其金而錫居一謂之斧斤之齊云云注云凡金多錫則刃白且明也蓋純金非以成器必以錫和之故擇其金鏷鈏鏷也鑢說文云錯銅鐵也按其字周禮注作鐧此篆作金从虍下𠙵蓋从呂也㬎字不可識蓋金錫之

粗滓故云鑪其口也□是熏字故小篆作□其光
其纁段熏爲纁鑄金之色也□字禾米形在上當爲黍
字□字有□似又當爲稷字□字禾米形在左其
右似爪曰意當爲稻字用盛黍稷稻粱者按公食大夫
禮云宰夫設黍稷六簋於俎西又云賓左擁簠粱故鄭
氏於掌客注云簠稻粱器簋黍稷器也按曾伯簠云
用盛稻粱是也然統言則不别故秦風傳曰四簋黍稷
稻粱也周禮舍人鄭注曰方曰簠圓曰簋盛黍稷稻粱
也此簠也而云盛黍稷稻粱亦統言則不別之意容當
時用簠簋亦得通變或作簠者必兼作簋銘詞則同亦

未可知也按之原釋鋟改鏷鈂改釗鑪改鏕勳改□黄
改熏朮改黍糕改稻據說文秫或省作朮稷之粘者則
既言稷不得復言朮且以朮載簠於古無徵也大正尚
須考此器詳言擇金鑄造及用之之法詞彌文矣張仲
與史籀同時此器中亦有籀書否乎饌具之饌疑當爲
載具石鼓文載字从𡋯此固似之矣鄭云方簠圓簋
許叔重云圓簠方簋恐方圓亦無定制隨所命名也

跋𠭯雷彝拓本

子者諸侯未踰年之稱也𠭯字見許書又部此迻又於
左方古器中恆有之例雷字不見於許書雨下作中葢

卽仲字之古別玗字不可識下○葢象環形其葢此字上有●疑象珠形丁師當是獻雫之祖若父

跋商岠末拓本

㝵乃物勒工名之人名然湝叩作口尙可疑弟六字似是賫之或體未必是䪥字也弟八字葢卽域字說文有或無國又謂域爲或之或體此叔重好奇之論耳或字从戈从口一囗是守土之義不過如邑之从口从卪尙是守之小者國字有內口外口乃合五十里七十里百里之義內口象國都外口象四境或字不足以賅之也域字別从土作疆域解今謂域卽國則肇域彼四海正域彼四方可

作肇國彼四海正國彼四方乎域民不以封疆之界可作國民不以封疆之界乎商頌頻用域字此或字容即域字

程木庵藏竟甯銅鴈足鐙跋寄六舟上人

六舟上人爲程木庵拓輯彝器文字中有此鐙相傳爲建安鐙也六舟鍼剔氈印字畫郎郎若器之新脫於型者其文云竟甯元年考工二護爲內者牄銅鴈足鐙重三斤十二兩護武嗇夫霸掾廣漢主右丞賞守令尊護工卒史不禁省又一行云中宮內者第廿五受內者按班書百官公卿表少府屬官有考工室又中書謁者黃

門鉤盾尚方御府永巷內者宦者七官令丞皆屬焉武帝太初元年更考工室爲考工是考工爲少府之屬此器所稱工護嗇夫掾主右丞守令又皆考工之屬武廣漢賞尊不禁其人名也說文護救視也護有視義工護卽監工矣表惟縣令長之屬有嗇夫職聽訟收賦稅其實各官屬主出納簿者皆有嗇夫如張釋之傳虎圈嗇夫對禽獸簿之類此則考工之屬也漢官儀司徒司空等皆有掾正曰掾副曰屬公府掾至六百石秩亦崇矣而表不之及殊不可解表於各官屬下言掌某事續志則或言掌或言主此主右丞者主此工之右丞也各

官屬有令丞而見於兩京器銘者或先令後丞或先丞後令其職葢相等也令稱守者如今署事表稱守京兆守少府漢官儀太常太祝之屬學士下有守學士也卒史不見於前後表志而班書儒林傳有內史大行卒史郡太守卒史郡國置百石卒史是各官屬俱有卒史也行末省字葢同相省察孝成鼎大官壺杜陵壺皆言省也內者本少府之屬續志云內者令一人六百石又引本注曰掌中布張諸衣物中者中宮此中宮內者正其職若甘泉內者等則置於別宮也內者不主髹器故考工髹之以受內者說文受相付也從上下相付之受授

予也從手受此云受內者正相付之義今専以承受爲義非古也第廿五者一笵不僅䑓一器故記其第目兩京於用器之徵者往往有此以易於作僞故謹之木庵藏是器余未悉其所自來檢厲樊榭漢銅鴈足鐙歌爲馬半槎賦者注有釋文知此鐙卽半槎物而流轉至於木庵也樊榭釋文考工二三字缺此三字不當消故知缺也三誤四尊誤麋卒誤衣省誤首中誤山因將首山二字連讀又誤中之誤固由當日考索之疏抑以見拓本不能明爐也鴈足鐙見於薛氏款識者二一黃龍元年一永始四年見於阮師相國款識者二一建昭三年

一永元二年建昭鐙又詳箸於王氏金石萃編翁氏兩京金石記張氏金石契獨此器雖有樊榭之釋文並詩而譌謬已甚翁氏始爲箸錄而元年令賞等字俱鈌今乃收遁證譌誠吉金中一大快幸也六舟深自矜喜屬陳月波作剔鐙圖縮已像於盤底之間作握鍼剔剎之狀郵寄京師索同人題記又別作一幅見貽余爰爲考證如右

題竟甯銅鴈足鐙款識拓本爲潘玉泉作

說文足疋兩部首相承疋下云足也上象腓腸下从止弟子職曰問疋何止古文以爲詩大疋字亦以爲足字

或曰胥字一曰疋記也許君於此字可謂翔實自隸變後足疋兩形迥殊而管子弟子職篇作問所何止益不可通此拓𤴔字瞭然乃确知疋字之形且疋部止𨁘延兩字義取疏通與足部八十五字从足爲義者迥別可知許君云古文亦以爲足字者明其實非足字乃古文叚借也古無四聲足疋胥所皆一聲之轉耳曲禮雞曰翰音雉曰疏趾雉飛三丈雞飛不能三丈飛高者見其趾此器三趾卓立亦可謂之疏趾疏趾即疋之本義矣疋與疏同音同義而別用胥所又別爲用古文字少意在以簡御繁故叚借特多然一字數叚如疋字者於

部首中尤爲僅見大雅雅字本叚烏短尾之雅又叚象
腓腸从止之疋至今雅疋並行竟無正字周禮笙師舂
牘應雅樂記訊疾以雅雅本樂器所以節舞叚爲雅頌
字此義不見於說文可想見古人作字其難其愼而孳
乳浸多不料後來如此之支蔓無窮也然則疋之爲用
何廣乎據厲樊榭翁覃谿汪容甫所攷訂此器曾在馬
半槎處後歸巴予籍最後又歸吾友程木庵六舟上人
客木庵家爲釐訂金石文字因此鐙款識字多難辨爲
剔清精拓道光戊戌寄拓本至都余用厲樊榭原韻作
詩三篇後木庵之子守恭執摯門下曾爲題所藏彝器

拓本有云卻笑木庵心似木閒中雕盡古來蟲時余年
方壯盛海內稽經諏古之儒罔不諧際摩抄金石攄發
詩文幾於無日無之廿餘年來軍興不息東南文獻凋
耗特甚故人宿艸彝器晨星余亦年逾古稀老與病俱
後生輩有持古匜求爲題記者視爲過眼煙雲而已今
春至吳門余病少瘥漸有吟事養閒主人出此拓屬題
知是器又從木庵歸鴛湖范稺禾今自范氏歸艸堂時
賢題詠甚盛余乃就足疋二字義演成一篇以補三十
年前鏬漏且亦翁汪及今日諸君所未經道及也時同
治庚午立夏後三日對雨並識於金獅橋巷寓齋

東洲艸堂金石跋卷一終

東洲草堂金石跋卷二　湖南叢書

道州何紹基撰

校定阮氏積古齋款識釋文一百五十四則

董武鐘　弟一字侶魏字弟三字侶擊字但手字作又耳又卽手也末字上侶半鉼二字半其鉼以爲末言鐘制也

虎父丁鼎　亞爲廟室較可據信𢧵爲兩弓相背可也謂鐘鼎非亞字則不必矣

申鼎　寶字下作毋貝之形鼎象其耳至爲奇古申字爲名者楚有𥟇申見人表又楚鄭皆有公子申此字

勢與吳𧄝及楚公鐘鐘近似可定爲楚器也子西爲王輿服以保路後復改紀其政作器或在此時歟

成父癸鼎　文十一年左傳齊襄公之二年鄋瞞伐齊齊王子成父獲其弟榮如埋其首於周首之北門此或其銘功之器歟成字古文小篆改爲[篆]而叔重仍之古義晦矣

兕父癸鼎　兕蓋犀之屬一角此象其形

秉仲鼎　按析木形不甚侶蓋爲文飾如亞字兩巳字之類耳秉字作[篆]作又禾字象禾形如葉穗之形他器中禾字作[篆]非必如小篆作偏穗也又字別

置於旁小篆易爲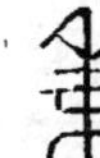矣

穆父丁鼎　穆自是人名俶叔之言甚謬

婦女鼎　按此或是歸氏之女所作器魯昭公母齊歸

胡國之女也又或逡婦字女旁於帚下則謂之婦彝

可也古文比類合誼偏旁兩體往往相離不屬

立矛父辛鼎　兩旁亦當是犀兕之形一角爲兩角或者

犀一角而兕兩角歟中有立矛與前兕形旁作執弓

形同意

阜禾鼎　此當爲反陵字名陵者如逢伯之類

毋乙鼎　商人尚質非必遽有萬年子子孫孫永寶用

等辭以祈黃耇綏我眉壽萬壽無疆皆周公述前王之語而商頌中固無之彝器銘詞當與詩頌相近

戊寅父丁鼎　按月字不完卽是闕義疑□是古闕字也説文□从月半見然則□爲月闕卽可叚爲闕字矣喪字多口象眾哭之形餘畫不能識然繁而不殺小篆消約从哭从亾耳見酎盞周制此亦不甚佀商器也

庚午父乙鼎　辰字一夕字俱疑俟攷□史葢卽右史二□仍爲□六書中此例甚多言則右史書之故宜掌册命事它器有作友字義者不相妨也古文右叉

可相通叚錫下緜非賴字當是橐字曷石爲□形小異耳束消去下截鐘鼎古文朿字多省下一筆作朿□固可作□也有底曰橐取盛貝多之意然則貝固可貫而亦可橐矣石鼓文可以橐之此橐字腹中象缶形或即是橐字也田四品之一ク殊不侶古人語尊下ㅂ恐是廿字造器之都數也乃小篆廿字所本未作二冊字形鄭重策命後世王言未大書敕字此其先導矣

宥父辛鼎　宥寬也侑勸也助也經典中閒有叚宥爲侑者此宥字自是作器者名宥無侑食之訓儀禮覜

侑注不言古文宥作侑也此是肊撰與穆父丁鼎解同一謬說文女部𡣕耦也或从人作𠈅是媠侑皆取人相比耦意與宥字从宀無涉亞形中象弓矢形與戊寅鼎亞形中象架構形同意禹鑄鼎象物尚無文字商周彝器於銘詞外或有象物者亦夏造殷因存古制也

旅鼎 按曰乁當釋爲白乙秦三帥有白乙此名旅者或其子也左傳秦伯送衞於晉三千人實紀綱之僕然則錫臣下以僕殆是秦法九錫中有虎賁三百人恐亦秦制曰乙不成名字上中微何足證之析木形

無所取義然無説以解之恐與八形亞形等同爲刻
畫之飾未必有意義也
臤𣪘鼎葢　按越絶書赤堇之山破而出錫今甯波府
鄞縣卽因堇山得名又字勢侶黄字或今徽州之黄
山黄山侶嶽又去商都不遠尤宜爲神巫所棲也巫
賢爲巫咸之子若作器祀父則乙固非其父名且祀
父者豈宜作器而名其父乎又諸器中父乙父丁父
己父辛父癸屢見而罕有父甲父丙父戊父庚父壬
者作器必偶數此卽二四六八十耳父戊閒有之五
爲中數作器亦可用爲數也古算法亦以十幹紀數

葢與彝器銘同意

象形父丁尊　持勺父癸尊　立鉞尊　以上三器銘皆象形爲字弟一器卽尊字弟二器是匜字不甚佀勺說文匜柄中有道可以注水酒弟三器立戉卽戉字與山形父壬尊立山卽山字皆可類推象形爲六書之本鑄鼎象物卽神禹時文字也惜不得而攷矣

山形父壬尊　古器多作雲雷而山爲雲雷之所自出又山罍爲夏后氏之尊葢取隨山治水之義今云山之言宣也云云太迂迴矣

子孫父戊尊　按孫象跪伏形耳壓胎語太鑿

亞形父丁尊　祭爲手持肉亦此意必躬親之之義也

西宮父甲尊　西宮疑

册父乙尊　按如此說則班布字本从竝不从玨从竝而以刀分之故曰班班卽从竝得聲从玨則無可得聲也凡分布皆爲竝而班字專爲分瑞玉其字蓋从竝省得聲說文有班無竝者誤也竝从竝故仍有竝義孟子若是班乎注云齊等之貌是也册字或作䶫或作卌蓋以縢約簡之形較小篆作𠕁者亦有致

王主父丁尊　按王主無據丶當連下㠯爲字卽自字也說文白此亦自字也白鼻也鼻有始義亦有主義

此作𦣻者豈非𦣻之古文乎兩龍四虎𡚒言田所獲
之盛古者畜龍故國有豢龍氏御龍氏龍旣可御即
可田而獲之月令命漁師伐蛟叔重曰龍屬無角漢
武帝周處俱射蛟田獲兩龍四虎爲事所得有矣或
指王所乘馬亦可通馬八尺以上爲龍說文馬怒也
武也是亦可稱爲虎要之較讋服二虒虎之解爲安
耳舟字亦罕據疑不能明也

東彝　按特爲餗祭造器於經典無徵此與酎父乙尊
釋爲飲酎而作祭器同一肊解不如以東爲人名之
安也

子執旂彝　按爾雅素錦綢杠又有繆旒等制此旂形
豐其上叚及横處象綢旒等也其意精矣

史彝　按射器有中所以盛筭君國中射則皮樹中於
郊則閭中於竟則虎中大夫兕中士鹿中詳鄉射禮
此葢象執中之形射事所用也若是史字不應上下
細大不均若此

褭彝　褭字未安字剝其半也

雕伯癸彝　雕字尚宜審

好父辛彝　立戈形之下當是旅字好字亦未確下尚
有ㄅ宜更詳之

立矢父戊彝　按𠂒非元卽兀古元兀葢通用名元者多矣名兀者罕見此定爲元字可矣不必爲立矢也

虎父戊卣　按此卣與犕彝彝葢一人所作器𠂒卽元字說文無●字其實橫之爲一引之爲丨爲乚爲乀頓之爲丶皆此字也元爲物始从●尤合可補許書之闕

丁琥卣　按說文琥發兵瑞玉爲虎文此琥字亦佀虎形想發兵瑞玉亦豫此形也禮器琥璜爵此器豈卽以配琥玉者乎周禮以白琥禮西方亦當以爵配之也葢與器孫字下截一肖跪伏一肖嬉慦而子無兩形也

丁師卣　按𣎆疑是𪊨字說文𪊨沛國縣𠃨字在左恐是㠯字𪊨當是山𠂤之名因以爲地名後世遂有酇縣也古从雨从水字多通叚霝卽沖字且可叚借爲仲也此人名或是𪊨仲耳但𪊨或是名字不必定是沛地也玗或是玉名或是寶珠之名或作○以象璧形要是一物不必謂玗一珠一也

余爵壺　余下一字未敢信爲爵字

亞舟爵　下當爲𠔁字所以薦物與舟同義其字甚明顯非必爲舟字之渺也

糸爵　按以繶釋糸附會之至篆文彌飾未必定作𢆶

形也因思古文彝字皆作[illegible]雖閒有變化然大致
不離此形小篆改爲[illegible]从系系綦也廾持米器中
實也彝中實米無此事理系象綦飾則8形似之豈
因左方略侶[illegible]形故易爲米字耶此字於古文二
篆遞變之理未能解也坿記於此

辛父辛爵　[illegible]未必定是辛字當仍是子字變易耳

守册父巳爵　按册之札長短不一中有二編葢以繩
横毌之小篆共五直舉大數古文中或四直或五直
或分兩形要止作一　册字讀此左右各三直亦止是
一册字它器有分左右釋爲兩册字者非也册命止

一豈有二乎

子父已爵　按說文族矢鏠也束之族族也从㫃从矢㫃所以標衆衆矢之所集以㫃爲衆矢之所集語殊未安古人制器必作文飾矢鏃制雖小然橢圓出鐵鏠蓋肖旌旂之斿故其字从矢从㫃耳此肖雙矢有架矢形倒庋於架上與族爲矢鏠無涉謂矧之用與㈠同者非也爾雅矢雉引延陳也永羕引延長也矢有陳義卽與引延同有長義矢由近及遠也正鵠一而矢聚焉矢又有集聚義左傳親集矢于其目雖一矢亦言集族字引伸叚借爲宗族字族屬也由長義

集義引伸也形弓一形矢百旅弓矢千束矢其搜發
發相及矢矢相屬宗屬字所以段旗爲義歟

庚觶　按說文庚位西方象秋時萬物庚庚有實也庚
承巳象人齋段注謂小徐駮李陽冰說象人兩手把
干立不可從今各本篆皆從陽冰非也中凵者象人
齋段氏之說精矣然無以解从干之義乃觀鐘鼎古
文下多从入巳非干字矣此器上从●下从人其非
干字更明瞭小篆□字直是誤耳或叔重本不誤
而後人改之今隸體作庚不作干形想亦有自來也

召夫角　召夫之釋實不可據不如闕疑也如此下截

明是子字

庚申父丁角　按宰下當卽是虎字木字葢爲文飾耳古以虎名者多矣宰虎則或是召虎或是王子虎未可知朝朝夕夕容夕亦有册命也祀上不侶乙字王錫貝令作祭祀之器角有五耳角之數豈卽因貝五朋耶庚字下垂雙歧如前庚觶不必定是庚丙兩字此器文甚乃定爲商物不可解

亞敦　按作足迹形者手持之變也兩又爲㕚內向兩止爲𣥠外向此兩足迹形皆內向與㕚同意龜主守貝主用說甚確主用故从手持形主守故从足迹內

向形也守必手足共之也
㝷敦　此上爲貝字非見字㝷字未爲確也
子商甗　按春秋時可稱宋爲子商在商時不能自稱
爲子商也此必非商器矣羞字亦未確
琱戈　如此說八寶平餶可謂既精且鑿矣
子執旂句兵　面作執旂形背不當作見字
楚公鏄鐘　按夜雨雷鐘余既釋爲㝬靁且定爲莊王
旅器矣此鐘當是共王審所作審古止作宋此古文
未得其篆法楚在其國稱王而作器尙稱公也卑
字是尊與否未可定亦侶緐字也或是詹字耶

楚良臣余義鐘　僕字疑余下一字當釋爲若字余萬
迹解得太費力
祿康鐘　惟純佑賓啟朕身甬字下七字當如此釋也
寅身不必爲韻
叔丁寶林鐘　按豈下字不可識原釋爲能或宅有所
證也古能字讀如台與豈字疊韻豈豈能能成句無
庸易爲熊熊也古文魯旅同字皆作𣃘降余魯多福
即降旅多福見虢叔大林鐘惟康右屯爲句旅用寅
啟士身爲句旅者衆也祿康鐘銘云寅啟朕身龢于
永命此銘同之朕字易士字耳天子之子猶士也朕

與士無二也皇帝自稱朕者秦法非古也

邦叔鐘　按毋不可爲名當是叚借爲敉爲敏也辭亦非字或㲋或顯不能定也屯上非㝵字疑是貴字也貴飾也大也亦有錫予意弟二行文祖接三行皇考是下無闕文也毋不敢弗帥用文祖皇考帥字非句不得與德吉爲韻

宗周鐘　按此昭王南征不復宣王征蠻荆紀征伐之功而作鐘也曰王肇達相文武墓疆土者史記周本紀厲王及難太子靜得脫召公周公二相行政號曰共和太子長於太公家二相共立之是爲宣王二相

輔之修政法文武成康之遺風諸侯復宗周是此銘
之發端也南國服要敢召虐我土王𦎫伐其至戮伐
乃都追言昭王之南征也服要猶言要服左傳言昭
王南征是興師討楚矣與此文合史記謂昭王南巡
狩不返卒於江上豈有巡狩盛典而楚無故害王者
乎曰服要迺遣閒來逆昭王遣閒者非善使來逆者
卽南征不復之事或竟行弒逆或膠舟沈江如左傳
所云問諸水濱也諱其事故稱來逆昭作邵者古文
通叚也曰南人東人具見廿有六邦言東南諸侯共
見此事所謂聲罪致討也釋乁爲節頗費解矣曰惟

皇上帝明神保余小子朕猷有成無競我惟嗣配皇
天者言命將行師期于成功乃克嗣先業以配天也
曰王對作宗周寶鐘云云者宣王中興天下復宗周
不別命名而謂之宗周寶鐘且極言鐘聲之盛美頌
禱之詞至云割其萬年畯保四國宣王於是有侈心
焉傳至幽王而敗於驪山周室益衰豈非盈滿爲災
歟采芑詩蠢爾蠻荆大邦爲讎正指昭王南征不復
之事執訊獲醜蠻荆來威卽此銘所謂有成無競也
昭王不復歷穆共懿孝夷厲六王至宣王始行征討
然此銘及采芑詩侶亦未有大創者宜乎齊桓創霸

尙云昭王南征不復寡人是問也釋文俱依原釋惟造改釋逆晙疑是充熹它豈三字難瞭利匊工害匊史未審所从耳成字疑寫者有誤

虢叔大林鐘　按此釋解大林鐘義甚核虢叔當是周之卿士愷字作〓恐从說文古文〓非必愷字也帥刑皇考威儀帥字非句不得與德辟爲韻由天子多錫旅休由字不得與上爲御于天子爲句謂由與攸休爲韻亦未安也

楚公鐘更定釋文曰惟八月甲申楚公旅自作吳雷鐘乃名曰身其克□□公旅其萬年壽□□□孫子其永寶按此楚莊王作鐘名曰吳靁也甲申中字旅字吳

靁鐘字乃名字皆甚明确不知原釋何以未見及莊王之名史記作侶春秋作旅旅字說文作[illegible]古文作[illegible]鐘鼎文或作[illegible]此作[illegible]與說文於象旌旗下𠂢从象人在旌下義正相符古文鐘字或作[illegible]此鐘字侶之蓋有省渺處耳[illegible]爲[illegible]字反形正是乃字名者銘曰說文無銘字古文更可知觀此知箴銘字古止作名矣鐘名吳靁者左氏傳宣八年六月楚伐舒蓼盟吳越而還是爲莊王強大之始故歸作是鐘以紀功如雷如霆以象其威必著之曰吳靁者亦猶共王得魯之賂與盟於蜀歸而作鐘謂

之寶大魯鐘也銘文倒讀字亦反向葢作鐘笵時係
正書鑄成後遂成倒勢凡鑄銅器須兩番模笵方得
正文此乃略之霸國粗疏轉成古異十木屮等字藉
作點綴非關文義原釋必欲坿會甲拆應夾鐘之律
然則鐘高二尺豈亦中夾鐘律度乎昔年見阮儀徵
師出示復齋款識宋拓本且曰中惟夜雨雷鐘最奇
歷任封圻屢以祈雨有應余讀而易其釋文如此阮
師笑曰如此奇確可謂入室操戈矣卽命書所釋於
册今此册已燬於火吾師乘箕尾亦忽忽八年矣記
此曷勝愴惘時丁巳仲春月朔濟南旅寓

楚曾侯鐘　按楚世家自周成王封熊繹居丹陽徐廣曰在南郡枝江縣至文王熊貲始都郢昭王畏吳去郢北徙都鄀其後自鄀還郢不見於史記班志若下云楚昭王畏吳自郢徙此後復還郢似還郢亦昭王事矣此銘云徙自西陽不知即由鄀還郢否然明云徙自西陽卽決非徙自鄀如云西陽有先君廟不應鄀無先君廟也或中閒又有由鄀徙西陽事而史略之大約楚都屢遷皆在班志江夏南郡閒卽左傳熊摯有疾自竄於夔亦不見於世家也曾侯猶先公語亦未確楚本子爵後僭稱公稱王莊王共王作器尚

稱楚公此銘稱王不知始於何時而先公稱曾侯别
無證據禮記射義詩曰曾孫侯氏乃諸侯泛泛自稱
之詞亦於此處不相涉也惠王在位五十七年此其
晚歲矣時已入戰國去史籀已遠況有古文乎宜其
近小篆也大司樂注祭尚柔商堅剛故樂無商之語
望文生義殆無足辨

木鼎　弟四字當是鬲字後癸亥父巳鬲鼎可證

包君鼎　弟三字亦佀女旁者

柬鼎　柬字未安

太祝鼎　首字當是子字釋爲太未安祝禽當是人名

也

各鄰鼎　[illegible]當是旅字下鼎字未完或是尊字亦可

市師鼎　蠚字未甚安或是羞字也鼎上作艸太奇宜

再㪙

戎都鼎　漢書作比者誤本也不誤之本仍作北此自

可定爲祇字不必據此也

羌鼎　羌死二字疑羌字不侶死死讀爲尸更不安

番君鼎　按畱當係留字邪酉本一字留獨不可作畱

乎

夆父鼎　永字亦疑遠字尙疑

唯叔鬲鼎　按在下一字未必是酟或是顧之省當是地名誨乃人名首字恐非惟字□叔從征歸居於酟誨爲作此器意或其子弟歟

叔姬鼎　首一字疑係孟字有剝損耳

癸亥父巳鬲鼎　按徙刊收三字皆未確乃古文命字弟二器字係馬字之剝損是畀字之剝損八尺以上爲龍七尺以上爲騋馬尚大猶貝尚豐也旣畀以貝故用作器而馬固不可作器也

師紷鼎　字徑可釋作射不必从夜通也夜字亦太不相侶

季娟鼎　小臣下當是陸字古文陸作[illegible]此正佀之

釋爲麦先二字俱不安也

仲𠈔父鼎　周伯未確停上當是乃字

𩰫鼎　[illegible]當是我字

康鼎　按班志趙國襄國故邢國說文邢周公子所封

地近河内懷此鄭邢不知所在諸矦大夫命於天子

康其名也艾伯或是共伯古文共作[illegible]此或有剝

落耳艾伯内右康爲句王命女嗣王守爲句嗣其先

人爲王守土也又□□幽黃𠌸勒□□當是錫女二

字也

無專鼎　按冂人于圖室當是恢于圖室也叚灰爲恢較之改爲燔者勝矣圖室卽明堂太室明堂四達法海員亦可稱圖室般謂之重屋縱言之此圖室平言之且其字中从皿在下與皿在上一也官司鳿當是官司工古借紅爲工者多矣較鳿字爲妥也時葢修明堂之室無專司其工告成之後有此寵錫王遉側虎方虎字當是成字遉側方亦俱未確遉字篆形佀嘉字未敢肊改此葢宣王中興重修明堂圖室時器也專字舊釋作惠亦可通

鬲攸从鼎　巛當釋作比

頌鼎　按賁字既絕不類貯字卽證以頌敦其形作貯下字形作貯蓋中有剝落亦非貣字也古積貯字止作宁耳命女官司成爲句周口廿家爲句未爲不辭疑賁字乃賁字大鼓謂之賁詩賁鼓維鏞樂器莫尊且重於賁鼓故特命頌作司成而監艏之用宮御者天子宮縣諸侯軒縣用鼓作樂定非一處一處又非止一鼓言廿家者或艏賁鼓二十面也反入覲章卽載見辟王曰求厥章也求章鄭注謂求其車服禮儀之文章制度也覲章如此說乃有實事覲寵殊難安也

㫚鼎　按此銘古歰不盡可解原釋[illegible]可從矣惟羊字不必釋作詳尊及羊固可通

亞尊　按下彖二弓之形毛詩傳曰交韔交二弓於韔中也又曰重弓重於韔中也此正佀重弓孔氏謂交韔爲顛倒置之因其簫弭而顛倒之實亦即重弓也

虢叔尊　叔殷者疑虢叔之女適宋者也毅尊取宜子之祥又著其爲媵器在齊子尾嫁女器之先矣

邑尊　按此人名是又字說文手足甲也信汗簡不如据說文也若腹肩拳手皆可名矣豈又獨不可名乎裘本止作象其毛此作令毛在衣外甚有致

夫人當國故偁公姑三代王侯不聞有女主公姑亦奇矣哉

叚尊　按周書篾席說文引作莫席而於蔑字下解云勞目無精也此不知古止一字也篾席馬融王肅皆釋爲纖蒻席又文王蔑德鄭注爲小德僞孔傳訓爲精微之德然則蔑義合精微柔弱而有之矣蔑德之稱惟文王當之文明柔順小心翼翼凡言文王之德者皆蔑德之實也其字當有从竹从木者惜不得其確證曆字在許書甘部和也當从甘厤聲方與全書例合今乃云从甘厤厤調也甘亦聲讀若函係後人

賓附無疑蔑曆者疊韻字合訓之即所謂徽柔懿恭
咸和萬民也鐘鼎中用此二字皆言其精細任事耳
此原釋車彝車字未确字非服即般即受解爲
臤字亦未盡安古𠂤亦俟攷銘文倒行亦罕見公𠂤
佀是晉𠂤或秦國器乎

邑𠂤　按司田可通不必釋爲治田也

稢𠂤　按即釋爲稽字可矣古文與小篆不能盡
佀且較稢字爲勝也小篆稽字从尤取稽閡之意此
古文从丮丮持也亦有拘止意古𠂤未確依前臤尊
銘當是晉𠂤疑秦臣之防晉者於此置戍亦猶晉使

詹嘉處瑕以守桃林之塞今潼關左右山阜連緜葢其地也旂鼎稱文父白乙葢白乙生時作器此云文考白乙葢白乙死後作器𣢁與旂或是兄弟耳永下釋作福字爲安寶字已見上文不比䜴字原與稽不同也

門狘卣葢　按門𢻱止是一字疑是闕字也𡧍8字不可識或竆之異體乎

嫿妊壺　按安壺之名堇堇見此葢取安吉之義此與𣪘尊同意皆女子之物說文从壺之字惟壼與壹耳於壼曰壹壼也於壹曰嫥壹也安之一字盡壺之義

矣

伯壺　按𩰪者飲之湑飲从𩰪可湑爲𩰪猶尊从酉可湑爲酉也以爲𩰪字之古文不知所據謂壺有蓋故曰𩰪壺語尤肊造古器有蓋者多矣獨此以蓋命名耶壺旁有攴者尊敦彝爵等字或从廾或从又皆象人手持之此壺旁攴字正其旨也

𩰳壺　按據此則䀌字明顯詩靈雨箋云靈善也靈省作霝霝終卽令終同於張老之善頌矣

彭姬壺　彭姬彭國之女也則彭爲周同姓矣按彭本水名國蓋因之然地名彭者不一處疑古國名亦非

止一彭也

史僕壺蓋　按旂鼎僕字作[illegible]上段與此正相佀雖難定所从然[illegible]形如一蓋从丵之上有此形說文僕古文从臣作[illegible]恐有誤上段形與臣字相佀也

史賓鈃　按左傳鄂卽晉之鄂侯賓者蓋卽欒共叔賓也時曲沃已盛矣共叔之爲是器其尚在未傅曲沃桓叔之先乎

鳳爵　按三代時未聞以鳳命名者鳳朋同字隰朋其卽隰鳳歟

招觚　首一字蓋作嚣失其義矣

手執中觚　第一卷之史鬶與此何異乃不釋爲手執

中乎

子變兕觥　蔡亦有公子變見左傳襄公二十年

燕姬彝　按燕字不甚確古文魯旅同字此或是魯字

㚘王彝　此字甚奇下著王字又難解

田彝　按𠙵盉卽鼎字

庚姬彝　按亦可釋爲唐姬

三家彝　三家同作器堇堇見之追字可通敦亦可通

雕

臯伯彝　字勢甚明臯字固未甚確羞字尤疑

禽彝　按弟三字或是楚字禽祝葢人名或周公謀於伯禽及祝伯禽謀之而祝往成功故曰禽右啟祝王乃錫禽金也又祭公謀父亦周公之後亦當可稱周公如周公次子之例昭王南征不復穆王伐之謀父禽其渠魁得王賜而作器也

寯彝　按春秋幽爲宋地幽尹其邑長乎

霸女彝　按伯女亦未安女旁當有剝落葢姬妊姞等字也

大保彝　按予字固不侶共字亦勉强南字其庶幾乎

印父彝　按印字不相侶或是升字或是丹字丹字从

井以弟二卷拱井形例之亦可矣又或从卂旁作半
非卽飛字乎於字勢則飛近之
小臣繼彝　按□字从宀从又當是守字下段爲从
寸之變體艸从廾廾从丆丆者𠬞之省□葢葬
字也□字葢倚廬之名天子雖無廬墓之法然王
至葬所如遠不能卽返其有墓廬宜也王守墓廬而
小臣以卽事錫貝是家人墓大夫之屬也書顧命恤
宅宗自來皆注爲憂居爲天下宗主按之經文實爲
未順葢宅宗者卽宅於倚廬也宗字卽此□字之
形誤若宗字非誤者此亦當讀爲宗字也卽此而得

宅宗之義又因顧命文而得此銘之義寏舟之訓員
壄會過甚矣小臣之名亦非繼字

父丁彝　以鄉爲慶又訓爲賜太迂囘

繼彝　按此與前器出一人所造彝下當是亭字說文
亭民所安定也王所暫居故亦稱亭人名是靜字下
一字尤瞭然前器有剝落耳不知何以釋爲繼字

宂彝　按此鄭厲公器也左傳莊二十年春鄭伯和王
室不克夏鄭伯遂以王歸王處於櫟鄭得有宣王之
廟故曰格大室說文䢼鄭地也此䢼叔卽鄭卿命於
天子者故得贊王禮也宂厲公名也春秋史記載

厲公名宊按說文突犬在穴中也宂椒也从宀人在屋下葢以形近岐誤耳鄭武公名掘突莊公之父厲公之祖也豈有周之懿親而祖孫同名者乎是足以定厲公之名是宂非突矣作突者皆譌字也鄭在周爲司徒此作司工者葢司空也殆本作司徒而兼令作司空以寵之乎載字是否束字未可定王者惠王也

吳彝　古吳虞同字此其唐叔虞之器乎又楚靈王滅陳五歲而平王立故陳悼太子師之子吳爲陳侯時周景王之十六年也必當復請命於周故錫車袁如

初立國乎然何得曰惟王二祀也則不如仍屬之唐

叔爲少安矣

楕妃彝　按𡸁葢借爲饘字

𩑈𥎀敦　陳胡公娶元女太姬其後多娶姬姓女嘉者

謚也

郙遣敦　不甚侶遣字

遣小子敦　按䪡葢䪡字也說文巿韠也𣪊篆文巿俗

作韍說文之例古文爲建首則篆文之从古文者次

之其俗作某字者亦別出篆文今韍字不从巿韍字

無篆文見此銘乃知許書脫一𩏂篆䪡者篆文之

市而𣪠則俗字也男上一字半作□說文□部
有𣪠而此字下半作酉竟不可識左傳哀十七年
宋有鄖般鄖者地名豈鄖可作醬本宋附庸國乎俟
再攷

長生敦　長字侣矣然不得㐱字㐱从彡人聲

魯伯大父敦　大字上半有剝損未可徑釋爲大字

師田父敦　王在京殊未安棐誓我商賚女商貝其卽
錫貝歟

豐姑敦　以肊度之豐姑蓋𨐨叔之妻故叔爲作敦以
享孝於諴公又云於𨐨叔𨐨有茲敦口口亦壽且云

及子孫永寶用也諴公蓋姞之父或其舅也
師遽敦　顯字蓋止从㬎而又消作𢆶
彙敦　彙字未確
召伯虎敦　此虎字明白召字古文亦侶其曰六年四
月自是宣王之六年也[illegible]舊釋爲旁按仍當爲葬
字中有屋形或是葬處居宅之名而後失其音義也
[illegible]舊釋爲憂按當爲慶王制云則有慶月令曰慶
賜遂行也[illegible][illegible]舊釋爲徵椃按當爲獄訟獄字
甚瞭析訟字从言从工聲與从公聲同又从木者大
司[illegible]之棘木之下也[illegible]舊無釋按當爲號有剝

損耳彡郎物字司常大夫士建物說文作勿是物勿一字也冃舊釋爲月按當爲曰𥎦舊釋爲矦按當爲侯𢽉舊釋爲報按當爲執王在旁者在於葬厲王之所也按史記厲王奔彘十四年而死共和立宣王以此器度之宣王之立厲王猶未死也召伯虎告曰王告召伯虎也康誥唐誥之例也曰余告慶曰公及口口用獄訟爲伯父庸有成者王告所以慶賞之意也亦我考幽伯幽姜命余告慶者以王命告於考妣也余以邑號有司余典物者至采邑令有司稽其典册器物言典物者郎左傳云備物典册也敢拜曰余

既口有司曰俟命者召伯與有司相授受之詞也余既一名典獻伯氏則執璧琱主對揚朕宗君者言以册獻於幽伯復以璧告於其始祖之琱主始祖故稱宗君琱主者叔重所云大夫以石爲主也享于宗器爲宗君作也刺祖不得其義若以刺爲謚不得偁刺祖豈初字之訛誤歟所偁召伯之功蓋卽共和行政之事也乃蓳堇曰獄訟者堯薦舜於天訟獄者不之堯之子而之舜虞芮質成文王受命傳曰無情者不得盡其辭此謂知本郎召伯之先召公以聽訟甘棠之下致勿翦勿伐之思蓋自典章文物之外治天下

之事未有大於獄訟者也余旣下字不可識或是嚴字口形敢形尙可辨審也

留君簠　此啇字疑叚爲鷊字

冗簠　冗者鄭厲公名也作司士郎司徒鄭在周之職也曰嗣鄭者厲公旣出復入國也得復爲卿士者其在魯莊公二十年春鄭伯和王室不克之時乎[illegible]字明是周字伹古魯字而實非且周王何嘗有在魯之時乎虞人牧人皆司徒之職之屬還口眔虞眔牧非鄭伯在周之詞而何時惠王將居鄭矣[illegible]字不可識恐非散字周作[illegible]古器銘中用點文飾字畫閒者

甚多如邑字往往作邑也錫以戎衣明爲令伐子頵
之黨也春秋鄭厲公名突按武公名掘突厲公是其
孫不得同祖名也究形近突而誤得此器足糾寫經
誤字矣

叔䑑簠　乳養義太隔或是孚之別體乎䑑自是名字
不得訓爲我

曾伯霥簠　霥疑从雨从柰或从沐不佀霥字石鼓文
自作霥不得據爲證也[illegible]當是革字革者急也
象革形條勒字往往如此不佀業字[illegible][illegible]二
字難識不佀段繇字

陳逆簠　按諸器中於簠字皆从匚作匿於簋多从皿从夫則謂簠方簋圓者較簠圓簋方之說爲可據匚卽古方字也弜葢弼字之通叚猶輔也不得釋爲皿字皿事於文隔也員疑是圓字笑不盡圓也簠簋从竹而諸簠中無作簠者惟此从竹尚存本意葢初皆以竹爲之也壽上當仍是眉字有剝損耳近出齊侯罍亦陳氏器余亦辨定數字阮師爲作後齊侯罍歌者也

魯侯簋　簋字尚疑

史燕簋　此燕字疑按石鼓文有[illegible]字此略佀之

甲午簋　甲午莊襄王之四十年是字疑

天錫簋　戈𠙵卽格字

宄盉　此亦鄭厲公器也益𣅀莊公之二十一年鄭伯享王王以后之鞶鑑予之此云用作般盉卽其事矣阮師商周銅器說辨鞶鑑之鞶爲盤之通借引左傳定六年定之盤鑑及易鞶帶兩處釋文駮杜注帶飾之訓之謬今定是器屬厲公又得一天然左證矣鐘鼎文字足裨經傳若此

𣪘父甗　以古文握作𡒊例之此字疑从手从厥盉𢪏字也𢪏𨈠相叚豈卽詩之𨈠父歟

司甗　說文蜀葵中蠶从虫上目象頭形中象其身蜎

蜎此豈蜀字歟

齊鬲　以旅尊禮簋安壺例之齊鬲之齊當爲齋戒字

古銘器義尙廣大不必定爲粢用也

王母鬲　此王母其西王母乎當考穆天子傳

鄭羌伯鬲　蓍字从芊而关从䒑未必是羌伯也

曾中盤　得無是曾申乎

品父盤　品从三口此字豈是从三口耶

拍盤　惟字象短尾鳥故長其足精甚

寰盤　寰字當作袁

周龍伯戟　龍蓋古國名成二年左傳齊師伐我北鄙圍龍杜云在泰山博平南豈即古國地歟

周距末　愕字釐字俱不甚的此末字亦侶與國爲韻

秦斤　按此權斤量刻字自元年以下爲二世所刻者

凡始皇刻石皆有二世此詔刻於後今世流傳翻橅之本有繹山刻石會稽山刻石其原石傳至今日者泰山廿九字及瑯琊臺石刻皆止存二世詔且或不全其始皇刻字則無之矣始皇於金石刻中皆止稱皇帝無始字故二世詔以金石刻皆始皇帝所爲也今襲號爲皇帝而金石刻如舊傳之久遠也若後嗣

之所爲者無以稱頌始皇之成功盛德故皆令刻此詔焉其石刻有丞相臣斯等之請具刻詔書金石刻因明白矣言既刻二世詔書則始皇所刻金石因得明白也金刻無丞相等云云故云刻左史無疑與刻石異詞不得以此疑史記刻石之石字爲誤也此數器實足補史記之闕且互相證明焉歐之爲也毫無可疑

好時鼎　地理志好時縣屬右扶風

汾陰侯鼎　汾陰屬河東郡

大官壺　此建武二十年也以[illegible]字乃年字橅刻失其

頁耳不得釋爲選字主太樸下不佀監字葢人名也

永建洗　按如蘇林說又證以此洗班志作提字者疑誤也

漢安魚鷺洗　班志於朱提下注云山出銀

吉羊洗　羊下作口葢古詳字叚爲祥也从言之字古多作口

耿氏鐙　此鐙想是大者故曰比三言一可當三也

書言府弩機　朱博傳云長吏自繫書言府

晉左軍戈　[illegible]疑是寶戈二字

漢染桮　染桮葢染人所用器

東洲艸堂金石跋卷二終

東洲艸堂金石跋卷三

湖南叢書

道州何紹基撰

跋吴平齋藏石鼓文舊拓本

乾隆年間多三字本近已不可多得此真明拓本多出筆法無數恨昔年過天一閣觀北宋拓本未及細記著之耳阮刻本頗經瘦銅諸君肊沾未可據也平齋先生可得暇訪之乎平齋屬子敬弟攜此册至京屬題因記之

跋吴平齋藏石鼓文宋拓本

覃谿老人題石鼓文長歌一篇有云敬當濡素拓陰款

承上二聯言

欽須周器十事也又云一空籀史金石史謂孔子寫六經用古文不用籀書是也下文古今弟一寶刻在何句何耶且金石史如何空法疑不能明矣

跋吳平齋藏秦泰山二十九字拓本

秦相易古籀爲小篆遒肅有餘而渾噩之意遠矣用法刻深蓋亦流露於書律此二十九字古拓可珍然欲溯源周前尚不如兩京篆勢寬展圓厚之有味斲雕爲樸破觚爲圓理固然耳同治乙丑仲春月十七日寒雪呵凍

跋楊龍石藏地節二年楊氏買山券拓本

此碑初出頗有疑其僞者以班書地理志有巴郡無巴州也豈知州郡古人往往通稱卽如地志稱武帝南置交阯北置朔方之州而交趾朔方固皆郡名也雄本傳云楊氏溯江上處巴州江州爲巴郡首邑此所云巴州卽江州矣雄傳又云揚季官至廬江太守元鼎閒避仇復溯江上處岷山之陽曰郫自季至雄五世而傳一子此稱巴州楊量似當在未徙郫前而紀年書地節則實在徙郫後巴州者本其初言之不稱楚巫山者據近也龍石老兄家吳中又何時自蜀徙來乎聞此石亦已由

蜀至淛石雖壽能保不遷移哉十鼓可載數槖駝韓公
語且成詩讖矧此片石耶君家妙蹟自楊氏三碑孟文
石門頌蜀侍中闕外惟楊紹買冢地莂及此耳而年世
則無先於此者龍兄每得佳蠟墨輒不遠數千里寄來
近復將舊藏莂拓見貽何割愛至是也屬題此拓請益
祝金石大壽無竟

敦煌太守裴岑紀功碑跋

裴岑紀功碑自來攷石墨者無所據依以范書不載其
事也按碑云永和二年八月敦煌太守雲中裴岑將郡
兵三千誅呼衍王等其事甚核除西域之災蠲四郡之

害邊竟艾安振威到此其功甚盛立德祠以表萬世是
邊民感德所爲立祠建碑非苟且倉卒可就其務垂後
之意甚遠史家於此而不書則無貴修史矣一日靜繹
范書西域傳忽有所悟知裴岑事實具傳中得以碑訂
史之脫誤者三事以史訂碑拓本之誤者一事焉傳云
陽嘉三年夏車師後部司馬率加特奴等千五百人掩
擊北匈奴於閶吾陸谷壞其廬落斬數百級獲單于母
繼母及婦女數百人牛羊十餘萬頭車千餘兩兵器什
物甚衆四年春北匈奴呼衍王率兵侵後部帝以車師
六國接近北虜爲西域扞蔽乃令敦煌太守發諸國兵

及玉門關候伊吾司馬合六千三百騎救之掩擊北虜於勒山漢軍不利秋呼衍王復將二千人攻後部破之桓帝元嘉元年呼衍王將三千餘騎寇伊吾云云余按此段四年春上脫永和二字也史記匈奴傳曰人習戰攻利則進不利則退又曰其見敵逐利如鳥之集其困敗則瓦解雲散矣此陽嘉三年北匈奴之敗至於獲其三母及車畜以萬千數挫損極矣彼見害則遁耳豈有甫經數月至四年之春呼衍王輒復來侵後部而帝以全勝之後反躊躇於西域扞蔽發兵之多四倍於前者乎此事理所必無也且順帝紀於陽嘉三年書車師後

部司馬掩擊匈奴事至陽嘉四年書馬賢擊鍾羌大破
之又書烏桓寇雲中圍耿曄於蘭池發兵救之烏桓退
走獨於呼衍王春秋兩次侵後部及敦煌太守發兵掩
擊則不書夫事文脫漏史家之常然未有同時同事又
烏桓鍾羌與北虜相犄角顧於三寇之役獨鈌其一者
也且據烏桓傳救耿曄之兵止積射士二千八度遼營
千人視此六千三百騎少至一倍尤不當書其細而遺
其鉅此又事理所必無也明此事實在永和之四年蒙
上陽嘉三年而誤脫永和年號也是當以碑訂史之一
事也又敦煌太守下當有裴岑二字也西域傳所載敦

煌太守無不著姓名者若建武十七年之裴遵元初六年之曹宗延光二年之張璫永建二年之張朗四年之徐由元嘉閒之馬達卽司馬達宋亮皆是也敦煌太守掌西域北虜之門戶據玉門陽關爲河西四郡之長事兼文武權甚重而材甚選故史家必謹著其姓名獨此偶有闕遺而是碑之裴岑適當其時補苴罅漏張皇幽渺若不期而合者是當以碑訂史之二事也又呼衍王復將二千人攻後部破之破之之上當有敦煌太守某某或我兵等字也帝旣以車師六國爲西域扞蔽後部破則扞蔽失爲患甚鉅或戰或守不應寂然無事十餘

年不遺一將不發一卒也且虜性見利則進是年秋旣
破後部必據之以深入後部與前部及伊吾城地南北
接連豈有已得後部越十三年至元嘉元年始寇伊吾
者乎且如史文破後部在陽嘉四年則距元嘉元年之
入寇且十六年矣眞不近情理之甚者又史氏立文以
中國制外夷曰討之曰擊之曰破之曰平之曰討破之
曰擊破之曰大破之曰破降之其外夷內犯者曰入寇
曰大入曰殺某官曰攻沒某地華夷有貴賤主客之判
故立言之體宜然徧撿范書西域匈奴及夷蠻羌各傳
無不皆然自漢置西域長史前後部司馬伊吾司馬以

來車師前後部皆內屬若郡縣不得云破之明此是呼
衍王爲我所擊破所謂秋者此碑之八月也破之之上
顯有脫字矣是當以碑訂史之三事也或曰史文四年
上當補永和年號是矣然史云四年碑云二年何耶余
曰此相沿誤識致翻本俱同一誤耳今取原石拓本視
之四年之四字與後四部之四字宛如一字觀者以四
直畫爲石理溜泐誤仞爲二矣顧千里謂德祠之德字
似德似海者爲眞本明見德字海字者爲贗本今則又
添一證作二字者是贗本似二字而實四字者乃眞本
也是當以史訂碑拓本之一事也合此四事裴岑事之

在范史奐然明白無可疑者矣延光時張璫上書有云
北虜呼衍王常展轉蒲類秦海之閒專制西域當先擊
之絕其根本是呼衍王在西北最爲勁虜自建武至延
光西域三絕三通陽嘉以後又復驕放自此次擊破之
後不侵邊者十三四年此除災竊害艾安振威立德祠
表萬世等語固非漫爲夸大者建武時賜莎車王賢西
域都護印綬敦煌太守裴遵上言夷狄不可假以大權
詔書收還印綬裴姓見於范書者甚少岑後於遵百年
蓋一家子姓嗣爲郡守又系出雲中邊人而習邊事者
范史顧失其名賴是碑以存又不著於前代至我

朝雍正七年岳大將軍始得之於石人子地乾隆二十二年裘文達公始打本流傳因見於牛翁錢王之著錄然皆因陋踵誤無所證明申兆定至誤引永建二年事爲永和二年尤可嗤歎葢審定辨正實自余今日始昔霍驃騎封狼居胥山文字不傳竇伯度耿桓侯勒石燕然山僅傳班固之文岑之較之何如厚幸立祠表德出於邊民之感頌以視幕府從事鋪張上德揚厲天聲此華彼樸大有閒矣萬里冰天孤碣長峙閱石堅滑如玉拓者罕不遇風雪故眞本入關者甚少而至珍殆有神護也哉道光二十有二年夏四月金陵寓園

跋石門頌拓本

咸豐乙卯初秋余已卸蜀學使事即爲峨眉之游先至嘉定府爲李雲生太守款留署齋者三日論古談詩荷花滿眼至爲酣洽插架書帖甚富瀏覽之餘快爲題記見余心賞是拓臨别遂以持贈遂攜至峨眉逮回洪雅縣齋將游瓦屋太守令乃郎伯孟冒風雨來執摯吾門奉手盤桓者兩日余回成都後旋自蜀入秦書問不絕丙辰入都小住郎南游聞雲生作古人此帖竟成遺念每一展玩不勝悽感拓本甚舊非百年內氈蠟余所藏孟文頌此爲弟三本同治癸亥

跋崇樸山藏華山碑四明本

甲辰使黔歸阮賜卿兄以此碑及泰山廿九字質於余齋己酉使粤時贖去云吾師欲觀也乃帖未至揚師歸道山賜卿以貧故遂以帖歸崇樸山侍郎樸山以駐藏將發屬爲題記因呵凍爲詩書於邊紙帖在吾齋時重爲裝池加寬邊今日摩挲尚難釋手也

跋黄小松舊藏衡方碑拓本

余得見小松拓本多矣似此翦褾氣韻望而知爲小蓬萊閣手裝本加以題籤分書出小松手益增寶重因憶從前得楊石卿所贈整褾本有碑陰者卽小松所藏而

覃谿諸老及後來賞鑑家題記滿眼此本氈蠟雖後而
用墨適宜遂使意味增古今日題跋家苦無覃谿其人
即小松當日亦不著一字之墨未嘗非恨事也

又跋衡方碑拓本

衡府君碑方古中有倔彊氣自是東京傑迹昔石卿贈
余古拓本整幅經覃谿小松題賞者高懸雪壁余目近
視苦難臨仿丁巳薄游歷下購獲此本精采勃發又翦
褾冊便於摹取意甚珍之嗣復得黄小松乾隆末年搨
本楮墨極舊有韻味而得字比此尚少因思古人石墨
顧氈蠟何如非盡今不如昔也

越歲己未主講濼源書院知是碑在汶上縣野田中屬縣令移至學宮精拓四本然而得碑較易仍須學官善護視之不可率爾椎拓也

跋史晨饗孔廟後碑宋拓本

前碑東向而碑陰乃西向故孫退谷庚子銷夏記誤以後碑爲前碑也余嘗得百年前拓本皆前後二碑每行三十五字耳竟覕下一字不得也乾隆丁酉曲阜孔譜孟戸部請假歸余屬其命工洗濯精拓則每行下一字皆入趺嵌者寸許是以從來拓者莫能措手戸部命工人舉而起之於是戊戌寄來之精拓新本皆每行三十

六字計前碑多出十字後碑多出五字覃谿金石記所言如此此本每行三十六字是未經嵌入趺時拓本無疑當立碑時必無以字入趺之理後來重樹碑時乃深嵌令可卓立爾籤題宋拓史晨孔廟前碑誤以後碑爲前碑與退谷同自金石錄已將二碑前後顛倒因前碑之首云建甯二年後碑之首云建甯元年其實史晨祀孔子在二年到官在元年後碑追敘到官之期而備言之也是拓之古得斯證益信況紙墨沈茂至此乎乙巳除夕檢閱藏帖漫記一段

跋潘校官碑拓本

伍詒堂出示校官碑謂爲宋拓以後有元人單禧及明
萬歷呂叔簡跋尾也然單禧跋本已刻石此不過仿照
重錄叔簡所題亦卽摘錄王耆校官碑考語耳皆不爲
眞迹其非宋拓亦明矣此碑世竟無精拓本殊不可解
是拓尚屬略佳者因細玩之較萃編所載復識出數字
南霍之神神字作祀前人皆誤爲禱字修口口之迹中
兩空字細辨知爲蘿持二字修者除治也蘿持用子大
叔取人於雚付之澤萑蘿相通叚也雅容口閑辨爲物
閑半字甚明白勿字亦存大意石有泐損耳比物四驪
閑之爲則此叚借用之射者當物揖故云發彼有的雅

容物閑也口刈骾雄畬爲龕龍刈龕龍音義同戡見文選注其雚苻苻字僅存左半或是栵字亦未可知叚藋爲灌言修除灌栵卽闢土地之意也

跋陸㳄山藏潘校官碑拓本

此碑自詳著於隸釋後至今尚無甚殘損惟首行三百八十有七載今堇存三百字因石邊易泐也稾資南霍之神隸釋霍神字俱缺足見石質甚堅後有精拓且勝於昔也郡位旣畺隸釋誤畺爲重龕龍刈骾雄龕龍字隸釋及今萃編俱缺賴此佳拓以著之龕龍堪戡音義相通叚也金石圖跋謂潘乾之職乃縣長而非校官覃谿駮之

謂校官爲學舍官職之統名歷引班范書以證之其實本碑郎明云構修學官其字是官非宮隸釋誤作宮萃編仍定作官校官者學舍也官字从宀凡从宀之字皆以屋室爲義也官字下从𠂤蓋象周廬列舍之形謂臣吏所居後乃引申爲官職之稱周禮官府都鄙並稱是其本義也叔重於宀部宦字云天子宣室宏字云屋深宰字云辠人在屋下執事者守字云守官也从宀府寺之事从寸法度也蓋惟恐人昧其本義獨於官字入𠂤部云吏事君也从宀𠂤𠂤猶衆也此與師同意未免自淆其例當以此校官二字正之也此碑校官二字直謂

學舍與官職無涉陸次山仁兄得此舊拓攜來都中示我涼夜秋鐙展繹再四喜獲斯義遂書請正時丁未秋分後

跋曹景完碑陰拓本

此亦周通甫手黏本道光乙酉春在濟南藉書園通甫纔收得見示其所藏碑面拓本極精遠勝碑陰咸豐戊午己未閒客游歷下頗得舊碑拓未見斯本時周氏物散落將盡矣

跋漢司徒殘碑拓本

司徒殘碑雙鉤本因中有司徒字故題此目其實非也

余按碑文中有云王有肖代寡親在堂是宗室王支庶子不得嗣爵爲王而退養其所生母者也又有云司徒建績協亮漢皇按百官志司徒公一人在太傅太尉之次東平憲王蒼上疏曰自漢興以來宗室子弟無得在公卿位者則宗室王子孫不得有爲司徒者矣惟光武長兄齊武王縯字伯升爲大司徒時稱司徒劉公劉稷曰本起兵圖大事者伯升兄弟也然則建績協亮其爲伯升無疑此碑所稱則伯升之裔矣伯升被害後光武立其長子章爲太原王徙齊王次子興爲魯王此所云王有肖代者不知爲齊歟魯歟章薨後子石嗣石弟張

封下博矦永平十六年與竇固擊匈奴後進者多害其能數被譖訴建初中卒肅宗下詔褒揚之復封張子它人奉其祀此碑有舉將云云似言其行軍也羣公爭德隱身絕俗及避言隱燿等語似指其被譖也齊光日月厥德聿昭云云似指肅宗之褒揚也然則以是爲下博矦劉張之碑殆無疑義又按竇固傳固以永平十五年拜奉車都尉明年出酒泉塞擊呼衍王時諸將惟固有功又明年復出玉門擊西域詔耿秉及騎都尉劉張皆去符傳以屬固遂破白山降車師是張於十七年以騎都尉與固出塞與明帝本紀合本傳云在十六年者牽

連十六年固與耿秉來苗等出塞而誤耳至西域傳云永平十六年北征匈奴遂通西域又云永平十六年取伊吾盧道通西域車師始復內屬者此合幷紀事之終始耳非謂車師之降卽在十六年也十六年諸將惟固有功十七年詔張同行有白山車師之捷則舉將云云者或卽固之所舉歟本傳止言封下博矦不言爲騎都尉亦是疏略自歐趙著錄以來東京碑碣日出不匱而宗室王子孫無片石之存者惟水經注汶水條下有東平憲王蒼碑闕酈氏例不詳文字而歐趙亦未見著錄則毀失久矣此碑石既亡並拓本亦不可見噫天潢胄

裔生前豐侈百歲之後既不得有門人故吏立石表德
漢家制度蓋亦無樹碣以彰懿親者東平憲王碑或是
章帝親拜陵祠時所刻石然文字絕無可攷此下博侯
碑閲世千七八百年殘石拓本始見於世旋亦罕傳近
日耽研石墨如竹汀覃谿莊谷小松淵如諸老皆及見
此拓而不能爲之攷釋直至今日張容園得淵翁舊藏
雙鉤本壽之貞木余見之始爲攷其略如此不甚可慨
幸也哉石既剝落拓本僅餘百三十字禠本去其無字
者遂不復可讀此雙鉤本因之亦不知其碑式行款若
何祇可讀者數句足爲據依耳後有跋云原本金君橋

社得自席君爻韓余從俞子竹居處鉤得竹居之本來自申公鐵蟾乾隆庚戌九月三日璟燕鉤畢並記席君本或即後歸黃小松之本或别自一本均不可知璟燕不知何人跋語詳記本末亦耆古士矣其云司徒殘碑者即璟燕所題準金石錄司空殘碑例也道光二十有二年夏四月

記江氏劉熊碑雙鉤本

據隸釋載此碑全文弟一行大帝上鈌十六字弟二行爵字弟三行季字弟四行兼字弟五行練字凡與大字平列者其上所鈌字數皆同詩詞四字爲句弟一章厥

字上鈌廿二字弟二章鳴字上鈌廿一字弟三章濆字
上鈌二十字此所鈎特其下段也洪氏載碑文有少一
字者止注鈌字少二字三字以上者乃注鈌若干字其
全書之例如此此碑於二行丕顯下注鈌五字三行絕
長下注鈌四字四行言道下注鈌五字六行效官下注
鈌三字七行顧下下注鈌二字九行新砥下注鈌二字
十行劉父下無注十三行曠事下注鈌二字而於首行
聖明下六行惠抑下八行懸縣下十一行有年下十二
行盛德下十四行貧者下十五行明悔下十六行言刋
下十八行言協下廿行寔生下廿二行新我下皆止注

鈌字謂此十一行皆止鈌一字也以所注鈌字數目合之此拓首行止當廿七字二行三行七行皆卌一字四行五行六行八行九行十行十一行十二行十三行十四行十五行十六行十八行廿行廿二行皆三十字碑式横格整齊毫無參差不應字數多寡不同如此此不可解者也如洪氏意九行砥字下隔二字卽是素字而此本砥字下弟二字是頑字與素字必不相連十二行盛德下隔一字卽是刻字而此盛德下有惟字盛德惟刻六泐文理十三行官無曠事下隔二字卽是爲字而此曠事下有士無逸三字十四行貧者下隔一字卽是

順字而此貧者下有不獨二字十五行悔字下隔一字卽是令字而此悔字下有往修二字十六行刊字下隔一字卽是詩字而此刊字下有石佳城三字二十行實生下隔一字當是勛字而此寔生下隔一字是仁字廿二行新我下隔一字當是通字而此新我下隔一字是風字此又不可解者也洪氏所載每行字少者至弟廿六字止多者至廿九字止惟弟十行劉父父字至弟三十格比別行多出一字遂不注鈌字然較之二行三行七行所注鈌字之數此弟十行實尚少一格此又不可解者也翁覃谿先得巴氏雙鉤本謂多出洪所闕者四

字繼復得此江秋史所鉤本謂補洪氏所闕者十三字正其誤者一字然於每行字數未經細按於此三不可解者曾不一及僅於貧者不獨下注云此闕依洪氏所闕似是十九字然不獨二字已是洪本所無則此闕所闕尚不止十九字疑及於此而不求其故且於它處遂不致疑此又不可解者也丙午正月廿一日余展此鉤本縣壁翫之閱洪翁兩氏之書積此數疑般桓至夜分不能寢次日晨起忽悟曰洪氏誤矣翁氏昧矣江氏合巴汪兩本而鉤之厥功茂矣葢此碑每行實三十九字洪氏所得拓本已脫下截乃據殘本爲全幅而於每行

字數由廿七字至卅一字以意定之注其缺數試思六行抑字下隔一字卽接禮官二字八行尤愍縣下隔一字卽接濟濟之儀十二行盛德下隔一字卽接刻字十四行貧者下隔一字卽接順字十五行悔字下隔一字卽接令德字二十行寔生下隔一字卽接勛字廿二行新我下隔一字卽接通字皆文義之必不可通者乃於跋語中復述碑文云富者不獨逸樂貧者得順四時妄添一得字於順字之上尤可謂强不知以爲知矣惟定爲每行三十九字則存者自存闕者自闕此本之多於洪氏與洪氏之多於此本其文義乃無不可通所謂不

求合而自合也曰然則何以確見爲三十九字乎曰是則以詩詞定之耳碑文既多四字句詩詞更無不四字爲句兩句爲韻者廿行寔生下必當隔九字乃接勛字廿二行新我下必當隔九字始接通字文義與字數相合全碑可知矣曰以詩詞定之何以知非四十七字而必爲三十九乎曰兩京碑自倉頡廟碑字小無定數孔虙碑字亦小每行四十五字此外所見無過四十字者此碑格頗闊除碑額不知尺寸外此幅以建初尺度之卌九字已將九尺矣此無可疑也洪氏所錄每行字多者至廿九字止惟弟十行劉父父字是弟三十字蓋以

下文十五行有劉父字遂以意審度得之必非原拓所有若原拓有此字不當前後各行更無拓出弟三十字者廿二行風字下作走之形者不審是何字要決非洪氏所錄之通字洪氏所錄通字是二十三行之首一字翁氏乃云新我下尚可見▽風通三字洪有通字無風字者於洪氏所錄疑不能明又從而附和之也翁氏訾顧南原鈔字作女旁保字上半作合▽謂顧氏從寒山摹得之本必是寥寥數字餘皆據洪婁之書載入觀此幅鈔字立旁亦似女旁保字上仍是合▽翁據巴氏雙鉤本以議顧氏得江氏此鉤本亦足爲顧氏解嘲矣噫

翁氏攷碑目力心思爲至精顧前後得此碑鉤本既載其文復爲之圖究之茫昧從事至今始一豁其蒙使吾得入蘇齋其爲快幸更何如哉道光丙午正月廿二日

跋圉令趙君碑舊拓本

圉令趙君碑見於洪氏隸釋後遂無著錄者蓋石已毀矣道光壬辰春仲先文安公按試甯波余隨侍登范氏天一閣見此碑及劉熊碑單紙未拓俱有破損閣上置長案不設坐具書帖不得下樓無緣假歸審定奇迹經眼時入睡夢忽忽三十年矣其年冬在都得蘇齋雙鉤劉熊碑於琉璃廠肆適澧州蔣錦秋觀察收得汪孟慈

處宋拓劉熊碑及宋拓魯公祭姪文許我到粗旗杆廟寓中手鉤祭姪文肴酒供客甚恭主人不出門半步而劉熊碑則固靳不與鉤余以甫得翁鉤本可玩不復强索後屢游吳門頗聞有趙君碑以尤物不敢過問也咸豐辛酉歸長沙知易小坪令嗣處有立軸本浼李季眉借到小坪得之蔣奇男奇男者伯生之子伯生得之黄小松道光二三年間伯生居濟南西關外之燕園余與先弟子毅偕周通甫楊徵和張淥卿諸君談碑看畫過從無虛日顧未見此碑其時蓋尚未收得也小松得之張芑堂芑堂得碑在乾隆丁未不著所從來以後梁山

舟錢籜石翁覃谿伊墨卿吳荷屋梁茝林各有題記似
乎王蘭泉孫淵如阮伯元師俱未寓目芑堂伯生小坪
以藏帖主人俱不題一字殊不可解今立軸炳然而小
松所得之翦褾本不知何往矣黄荷汀同年宦上海憂
歸攜一軸來云得之徐紫珊看蘇齋題記乃錢辛楣宫
詹舊藏物而潛研堂金石拔尾不錄是碑豈得碑於成
書後耶辛楣至紫珊中間不知流傳何處或即由錢至
徐耳小松先得顧云美册又得芑堂贈軸又同李鐵橋
觀此本於沸甯最爲有金石緣余不得藏一本而所見
有三本與蘇齋同余多見天一閣本翁多見云美本耳

惟蘇齋於三本俱有題字而所著兩京金石記復初齋
集俱不及此碑豈亦如宮詹例耶此軸中題字如顧澗
薲練栗人皆昔年相與諏古者宿草多年不勝悽惘余
既借到兩本值酷暑不能臨摹刻碑人歷城陳浩隨我
至湘令其雙鉤裝爲巨軸一時壁間遂有三趙君碑可
云奇快易氏軸先索還黃荷汀軸許我久看因分作三
詩以志欣賞此碑自黃小松小蓬萊閣雙鉤題跋後又
有萬廉山百碑研齋縮刻本又見於吳荷屋丈筠清館
金石錄其它箸錄者余未及見也辛酉七月十九二十
日記於長沙化龍池之磻石山房

跋天發神讖碑拓本

是碑自嘉慶十年燬於火世間拓本皆成至寶矣此本雖只少半然拓手甚精神采蔚然其中從字上半毀甚字工東兩半字他本往往失之告字上半亦然是可珍也余覩此碑甚勤遲久未得郭蘭石先生因以此見贈艮用愛玩先生所藏全冊拓手與此同視朱茮堂年丈所藏家義門先生舊本似猶差勝道光丁亥冬初記

跋羅蘇谿藏晉孫夫人碑舊拓本

晉任城太守夫人孫氏碑自乾隆甲寅江秬香始得石於新泰縣新甫山中黄小松司馬爲之釋文阮儀徵相

國師據以入山左金石志者也余久得拓本顧未深攷
茲於蘇谿前輩齋中得見秬香初拓本及小松手書釋
文並錢竹汀王述菴孫淵如武虛谷桂未谷洪稚存王
伯申伊墨卿陳曼生翁覃谿諸老並儀徵師題記石墨
增華文釆斯萃因細繹釋文推求拓本尚有數處誤仞
者如今我不犯尊而蒙優詔乃是今我乃犯尊而蒙優
詔也同歸殊塗爾其口哉原釋皆缺實止哉上一字不
可辨也有口口意時夫人身口在家止父令留而謂父
曰功成而退雖天之意然事君不懟口能口倫聞口口
口爲吏部尚書多用老成先帝舊臣舉口不絕必不忘

君旣而果舉君爲侍中此段原釋脫誤字甚多也夫人
在羊氏沉重有度沉重二字當補釋任城非夫人姑□
生姑字尙存其半上感慈□□飛□□下惟詩人刑于
之言瞻前□後率由弗違以御于家邦終始以孝聞□
□夫人之力也此數句原釋亦多脫誤也□方不肅之
訓方誤爲力方上葢義字也□□歎曰其嗣子之歎詞
歎上非乃爲二字也令問日新令字當補也夫人葢丞
喪母而孝於父所生子不育而嗣子迅爲之銘也按魏
志盧毓爲吏部尙書使毓自選代乃舉阮武孫邕帝於
是用邕管甯傳侍中孫邕薦甯孫邕葢卽夫人之父矣

文帝典論北海王和平亦好道術自以當仙濟南孫邕
少事之卽其人也鮑勛傳帝屯陳留太守孫邕見辭僅
言爲渤海太守者略其一耳齊王芳紀注引魏書景王
與羣臣共爲奏內有光祿大夫關內侯臣邕以論語集
解序證之卽孫邕也此不言關內侯而言建德亭侯邕
後復改封歟任城王國當稱內史但內史亦可借稱太
守且據沈約宋書則任城在晉亦常爲郡也魏志桓階
字伯緒長沙人此作伯序者階陛也序東西廧也作序
者正字作緒者段借字爾雅序緒也同音同義得相段
借也桓階爲劉表從事祭酒表要以妻妹蔡氏自陳已

結昏拒而不受因辭疾告退此得復有少妻伏氏致文帝令豈取之者蓋繼室也洪景伯跋廣陵屬國侯夫人碑已有漢婦人墓銘石刻存者止此一碑之語又晉武帝紀咸甯四年詔毀天下墓石故晉石傳者絕少況婦人碑乎朱朗齋以八年爲泰始八年王伯申以文母爲文德之母說皆可據新泰縣志載任城太守李夫人碑李字直孫字之誤耳至袁桷謂漢晉以上婦人無立碑之禮引齊書王儉論太子穆妃不須石誌辨其爲僞膠柱之見不足置辨也倚裝題識復作詩一章以志欣賞

東洲艸堂金石跋卷三終

東洲草堂金石跋卷四

湖南叢書

道州何紹基撰

跋樂毅論海字不全舊拓本

楮墨精古有肉有血晉人風巨如在几席其中一種樸氣非後來橅刻者所能解也香光云江南宋拓小楷葢南唐勒石而北宋氈椎乎然此尚是初脫石本看墨氣可知不審香光何據而云然也觀於顧氏賜研堂因記

跋汪孟慈藏定武蘭亭舊拓本

今海內藏定武蘭亭余所聞者有三本一爲吳荷屋中丞丈藏郎榮芑本也一爲韓珠船侍御藏一爲汪孟慈

農部藏孟慈本乃尊甫容甫先生所得前有先生小像此本筆勢方折樸厚不爲姿態而蒼堅涵納實兼南北派書理最爲精特矣孟慈守帖重逾球壁不可悋諦玩耳

跋國學蘭亭舊拓本　三則

余學書從篆分入手故於北碑無不習而南人簡札一派不甚留意惟於定武蘭亭最先見韓珠船侍御藏本次見吳荷屋中丞師藏本置案桄間將十日至爲心醉近年見許滇生尚書所得游似本較前兩本少瘦而神韻無二亦令我愛玩不釋葢此帖雖南派而旣爲歐臺

卽係兼有八分意矩且玩曹娥黃庭知山陰棐几本與
蔡崔通氣被後人橅仿漸漸失眞致有昌黎俗書姿媚
之誚耳當日竝不將原本勒石尚致平帖家聚訟不休
昧本詳未舍骨尚姿此後世書律所以不振也乎
今日國學禊帖拓本僅存一綫如游絲裊空矣此尚肥
潤乃爾每一展玩靜氣盈宇謂之國學本初拓可也
國學蘭亭其形橅意度居然於定武爲具體惟恨其時
有橫輕直重處由刻石人不知六朝以前書律致墮此
習氣是拓紙墨精古自係明本覃谿謂是韓敬堂拓本
未免契舟膠柱矣

跋宋刻蘭亭拓本

宋刻禊帖後有景仁印葢卽游丞相家刻石也咸豐戊午正月門人梁平仲贈我於吳門

跋褚臨蘭亭拓本　三則

禊帖傳本大抵以纖婉取風致學者臨摹遂往往入於飄弱竊疑右軍當日以鼠鬚寫蠶繭必不徒以纖婉勝唐初諸賢臨本亦當似之故臨此帖者仍當以凝厚爲主子昂乃深得此意

世閒禊帖石刻無慮數十百本而其精神氣息全在學書者自賞於牝牡驪黃之外無取紛紛聚訟也是本風

致婉弱雖非精本於初學誠非無補云爾

右軍行艸書全是章艸筆意其寫蘭亭乃其得意筆尤當深備八分氣度初唐諸公臨本皆窺此意故茂逸超邁之神如出一轍然欲遽指爲山陰原墨則誠未見何本爲可據以其中總不免有齊隋以後筆致也近日楔本皆纖瘦少精神獨此覺墨暈閒尚有風力可算佳本

跋舊拓肥本黄庭經九則

觀此帖横直撇捺皆首尾直下此古屋漏痕法也二王雖作艸亦是此意唐人大家同此根巨宋人雖大家不盡守此法矣乃停雲館刻此帖多紆折取勢剛柔厚薄

相去蕋遠停雲以越州石氏爲祖本我知石氏本必不
然也文氏以已意爲之耳

神虚體直骨堅韻深

前後略有磨泐處將近十行神味祕遠尤耐尋思

覃谿謂黃庭原是七言成篇此語未知所本上有黃庭
下關元二語自協噓吸廬外出入丹田此八字如何作
七言耶所云新安吳氏本恐亦未必是七言至其以唐
賢大楷求黃庭遺巨此眞知書人語又每以鶴銘與黃
庭合觀最爲得訣矣因錄其語輒記此丙午三月十九
日

下眞迹僅可一等此在初刻本可爲此此語若是刻雖佳知是幾葉孫曾鑒古如香光必不肯孟浪若此

今世黃庭皆從吳通微寫本出又復沿橅失眞字勢皆屈左伸右爲斜迤之態古法遂失元明書家皆中其弊苦不自悟者由不肯看東京六朝各分楷碑版致右軍面目亦被掩失久矣試玩此帖當有會心處然從未習分書者仍難與語此也

合南北二宋爲書家度盡金鍼前惟黃庭後惟化度中閒則貞白鶴銘智永千文耳

己酉使粵於南海伍氏遠愛樓見所藏黃庭經神韻古

妙迥非文本比豈石氏本耶要亦非此刻也此數日內竝凡借觀者若潘氏北雲麾碑郎官壁記伍氏化度寺原石皆海內孤本雖人事悤悤不及著意摹玩而翠墨因緣實度嶺來第一快事也己酉九月二十九日三水舟中記

薛純陀書見於夾漈金石略者贈比干銘分書在衞州周辨法師碑在京兆府砥柱銘在孟州其拓本今皆不可見矣辛亥立夏日記於鶴鳴軒雨半月未住

跋玉版洛神賦十三行拓本 五則

意思奇矯所謂外人那得知者直亦不欲其遽知耳後

來鶴銘實師其意唐則誠懸宋則東坡根巨祕傳波瀾
不二良工不示人以樸故亦無道破及此者然非如此
佳刻亦何從窺其津逮耶
劉文清跋云唐人臨本亦從永興法中來唐臨斷不能
臻此謂是唐橅可耳至永興法出智師而不能盡其渾
融變化之妙於子敬此帖風馬牛也文清書格到宋人
而短於鑒別故所見如此
嘗怪坡公書體格不到唐人而氣韻卻到晉人不解其
故既而思之由天分超逸不就繩巨而於黃庭禊敘所
見皆至精本會心所遇適與擘迎子敬洛神則所心摹

手追得其體勢者來往焦山於貞白鶴銘必曾坐臥其下遂成一剛健婀娜百世無二之書勢爲唐後弟一手余生也晚若起公於九京當不以斯言爲謬誤但恐以漏洩祕蘊被公呵責耳

斜正信絀不使一直筆能臨楮出此意耶擊際縱横胸中兀傲自然觰此耳明賢乃無睹斯境者爲松雪所縛也

鬱鬱窈窈天官宅諸峯排霄帝不隔六時謁天開闢鑰我身金華牧羊客羊眠野草我世閒高眞衆靈思我還石盆之中有甘露青牛駕我山谷路粤東使旋過灊山

道中望灊皖山色想見涪老游止處漫錄此詩竊意涪翁書意當出此帖而平生不甚道及耳己酉十一月十二日

跋牛雪樵丈藏宋刻十七帖

南唐李後主取賀知章臨寫十七帖入石爲澄心堂本是刻沈雄古逸於艸法中具有八分體勢唐賢詣此者頗希遽定爲澄心堂刻猶屬肊斷余未敢附和也竊意此帖卽陸儼山所謂關中不全本黄伯思所稱書中龍者也余昔在姑蘇得一本與此無二後乃見此本因索值頗昂又感於文文肅所云離之雙美者遂割愛置之

別來十年時復在念不意爲雪樵制府丈所收許其假歸兩本竝在案頭從容互觀十餘日之久也

跋宋刻十七帖 二則

余得是冊賞其神駿未暇考其爲何本也次日見文文肅所藏本鑒跋珍妙諦視之乃與此無絲毫異知目光能照不殊今古已甲午冬日記

細觀此帖及定武蘭亭知山陰實兼南北派書法之全閣帖簡札多流利便易由檢擇不盡精眞贋相半耳

跋魏張黑女墓誌拓本 六則

顧氏日知錄漢人之文有即朔之日而必重書一日者

廣漢太守沈子琚縣竹江堰碑云熹平五年五月辛酉朔一日辛酉綏民校尉熊君碑云建安二十一年十月丙寅朔一日丙寅此誌書朔書日亦其例

余自得此帖後旋觀海於登州既而旋楚亥年丙戌入都丁亥游汴復入都旋楚戊子冬復入都往返二萬餘里是本無日不在篋中也船窗行店寂坐欣賞所獲多矣丁亥夏在汴中得宋裝薛少保書信行禪師碑亦從來談古刻者所未見遂傑然與此稱二奇焉

包慎翁之篤北碑蓋先於我二十年功力既深書名甚重於江南從學者相矜以包派余以橫平豎直四字繩

之知其於北碑未爲得髓也記問浩博口如懸河酒後
高睨大譚令人神王今不可復得矣
慎翁跋中所稱英義夫人墓志及仙女祠祝版文慎翁
果曾見耶近年北碑出世者多未聞此兩種也
余既性耆北碑故摹仿甚勤而藏亦富化篆分入楷
遂爾無種不妙無妙不臻然遒厚精古未有可比肩黑
女者每一臨寫必迴腕高懸通身力到方能成字約不
及半汗浹衣襦矣因思古人作字未必如此費力直是
孥力筆鋒天生自然我從一二千年後策駑駘以躡騏
驥雖十駕爲徒勞耳然不能自已矣丁巳初冬

自乙酉春得此帖於歷下今三十有四年不知成槫爲何人也忽檢得山左詩鈔方外卷有釋成槫字奚林諸城人詩有臥象山分賦三絕句始知其爲詩僧而詩鈔誤槫爲槫也又前載成楚字荆庵新城人止載其一詩卽贈奚林大師云派衍南宗第一枝無言得髓是吾師偶然豎拂天花落絕勝秋寮宴坐時池北偶談亦載此詩南宗作靈山秋寮作空生荆庵推重奚林如此則奚林當在荆庵之前詩鈔編次誤也池北偶談謂荆庵居靈巖頗能小詩選其落花秋日等句然則奚林蓋亦靈巖長老矣王六眞跋謂師故工隸則奚林能詩又能隸

書其能寶是帖也固宜余於丙辰秋游靈巖山訪李北海碑徧問寺僧無知者後問朱時齋乃得碑於魯般洞回計奚林與兩王生耽詩道古摩抄石墨時將二百年矣因題三絶句以志快

題楊龍石藏瘞鶴銘水拓舊本 二則

龍石老兄寄示鶴銘有華陽眞逸四字及不知其紀也五不全字此尚在張力臣作圖之前乃水拓中之至古者有松齋印三處知爲汪退谷藏本題籤瘞鶴銘三字即退谷書後有義門朱書小字引證鶴銘益見當日傳賞摩抄一段妙緣也嗣歸毛氏意香今乃爲龍兄所得

不遠數千里從今弟漱芸孝廉處寄我索跋余於此銘
曾三次手拓最先爲道光壬辰冬仲冒雪打碑致爲得
意旋晤龍兄見示水拓片幅歎爲希有嗣後得見王夢
樓宋芝山翁覃谿各藏本大約俱相頡頏此本出則前
所見者皆其後矣鳳芝龍兄信爲瑰珍龍兄所獲佳拓
往往寄贈今於此帖亦似有息壤在彼之意展卷懷人
神思飛越雖相望二千里不啻一室一几一壺一鐙掀
髯討論也
覃谿詩云曾見黄庭肥拓本憬然大字勒厓初此語眞
知鶴銘亦眞知黄庭者龍兄謂何如

題李仲雲藏瘞鶴銘舊拓全幅

自來書律意合篆分派兼南北未有如貞白此書者顧水落石出寒舟仰卧拓本既不可得即此全幅本但使氈蠟如法亦尚可觀也余來往江南北每至焦山必手拓此銘又曾蓄水拓二本及乾隆初年本爲覃谿所題藏者案頭巾冊壁間石障無日不在心目也今夏過松寥尋至原摩厓處見米陸題名及南宮橅刻石卻未及手拓爲悵然也冬至長沙仲雲觀心齋中覩此江風海雨龍蛇動壁又値大雪千里一白助其奇致是宜題記榾柮媚研酒盌浴筆庚戌

跋智永千文拓本

此百年內拓本耳而神采煥發可愛如此故知氈蠟閒眞得妙手也今春過吳門李中嬪家見其藏本歲字向無末筆是眞宋人初拓本附志於此癸巳夏五月

跋牛雪樵大藏智永千文宋拓本

顏魯國與素師論書謂折釵股何如屋漏痕屋漏痕者言其無起止之痕也顧與書諸家於使轉縱橫處皆筋骨露現若智師千文筆筆從空中落從空中住雖屋漏痕猶不足以喻之二王楷書但帶八分體勢此視之覺漸遠於古不與得筆於智師乃於疏密衺正處著意作

恣態雖開後來無數法門未免在鐵門限外矣先文安公四十歲時得此帖宋拓本遂專習之垂二十年晚年筆法乃少變今雪樵丈人得此本紙墨氣韻殆如驂之靳丈人與先公交契至深蒙委題記回思予舍受書褰鐙侍研光景不可再得鬱楹之藏遺帖無恙披展對觀愴悒何能以已時道光壬寅冬十有二月

跋祟雨舲藏智永千文舊拓本

右軍書派自大令已失眞傳南朝宗法右軍者簡櫝狎書耳至於楷法精詳筆筆正鋒亭亭孤秀於山陰棐几直造單微惟有智師而已永興書出智師而側筆取妍

遂開宋元以後習氣實書道一大關鍵深可慨歎薛嗣
昌刻石計當在爲梓州陝西轉運副使時故止見長安
崔氏本且云置之漕司南廳然所云八百本施於江東
諸寺者何以南方絕無聞見孫退谷云今尚有墨迹存
世恐亦傳聞之詞未曾目覩確知也翁覃谿以歐陽不
見全本趙氏不入箸錄徑肊斷以爲宋初書迹薛氏不
當遽以入石且謂薛氏能品鑒定武蘭亭非不知古書
者亦誤信而鐫勒之又謂顧亭林精攷金石亦收入此
帖竝疵退谷推重薛氏之功爲謬薛氏父子固皆以翰
墨名卽顧孫二子之精核亦豈翁氏所能企特以生平

祖述廟堂醉心趙董習爲欹側故於此帖之横平豎直
有意貶之耳先文安公藏宋拓本臨仿有年每以横平
豎直四字訓兒等余肆書汎濫六朝仰承庭誥惟以此
四字爲律令於智師千文持此見久矣未敢宣諸楮墨
也雨船中丞工書耽古出示一本雖非宋拓然神采腴
潤飛動自是數百年物假歸與家藏本對看無端觸發
一洩鄙私質之雨翁以爲何如也

東洲艸堂金石跋卷四終

東洲草堂金石跋卷五　　湖南叢書

道州何紹基撰

跋張星伯藏皇甫君碑宋拓本

凡後來拓本漫漶之字此獨瘦現有精神其綫斷之隙亦甚細余以肊斷之當爲宋拓不獨在亭圮壓損之前也惟字畫完好者轉被裝池家用椶刷過重致紙性肥溢於原拓時血肉相合之妙少有所失然神光古韻明眼人自能辨之非可以目皮相也余於信本書曾習房彥謙碑八分昔在姑蘇見宋拓本此帖綫得之而卒爲林少穆丈所獲後在京師得一本甚古澤或嫌其墨氣

過濃余輒不答今復見此本明知裝池處不免受傷而愛玩之不忍釋手誠知神物難遘不暇疵瑕此未易一二爲俗人言也星伯同年珍祕此帖所見殆與余同因爲記此道光壬寅冬初

跋汪鑑齋藏虞恭公温公碑舊拓本

書家有南北兩派如說經有西東京論學有洛蜀黨談禪有南北宗非可强合也右軍南派之宗然而曹娥黄庭則力足以兼北派但絕無碑版巨迹抑亦望中原而卻步耳唐初四家永興專祖山陰褚薛純乎北派歐陽信本從分書入手以北派而兼南派乃一代之右軍也

醴泉宏整而近闊落化度遒緊而近歛側皇甫蕭穆而近窘迫惟虞恭公碑和介相兼形神俱足當爲現存歐書第一前輩推重化度乃以少見珍耳非通論也余於咸豐乙卯冬至昭陵細觀此碑其下截半字殘畫尚多而拓者皆遺之但取完字故相傳古拓無有過八百字者此拓精膩有韻金和玉節折矩周規令人使盡氣力無從仿佛昔朱朵山殿撰藏本劇佳此尙當過之也鑑齋同年出示於一松一石之廬因爲題記以志眼福時戊午初春

跋祁叔和藏宋翻宋拓化度寺碑二則

化度寺碑原石古拓惟南海伍氏所收藏爲海內孤本余初見於京師再見於使粤時行館蘇齋遜我眼福也范氏賜書樓覆刻本雖亦偶遇之似此古拓亦自可珍重宜蘇齋銘跋津津有味也叔和兄其寶之咸豐丁巳九月初五日

醴泉銘以疏抗勝邕師銘以遒肅勝得此古拓觀之可以闚見吾鄉率更眞實力量不依傍山陰棐几處叔和兄方勤習篆分八法源流當已洞徹頗以斯語爲然否九月十二日又跋

跋道因碑舊拓本

有唐一代書家林立然意兼篆分涵抱萬有則前惟渤海後惟魯國非虞褚諸公所能頡頏也此論非深於篆分眞草源流本末者固不能信都尉此書逼眞家法握拳透掌模之有稜其險勁橫軼處往往突過乃翁所謂智過其師乃堪傳授也欲學渤海必當從此帖問津若初學執筆便橅仿化度醴泉譬之不挂驅而涉海耳世人作書動輒云去火氣吾謂其本無火氣何必言去能習此種帖得其握拳透掌之勢庶乎有眞火氣出久之如洪鑪冶物氣燄照空乃云去乎庸孯拙苶如病在陽衰急須參耆桂附以補其元陽庶氣足生血今顧日以

滋陰爲事究之氣不長而血亦未嘗生也書道貴有氣有血否則氣餘於血尚不至不成丈夫耳此舊拓本在今日已爲難得寒夜展視聊發肊論時庭前聚雪爲山有萬笏千霄之勢丁酉冬臘八日漫記是日甚寒字字欲凍

跋張星伯藏道因碑宋拓本

余自辛卯年得道因舊拓本於吳門有商邱宋氏諸印及王夢樓跋至爲珍重去年乙巳沈朗亭少司成得一本拓法裝池與余本如一以爲異矣今星伯京兆見示此本拓法裝池與前二本同三本蓋一時拓一手裝而

我同年三人先後得之可云古墨中奇緣韻事不知尙
有弟四五本否也二十年前見房彥謙碑分書筆勢與
道因楷法相同疑郎都尉所書而誤傳爲率更者彼時
尙未見碑陰有率更銜名書款也然鄙意以爲率更分
書橫逸峭勁非韓蔡所能到以其法爲眞行殊無庸借
徑山陰乃所傳虞恭公化度諸碑俱不能出山陰遺巨
由太宗重二王尤祕蘭亭繭紙至令諸臣橅寫渤海特
出之姿亦不能不歸其軌則善奴幼孤克承家法乃能
以率更分書意度力量並其形貌運入眞書桀卓自立
以傳於後豈非墨林中一巨孝哉道光丙午閏五月三

日

跋道因碑拓本

是帖拓不甚舊而裝飾精緻珍如古物每想宋時拓帖至今日皆寶儕彝鼎而汴杭書律不復有唐賢規矩東坡山谷亦自用其才不遵軌轍當時氈蠟皆宋拓也視如塵土此事遂淵源欲絕若得知珍重如是本者何至宋元來楷法竟不可問津乎余學書四十餘年溯源篆分楷法則由北朝求篆分入眞楷之緒知唐人八法以出篆分者爲正軌守山陰棐几者止能作小字不能爲大字率更橅蘭亭特因上命以己意仿前式手眼中謂

有右軍吾不信也蘭臺善承家法又沈浸隸古厚勁堅凝遂成本家極筆後來惟魯公北海各能出奇可與是鼎足而有唐書勢於是盡矣大孫能習是帖余舊得宋拓有寶樓跋者後復得一本勝此最後得此本亦勝近拓而裝贉之佳如此珍之珍之壬戌孟冬下澣薄醉題

跋周允臣藏關中城武廟堂碑拓本

覃谿論書以永興接山陰正傳此説非也永興書欹側取勢宋以後楷法之失實作俑於永興試以智師千文與廟堂碑對看格局筆法一端嚴一遒雋消息所判明眼人自當辨之因其氣味不惡又爲文皇當日所特賞

遂得名重後世若論正法眼藏豈惟不能竝軌歐顏即
褚薛亦尚勝之余雖久持此論而自覃谿春湖兩先生
表彰廟堂致學者翕然從之皆成榮咨道之癖余不能
奪也允臣世兄酷嗜余書一日得廟堂古拓欣然持示
且云近日方肆力習之其帖果佳蘇翁李之說余不敢
附會也適允臣屬書小卷輒走筆吐所欲言竝占小詩
奉粲幸祕之勿令他人見也

跋景龍觀鐘銘拓本

睿宗書此銘奇偉非常運分書意於楷法尤爲唐迹中
難得之品間有失於弱宂處則由泥範未精治銅入之

不無走失也余適覸此未得小山張丈有此本脫手見贈亦妙緣也道光丁亥仲夏記於大梁之世貞堂

跋麓山寺碑並碑陰舊拓本　三則

是碑題額曰麓山寺碑碑文云麓山寺者知俗稱嶽麓寺者誤也水經注及少陵詩皆稱麓山不云嶽麓以其多林麓而名麓山猶谷山以多巖谷得名故麓山與谷山相連如云是南嶽之麓則衡山至此三百里不必仍係嶽爲名也玉水布飛石林雲起乃麓山眞景水石之奇不必是水經注湘水逕錫口戍北又西北流屈而東北注玉水也

北海書發源北朝復以其干將莫邪之氣決盪而出與歐虞規巨山陰者殊派而奄有徐會稽張司直之勝顧世閒石刻日少李秀僅存六礎原石拓在南海潘氏者蚤成孤本靈巖寺碑自阮文達師纂山左金石志時已云僅存趙晉齋家藏拓本矣近日吾兒慶涵忽得一本與趙藏無二然亦止此兩本耳東林寺葉有道久無原石娑羅樹亦重鐫本端州石室記少林寺戒壇銘則本非眞迹其烜赫世閒者止陝雲麾與麓山寺而已雲麾頗嫌多輕俔處惟此碑沈著勁栗不以跌宕掩其樸氣最爲可貴碑陰字肅穆靜實與李秀碑近當日書意兼

有此兩路而是碑乃兼具之也

李秘監書麓山寺碑今在麓嶽書院門外之右昔人作亭嵌碑之後止有碑面可拓其碑陰及兩側俱在壁中不可復拓故乾嘉諸老爲石墨之學者於是碑罕及其陰述庵司寇萃編所錄僅據武虛谷授堂跋語輯入亦未親覩拓本也余於庚子秋舟泊沸甯曾於郭氏購得黄小松所藏宋拓麓山碑竝陰有小松及覃谿瘦銅諸題記甚精隔宿乃爲中途人奪去意甚悔惜兒慶湔復再訪之於沸甯已無可蹤迹老友許印林忽以此拓見賜吾兒兒因竝所藏舊拓碑面本合裝成册請加乙記

余適初返都庽因積受暑雨患足蹇未得出古墨照人眼明掔活檢授堂跋先摩挲碑陰字多虛谷所未見者回憶小松珍本亦不過如此而此碑面古拓則又視小松本遠勝也壬子七月廿二日

跋吳平齋藏麓山寺碑宋拓本

但是宋拓便有靜氣不似新拓本之劍拔弩張也去秋在長沙方與楊海琴丁果臣羅硯孫諸君商量精拓並拆壁出碑陰阻雨不果待今年返湘或遂此願耶同治乙丑春暮記

跋李北海端州石室記拓本

同治癸亥初夏余游七星巖此碑正在水中無從手拓石刻有波衝雨溜偶得拓出風韻必勝如焦山鶴銘至今以水拓爲珍祕也開張雄厚非北海不辦何前人論訂之紛紛乎一手數碑雖神理各殊而根矩無二自古書家皆然獨於此而疑之特好爲新論耳乙丑春仲養閒草堂記

跋李北海盧正道碑舊拓本

如此小字而豪縱之氣不可掩可知戒壇銘之僞

跋重刻李北海書法華寺碑

北海書石刻惟大照禪師碑余未及見所見者若戒壇

銘葉國重碑沙婆羅樹碑東林寺碑皆翻本無足觀至李
思訓碑任令則碑之遢軼端州石室記之敦樸麓山寺
碑之遒勁李秀碑之肅穆盧正道碑之精麗靈巖寺碑
之靜逸龍興寺額四大字之雄厚既各造其妙而純任
天機渾脫充沛則以法華寺碑爲最勝去春在吳門韓
履卿丈崇以此宋拓本見詒攜至濟南手自鉤摹令老
僕陳芝勒石雖於神理未能微肖然規模粗具矣按高
僧傳十三卷釋曇翼餘杭人初出家止廬山寺依慧遠
修學晚適關中復師羅什經律數論竝皆參涉又誦法
華一部以晉義熙十三年與同志曇學沙門俱游會稽

至秦望山西北見五岫駢峯有耆闍之狀乃結草成庵稱曰法華精舍太守孟顗富春人陳載竝傾心揖德贊助成功翼蔬食澗飲三十餘年以宋元嘉二十七年卒春秋七十立碑山寺旌其遺德會稽孔逭製文孔逭文不可復見此文敘述建寺之由正與傳合不知北海當日尚及見孔製碑文否下文持證等觀承藏同流及陳州邑吏隨國檀施等云云則敘此寺之續修也施及先律師道岸今弟子釋儼及豪州刺史王公夫人武氏以下則敘起普賢臺立法華社因而立碑之近事也孟顗王弼袁楚客新舊書皆無傳未及攷核北海書爲東坡

南宮子昂所自出故宋後此碑翻本疊出卽余所見已
有三本無論筆勢全非卽文字亦多杌改如秦望山上
添大唐二字與後題唐開元某年複出並序二字誤居
中不旁寫括州或誤作栝州州慧舉十微誤作十徵慧基
避元宗名缺筆作𦙍或誤不缺陳州邑吏隨國檀施誤
作陳隨國施州邑吏檀傴僂萎花或作傴僂曇異花有耿
投竿或作有取扳竿像光發瑞下接松巘蕭疏六句誤
接臺壓龍首六句刻石人東海伏靈芝之或作東海伏靈
芝之刻石由所據本有漫漶脫落顚倒處遂以意爲之耳
末題開元二十三年十二月八日建或作十三年二月

廿八日或作十一年則瘢謬之最甚者新書本傳豈以
開元二十三年起爲括州刺史此碑正以是年書故趙
明誠金石錄王象之輿地碑目俱作二十三年此足證
翻本十一年十三年之謬而戒壇銘以開元三年建葉
有道碑以開元五年立皆題括州刺史者後人僞作也
鄂州刺史盧府君碑以天寶元年壬午二月丁丑朔八
日甲申立尚題括州刺史上距開元二十三年乙亥在
括州者八年靈巖寺碑亦題天寶元年某月字泐尚存
壬寅朔十五日景辰字則是十一月所立銜題靈昌郡
太守者元宗本紀是年改州爲郡刺史爲太守靈昌郡

太守即滑州刺史也豈是年蓋由括州遷滑州中閒尚有淄州一階無以定其何時乃舊書謂邕由欽州遵化尉累轉括淄滑三州刺史天寶初爲汲郡北海太守新書謂開元二十三年起爲括州刺史後歷淄滑二州刺史上計京師出爲汲郡北海太守天寶初李林甫忌邕因傳以罪於其官階年歲皆未翔實此拓足證諸碑之誤兼糾二史之訛矣近日王氏金石萃編未經收錄阮氏兩浙金石志孫氏訪碑錄杜氏越中金石志皆據翻本入錄未見原石拓也杜志云法華寺今爲天衣寺唐大中閒所改碑高八尺六寸廣四尺二十三行行五十

四字字徑一寸八分此就翻刻本度之耳今度原石本六字可容翻本七字則重刻縮小可知並其行數亦未足爲據古人作事今世驚北海所書各碑皆巨偉殊常肖其字勢也杜志又引周錫珪跋云碑重立殊陋惡予見舊搨凡三種上海潘氏本秀而整貴陽馬氏本肥而華家伯紀本近於馬而用筆稍縱不知誰爲眞者寺廢於會昌後時再建而再刻碑文明初燬於火至陶文簡復建寺後於長安街得一本因以傳刻又引萬歷紹興府志云寺後十峯堂前唐李邕斷碑石尚存按周氏所見三本云不知誰爲眞大約皆翻本十峯堂前斷碑刻

或是原來妙跡耶北海書於唐初諸家外自樹一幟與魯公同時並驅所撰書多方外之文以剛烈不獲令終大略俱與魯公同余平生於顏書手鈎忠義堂全部又收藏宋拓本祭伯文祭姪文大字麻姑壇記李元靖碑於李書則見北雲麾原石全拓於番禺潘氏收宋拓麓山寺碑於杭州近日蒐得靈巖寺碑上下兩段於長清靈巖山魯般洞見古拓精本盧府君碑於崇雨舲中丞處今復得此宋拓法華寺碑壘緣重疊可云厚幸竊謂兩公書律皆根矩篆分淵源河北絕不依傍山陰余習書四十年堅持此志於兩公有微尚焉苦臂擘孱弱復

多耆少專瞻望前哲徒增歎媿耳咸豐己未正月壬申朔十九日庚寅跋於灤源書院

跋摹刻李北海李思訓碑拓本

神采如許焉得以木版翻刻棄置之咸豐己未秋得於濟南時方翻刻李書法華寺碑不審能及此否也

跋陸次山藏實際寺碑舊拓本

意度大近懷仁集聖教而更有古氣以兼有北朝遺巨也

跋大字麻姑山仙壇記宋拓本 二則

顏書各碑意象種種不同此碑獨以朴勝正是變化狡

猶之極耳惜公書原刻傳至今日者不逾十石未足盡窺其轉形易勢之妙也

此碑葢刻於木壁故筆畫不免有失眞處然必係從寫本雙鉤入木以其不失眞處與石刻無異也木質難久自小字本宋刻流傳此大字本世漸罕覯矣余於壬辰冬得此本於吳門錦褾珍裹印記爛然知爲陸謹庭家故物後因酒後出帖示客忘卻收檢夜間失褾幸帖無恙嗣後懲羹吹齏雖有借閲者亦不出屋矣

跋小字麻姑山仙壇記舊拓本　八則

此本雖石已斷後拓而神明完厚較宋刻猶當有玉珉

之別眞可寶也大字本余所夙聞而從未得見且罕有人道者曾見一本則翻刻無足觀今冬過吳門獲一本信爲神物其中廿字避文皇諱又各疊字俱再書不作二是其與小字本異者又忠義堂帖刻是記字徑半寸許大字者徑寸半魯公是記蓋屢書之皆極得意筆也
道光壬辰冬杪
近日摹本不足道卽外閒傳賞佳拓亦宋刻本耳余昔得唐刻而寶之今此唐刻而又舊拓精采尤異道光乙未上元節得於廠肆狂喜記之
太平寰宇記臨川縣花姑姓黃氏在井山遇狂象爲毒

箭所中花姑拔去之後常衙蓮薾來置花姑所近見宋拓越州石氏本爲停雲館所自出猶遠遜此本也丁酉記

宋人所稱麻姑壇記皆指大字本此本則特稱小字以別之今人但知有小字本耳由宋明人俱刻入晉唐小楷帖中而大字本宋代盛行氈椎破碎遂致失傳也又有一本字如指大者僅見忠義堂帖中未覩單行本其失傳更在大字本之前矣觀集古錄金石錄墨池編及宋以後諸家帖目顔迹之有目無書者至不可枚數當時習書人眼福之富宜擘底迥異後人也今僅得十一

於千百耳可歎可歎雖然再數百千年得無有羨我今日者乎時戊戌五日

江西唐石最著者惟魯公麻姑壇記及李北海柳誠懸東林寺碑李碑原石久已無傳宋樵本毫無精采柳碑惟余家有殘拓本近年修寺橋忽得片石餘五十餘字今仍剎落矣大小麻姑壇記余弟兄每見即收每於友于閑靜時出多本互相評賞並它帖古拓縱横滿几色香無際以爲至樂今踽踽蜀游每一展所攜各帖畫不勝憶弟看雲之感況老穀已久作古人耶咸豐癸丑八月晦日晨起記於酉陽試院

小字麻姑壇記余所見原石墨拓數十年來殆近十番要以此本爲第一無上妙品山谷老人所覩本殆未必過之也自文摹本出扁鋒取態作偭者乃越州石氏耳古人刻石先神氣而後形模往往形模不免失眞神采生動殊勝後人刻石專取形模不求神氣書家嫡乳殆將失傳描頭畫角泥塐木雕書律不振皆刻石者誤之也雖出此等佳帖示之眞解人不易索矣酒後漫記於濟南旅廨

跋晏雲唐大字麻姑山仙壇記雙鉤本

宋人碑版箸錄皆先列建昌軍麻姑仙壇記又列小字

麻姑仙壇記自大字石刻失傳拓本遂爲希世珍以王
虛舟甄錄之富僅亦從友人處得一見以爲幸近日遂
無有譚及者矣余乃得一宋拓結構神明實遠勝小字
本始悟山谷謂小字爲宋初一僧所書語非無因世字
缺中筆重疊字皆兩寫不作二則以小字爲縮本者非
也晏雲唐兄叚余藏本以油素手自雙鉤極爲精到竊
謂與余所鉤忠義堂顔帖爲異曲同工若即以鐫石流
傳尤爲妙事噫魯公是碑恐遂成孤本貞珉橅勒果可
緩乎哉道光癸巳春仲識於杭州定香亭

跋黄瀛石大字麻姑山仙壇記摹刻本

魯公書麻姑仙壇記世僅傳小字本耳其大字本自宋
以後不見於金石箸錄金薤琳瑯稱爲雷所破宜乎拓
本希寂不僅珍如星鳳也余昔得此宋拓本於姑蘇蓋
卽漁洋虛舟所見之本歷劫流轉神光炳峙璞逸厚遠
實爲顏書各碑之冠黃雨生工部兄一見此帖詫爲瓌
寶余固祕不欲叚借出門雨生遂令仲郎瀛石鉤橅上
石瀛石年少善書於魯公有微尙所志與余同願余刻
忠義堂顏帖因循未就黃氏父子刻此帖數月訖工從
此傳拓萬本信所謂纂懿流光若斯之盛者矣欣喜記
之道光廿有二年仲秋

跋吳平齋藏爭坐位帖宋拓本

折釵股屋漏痕特形容之辭機到神來往往有之非必謂如是乃貴也有意爲之必成頓滯至習顔書者尤先習其莊楷若騣摹是帖卽墮入惡道矣顔楷帖多於行所以競習坐位者不過期速化耳凡事畏難不如其已同治乙丑仲春望後二日雪雨作寒鐙下呵凍題於吳門抱罍室

跋魏氏重刻爭坐位帖

近日徐青甫中丞重刻魯公坐位帖矜爲神肖實散漫無精采其所出之本余未之見恐已非眞宋拓也姑蘇

書客倪朗峰數千里外以此見寄云是魏刻本雖未能頡頏陝中原石然必自宋楮出者在今日誠不爲奇二百年後當爲珍祕矣今晨過李小芸處見六礎雲麾碑全文重刻本據覃谿諸老題記是從唐拓本橅勒者較法源寺所橅全文雲麾神理爲勝實是共一本脫胎者但鉤勒異擘遂相徑庭足見重刻古帖未可率爾從事也附識於此道光丙申嘉平廿二日

跋胡扶山藏魯公帖

此帖中祭伯文祭姪文爭坐位三稿皆棗木覆刻本而魄力氣韵殆下眞迹一等古人刻木且倍勝於後來之

刻石況貞珉妙蹟平清遠道士詩及繼作蓋是贗鼎忠義堂亦收之理不可解帖爲孫退谷硯山齋故物流轉至扶山同年處余於丁巳杪春由歷下至都歫扶山廬僅數十武一握手外即縱談古今書勢互證兩人別後八法進境因手此帖屬題余攜置案頭未及加墨扶山忽以無疾終余不覺哭失聲幸乃郎義質義贊皆能讀楹書守庭誥此帖當爲光山胡氏子子孫孫永寶矣

跋魯公帖六種合裝本

朋遠帖鄒游帖盧八倉公帖乍奉辭帖送劉太沖敍此五種舊得於琉璃廠肆祭姪文元和韓履卿丈所贈末

有請姪於廟庭如祭痛哉九字爲宅刻所無攜至濟南合裝一册戊午秋日

跋張從申書李元靖碑舊拓本 二則

有唐中葉書家以沈舍人張司直爲得山陰法乳但沈以澹遠勝張以遒肅勝爲不同耳沈書僅傳羅池廟碑原石久佚張書有延陵季子碑記福興寺碑及李元靖碑三迹中以元靖爲尤卓卓魯公書烜赫照世而元靖兩碑千載下猶顔張竝峙其品次可知矣余昔得一宋拓與此本相伯仲此本缺李監篆額履卿韓丈既得之遂從余藏本鉤去李監篆刻石拓裝於帖首其耆古之

癖如此世少眞識狃所習聞於舍人司直或不能舉其名君子表微書律猶其小也華光室中又藏有李北海法華寺碑原本知余愛之慨然見詒且諄諄以重付貞珉公諸海内爲屬其用心之遠豈等於敝帚自珍梁間扃鐍者乎因竝記之咸豐戊午春正月廿九日記於滄浪亭之可園

顔書元靖先生碑於勁偉中出綏綽心儀楊許之風不覺流露擘下也司直更作意爲疏散而古意愈足書名爲魯公所掩拓本尤希奇可貴亂後兩石俱渺無蹤影矣此本履卿丈舊物今歸平齋重與題記而履翁不可

作矣同治乙丑仲春

跋梅藴生藏唐誌石拓本

碑誌之文裨補史學攷古者往往舍史而從碑以石墨皆當時人紀當時事非同史家由後人秉筆又簡册流傳易滋脱誤也然碑誌中又或有錯迕矛盾必不可從者則由諛墓者率爾失眞無足爲怪如此田君兩誌其府君誌云高祖宏夫人合祔誌云曾祖宏府君誌云父仁俊爲朔州刺史夫人誌云祥州刺史府君誌云春秋五十有一夫人誌云享年五十府君誌敘官至試殿中監兼泗州長史上柱國北平縣開國伯夫人誌則云拜

泗州長史試殿中監又歴諸府幕權總職司而於上柱
國開國伯爵號之尊反不敘及此其差池舛誤無容深
辨蘊生據工部尚書潁川陳公之文以唐書陳少游傳
有禮部兵部尚書無工部尚書謂不及此誌爲可據隻
義自珍難免阿袒已余特愛其敘銘簡雅其府君誌書
意近南朝夫人誌書意近北朝旣各有神趣府君誌壺
作壼逵作逵長作镸年作秊第作弟雖合六書爲唐石
中所少尤可珍異也蘊生得石旣爲釋略又作詩以張
之詩有云金石文章富且壽都忘貧病無家室蓋先得
天寶鏡後得此石也余讀嵇庵詩幽憂慘惻令人不能

卒讀獨此篇暢實如人意嗜古之癖藉爲歡適此性情中自具之趣非可語言解說者蘊生既以唐石名其齋又於田君永宅處仍題石使其可久何用心之厚歟余在京師嘗驅車數日尋唐淤泥寺心經得之城西鷲峯寺又曾於西便門下土道中得開成井闌移置報國寺胡桃樹下皆可喜悅惟內城米店中得唐誌二石牟亦樵見示打本走尋之已爲人購運出都時復在念附記於此道光壬寅五月金陵釣魚臺廨園

跋後唐潁州開元寺鐘銘拓本

文詞茂雅書律精整其筆意蕭散靜逸頗存山陰遺巨

不意於鐘銘得之癸巳春日獲於西湖六舟上人處

跋陳雪峯井天齋井銘拓本

金陵嗜古之士有陳雪峯車秋舲秋舲余未嘗見嘗寄贈所刻輿地金石志未有以報之忽忽數年矣雪峯昔在京師館汪孟慈農部家余得時與相見其人正靜能趨義不徒嗜古而已一别十餘年今年春余自長沙至金陵寓園識雪峯之弟椝生延爲家塾師知雪峯以去年冬十一月夘秋舲以今年春正月夘噫天於兩君不使一展所學以窮困終又時日迫近聯翩委蛻使我無一面緣可悲也椝生行端節和爲人似其兄雪峯之子

汝翼亦好學能作篆分書一日出示井天卷子雪峯最所得近邑井銘十一種額其齋曰井天者也弟一井曰梁天監十五年太歲丙申皇帝愍商旅之渴乏口詔茅山道士口口永若作亭及井十五口井牀在句容縣城守署按梁武帝捨道歸佛文作於天監三年其後專心奉佛斷酒肉發大悲此亭井所由作也然乃使道士爲之者帝早與陶隱居游隱居好道帝雖歸佛未嘗絕老子教也近見隱居所撰書許長史舊館壇碑古拓本云茅山自宋長沙景王起道士精舍梁天監十三年立朱陽館十四年別創鬱岡齋室十五年建菩提白塔以均

明法教就道士之居建菩提之塔蓋以道佛合蹤尋歸
悲憫故著之曰均明法教宜乎亭井之作正在其時而
世傳隱居文集於此文脱去十五年建塔二語蓋無知
者以帝既不事老子則館齋諸役皆道士自爲之非必
屬於匠作又帝與隱居數書止與論書無一言及道茅
山既是道場不當有佛塔故疑爲誤衍而删之今讀此
銘直書云皇帝使茅山道士是均明法教之顯證矣尙
何疑於道場建塔乎作亭及井者亭以憩乏井以瘉渴
兼而營之使互可久也又碑銘云爰暨東晉二許懷眞
裁基浚井栖道接眞茅山之有井舊矣特此出自武帝

意耳弟二井云維唐元和六年歲次辛卯五月甲午朔
十五日戊申沙門澄觀于（原釋作爲）零陵寺造常住石井欄
竝石盆永充供養大匠儲（此字疑）卿郭通偈讚曰此是南
山石將來造井欄留傳千萬代各結佛家緣盡意修功
德應無朽壞年同霑勝（原作勝）福者超於彌勒前按澄觀
字大休俗姓夏侯越州山陰人元和中住太原大崇福
寺後住淸涼山大華嚴寺卒謚淸涼國師所著華嚴經
疏及華嚴法界元鏡有序載全唐文中蓋究心藏海者
此偈讚之體取人所共曉故語意明顯退之送澄觀詩
言其經營佛閣於淮泗之閒火燒水轉龍驚雲跨叉申

之曰公才吏用當今無又曰人言澄觀乃詩人盍才力卓偉爲退之傾倒歎惜若是是井之作特其餘事耳退之作詩在貞元十六年庚辰已云惜哉已老無所及後十二年爲元和六年辛卯作是井又二十七年爲開成三年戊午卒於淸涼山年益踰百歲負才名享壽臘果方外一異人哉井在溧陽縣當元和時屬宣州寺名零陵不解其指豈傳法者爲吾邑零陵般舟日悟之流派乎弟三爲泰和元年蔣詮喜捨井弟四爲唐下元義井弟五爲宋秦會之篆書玉兔泉井僅存玉兔二字在府學宮弟六爲湻熙丙午邵永堅建普生泉井在藩署瞻

圓第七爲嘉慶三年井其銘曰鑿巖山足其泉如玉匪江斯流泄寶藏幽合神物護大機成感爾泥淖之賜以浣以沃第八爲寶慶丁亥苗鄉義井欄雪峯云其闌八角殆即賈耽造八角井以鎮黃河之類第九爲咸淳三年井鹽莊比邱禪基立第十爲來鳳泉三篆字井在飲虹橋西臙脂巷無紀年雪峯以意定爲宋刻第十一爲雷山井雷山義泉四字大徑尺至正戊子甯康義健八字大一寸餘皆篆書在德圖寺余愛天監元初兩井銘詞書意俱古勁故敘之較詳餘從略焉柳子厚柳州井銘云相者浮屠譚康東坡錢塘六井記云陳公述古命僧

仲文子珪辨其事又引其徒如正思坦以自助井之設也以清淨爲功德而潤無窮故往往以方外主其役此天監道士元和沙門咸湑比邱是其類也自隸釋載光和三年舜子巷井碑竝碑陰題名爲井銘著錄金石之始然趙氏金石錄已無之則闕佚久矣趙錄所載者有唐景陽井銘二韓公井碑記邵眞義井記賈耽滑州新井銘柳州井銘韓公井者疑卽韓滉於石頭城穿井百餘所者亦金陵古井矣滑州新井卽八角井井可以鎮河患其制度當必有異柳州井銘趙氏謂沈傳師書其書不工疑後人僞爲惟碑中文與柳集不同者數字以

碑爲善沈書在今世者止余家所藏羅池廟碑碑文與韓集亦不同數字以碑爲善此柳銘亚同之沈書古樸澹泊知賞者希故趙氏疑其僞爲乃所不同之數字亦不明著之甚可惜也近日井銘新出者惟漢安二年頡陽里井券最古更在光和之前然翁閣學已疑其僞作余未見拓本無以言之又有天寶二年臧公鑿井造象碑在山東甯陽自江秬香始捘拓費縣有唐古井記余家有拓本未攜入篋衍忘其年歲六舟上人數年前在四明見二十八宿井坼之皆晉甎其井在天監前二百年不聞别有井銘耆郎以甎文爲記也道光二十年余

在京師西便門城下得唐六角井闌刻云開成四年五
月十五日建造以十六人曳存報國寺五月十五日與
澄觀造井同或是日於作井宜歟頃閱江甯府志尙有
天監三年陶隱居井銘陳宜懋書何茅山之多井也此
天監十五年井牀字旣與瘞鶴銘不類必非貞白書意
者亦陳宜懋書歟六朝以前碑版皆不著書者姓名況
井銘乎然彼井銘又何以著之也又順義七年開善寺
浴院井記保大三年僧廣慧義井記徐鉉撰許長史丹
井記徐鍇撰許眞君井銘李迪陳宮井記雖僅存其目
斷石零字安知不尙在人閒天胡不假雪峯以期頤之

年捜剔之使古仁人智士所以重井之意益表襮於後世耶攷金石而專事於井者自雪峯始余故緐稱而博論之今之耕田鑿井者其法皆不古若故地利薄而泉少甘不足以養人卻病益年神農九井之法管子書幼官水地度地地員諸篇詳記順時飲井測泉審音物土之別世有能知其義者吾願與從事而推行之道光二十有二年二月二十有二日

跋丁儉卿藏嘉祐二體石經拓本

丁儉卿舍人兄新得宋嘉祐二體石經三百七十餘紙爲易書詩春秋禮記周禮孟子七經玉海等書述汴石

經不言有孟子表章亞聖自此刻始是足補史志之闕
吳山夫嘗見四册於吳門薄自崑家乃尚書周禮禮記
孟子山夫自得五碑止有易書周禮顧亭林朱竹垞皆
謂汴經久佚拓本之富未有如今日所得者旣黏綴爲
四大册有重出者卅餘片另爲一册寄京師付賢郎頤
伯兄弟頤伯來飲余齋持册乞題余因憶祥符陳留兩
處二體石經余皆曾尋獲摩賞行路悤悤未及詳討不
知汴中湮匿者尚有幾碑亭林竹垞謂其全佚者非也
太宗表章說文仁宗特刻二體石經右文稽古前代所
無而有宋一朝篆學荒蕪特甚淡可慨歎酒後縱筆成

詩奉東儉老侯南游時詣六藝堂當獲飽觀快訂也

跋蘇書大字金剛經拓本

坡公楷書全部余甫得見此耳公殆不甚作楷茲特以老泉故宜乎俊逸之中精整無匹也刻石者乃匪正人然跋語悱惻蓋孝思所感歟道光甲申春正得之歷下因記

跋蘇書馬券帖拓本

賜馬不能贈人當時果有此例否於他處未有聞也東南例乘肩輿郎亦未嘗無馬爲出公據分明意爲調侃欲以此帖付方叔易錢耳此老涉筆游戲託之莊語何

所不可涪翁穎翁又爲揚其波以溉後人方叔未必實受其福也

跋鄭氏世允藏蜀石經左傳拓本

孟蜀所刻石經孝經論語爾雅張德釗書周易楊鈞孫逢吉書尚書周德貞書周禮孫朋吉書毛詩禮記儀禮張紹文書惟左傳不題書者姓名晁公武所述如此此册弟十五卷起襄公十年至十五年卷末注出經七千九十三字注五千二十四字字有歐法古味殊勝秋來見青陽吳氏蜀石經周禮公羊傳各一册又見山陽丁氏嘉祐二體石經四巨册皆爲作詩今復覩此墨緣駢

萃目不給賞漫占一絕

跋楊海琴藏陸放翁詩境二字拓本

方字若於部之五谿道之窊尊桂之龍隱巖皆刻放翁詩境兩大字因自號詩境甫下半又自刻龍隱巖詩三首有七星五嶺驂鸞浮鷁等語其守道州抵任當在嘉定五年壬申冬刻石卽在其時余昔曾得拓本於吳門珍藏有年矣而吾州之窊尊今在報恩寺石面凹處篆畫縱横一字不可識蓋元銘瞿篆也詩境兩字竟無影響咸豐辛亥余以母憂返里重修祠堂及鶴鳴軒書塾仿放翁書意題詩境兩字牓於塾前又買得西偏柑橘

圖構屋兩間纂輯家譜題爲譜軒又造環秀亭於東南
隅明年壬子服闋入都旋出視蜀學乙卯夏以言事被
議去游蹤靡定壬戌春始回州埽墓瞻尋鶴鳴舊社惟
環秀亭尚在其餘屋廬蕩盡譜林本一空益壬子之夏俱
燬於粤逆矣今丁卯九日海琴忽以所得詩境拓本由
辰沅道署寄至湘垣屬爲題賞因綴輯所欲言者成詩
一篇吾州熊君蔣君兩碑載於隸釋者相傳明末始亡
其石每次回州徧訪不得海琴欲吾兩人以分書補之
余未敢任也承惠食物外有橅九日當採菊字小幾甚
佳篇中並及之

跋陸放翁瘞鶴銘後題名拓本

放翁此書雄偉厚重似蔡君謨而非君謨所能及嘗疑東坡推重君謨謂爲當代第一葢東坡實自信其書無與匹而不可漫然任之故爲是論如昌黎於文推柳州香山於詩推微之耳使放翁得與同時東坡許之豈在山谷少游下哉試以此書與蔡書萬安橋碑較之工拙瞭然矣

跋吳子苾藏宋拓臨江帖王大令書卷

大令艸書連緜處已非家法然開後來法門不少況如此佳帖耶昔年曾在吳次平處見過苾翁得此余方使

蜀故未及共賞今於賢孫庾生處借觀累日而苾翁已作古人矣寫記壓緣愴惘無已時咸豐己未秋仲庾生闈試至濟南也

跋張涖山藏賈秋壑刻閣帖初拓本

唐以前碑碣林立發源篆分體歸莊重又書手刻手各據所長規巨不移變化百出彙帖一出合數十代千百人之書歸於一時鉤摹出於一手於執筆者性情骨力既不能人人揣稱而爲此務多矜媚之事者其人之性情骨力已可想見擘下筆下刀下又止此一律況其人本無書名天下未有不善書而能刻古人書者亦未有

能一家書而能刻百家書者余少年亦習摹勒彼時習平原書所鉤勒者即盡與平原近心是所學謂本是一意後漸於書律有進乃知其誤也戲鴻停雲疵議百出弊正坐此而涫化則罕有雌黃特因其所從出者世不覩其初本不能上下其議論耳以余所見揣之共鑪而冶五金莫别宋人書格之壞由閣帖壞之類書盛於唐而經旨歧類帖起於五代宋而書律墮門戶師承掃地盡矣古法既湮新態自作八法之衰有由然也懷仁聖敎集山陰棐几而成珠明魚貫風矩穆然然習之化丈夫爲女郎縛英雄爲傀儡石可毀也氈椎何貴耶彙帖

遂偭於此重惺䰢繆更相沿襲澶化遂成祖本尊無二

上南渡以後災石耒已試看彙帖中於古人碑版方重

之字不敢收入一字非以其難似平簡札流傳欹斜宛

轉以取姿趣隨手鉤勒可得其屈曲之意唐碑與宋帖

低昂得失定可知矣羲之俗書趁姿媚昌黎語豈爲過

哉東坡山谷君謨襄陽不受束縛努力自豪然擺脱拘

束率爾會意者惟坡公一人三子者皆十九人等耳

樗寮晚出小慧自矜然皆由不守閣帖故尚能錚錚佼

佼余實不解閣帖出後今千數百年人人俎豆之漸以

兩京六朝爲古器唐人碑爲法物不容易親近摹習而

甘心低首於王著所摹澄心紙廷珪墨半部零册輒拱
璧視之也貫似道以昏慵誤國之臣寄情煙墨所刻閣
本豐腴動人勝於瘦削故頗有名於後代者亦如秦會
之工收吉金耳賈本似此佳拓今亦不易覯溶山大令
兄得而珍之因嗜拙書時時過從縱譚石墨遂出此帖
屬爲鑒跋余不能效覃谿老人捜索筆畫瑣瑣校讐溶
山又有志學書余勸其多看篆分古刻追溯本原此帖
雖佳止可於香鑪茗盌閒偶然流玩及之如花光竹韵
聊可排悶耳豎起脊梁立定腳根書雖一藝與性道通
固自有大根巨在

跋文氏停雲館刻晉唐小楷二則

此册共十八種模勒精審爲文字石刻中極佳之品若得羅紋淡墨搨之卽以抵宋拓越州本恐亂眞不難也世賢以停雲初拓爲宋墨不惜善價購藏者吾所見亦屢矣賞鑒家愼無遽自命具眼也

山陰眞面目無處尋覔世間紛尚黄庭其實了不見古人意思卽此刻亦苦橫直撇捺戈法無古勁厚遠之氣矣惟曹娥全是分書意度余嘗謂度尚大字八分碑右軍仿其意作小眞書故心手間尚有分法子敬洛神賦用筆橫逸疏宕欲出父書之外頗見本色欲求二王律

令觀此兩種可想象十一其餘殆無足摹覽非謂停雲刻不佳也

記安氏刻孫過庭書譜後

此册乃在濟南時朗園主人周通甫代爲買得者也通甫爲東木先生之子以藏書世其家園中列屋十九閒皆以藏書箱桉扛屋梁屋外環以水竹爲城西佳勝處余每偕毅弟過園與通甫縱譚輒移時不能去通甫又好金石文字有所得手自翦飾裝池至千數百種臨風閱古相與詫賞今通甫下世已久每展是册遠想故人不能以已聞通甫子頗能讀祖父書何日得重過濼南

一訪名園重問酒痕詩印也通甫有友楊徵和專習書譜仿作大字殊佳道光丙申春漫記

跋賈芸樵藏文氏刻孫過庭書譜

余所見書譜以太清樓宋拓本爲最肥勁圓逸不知墨本是何樣也後見停雲館刻本瘦潤有典型最後見安氏刻本覩停雲加以腴宕其實文本安本所自出同一墨本也今見此本始知文刻勝安刻安刻蓋有故增姿致處要之覩太清樓本筆勢章法迥如出兩手或當日不止寫一本也疑不能明質之芸樵同年請有以示我

東洲艸堂金石跋卷五終

跋

右東洲艸堂金石跋五卷道州何子貞先生譔先生於學無所不闚尤精小學旁及金石碑版文字書法具體平原上溯周秦兩漢古篆籀下逮六朝南北碑碣披眘至千餘種皆心橅手追卓然自成一子草書尤爲一代之冠某年得魏張黑女墓志拓本於沛南市上平定張肩𨦟穆爲之序稱其筆法之妙爲自來魏石所不逮葢宇內孤本也是編攷訂金石精審翔碻即一字一畫之微亦必剖析無遺折衷至當自乾嘉已還戚金大家首推文達相國先生於積古齋款

識猶然多所舉正同時如吳平齋僧達受諸名輩有所攷論輒與往還商略其擘精獨到處要必加人一等在湘沅學派中若先生者可謂耆古拒奇別開谿徑者矣書經梓行惜傳本絕少余從王息塵廉訪處借得之爰亟付排印以廣其傳而識其大略如此龍集柔兆執徐雙蓮節山陰吳隱灊泉跋於西泠印社